当事者と専門家

――心理臨床学を更新する

Transforming Clinical Psychology

山崎孝明

Ψ金剛出版

まえがき

二〇二一年六月に前著『精神分析の歩き方』（金剛出版）を出版してから、私の心理士人生は大きく変わった。前著は帯で「愛と連帯の書」（藤山直樹）と評されたが、たしかに私は前著を「連帯」のために執筆した。日本精神分析協会と日本精神分析学会、日本精神分析学会と日本心理臨床学会、心理業界の内と外、などなど。その狙いはある程度達成されたように思う。

というのも、ありがたいことに、前著は「精神分析」の枠を超え、想像以上の読者を獲得したからだ。その事実は私に、責任の感覚をもたらした。國分（二〇二〇）は、押しつけられた責任は堕落した形態であり、自発的な応答、すなわちレスポンシビリティこそが責任であると述べている。私は自発的に（勝手に）責任を感じたのだ。

＊

前著の執筆時も、ある種の使命感を抱いていた。それは「このままでは日本で精神分析が絶滅してしまうので、なんとかしなければ」というものだった。だから私は、前著を「精神分析的心理療法家」として執筆した。対外的には精神分析の「よさ」を語り、対内的には「根源的批判」（東畑開人）を向けた。それは若手である私が上の世代に対して叩きつけた、このままでいいんですか？　という挑戦状であった。だがそれは裏を返せば、上の世代が盤石だと思えたからこそできたことであった。

今でこそその比率が変化したとはいえ、精神分析学会の運営委員は心理職に比べ医師の割合が多い。学会の歴代会長はすべて医師であるし、登壇者も医師が多い。おそらくここに、上の世代が「盤石だ」という印象を抱いた一因があると私は考えている。ありていに言えば、医師には、心理職にない、社会的地位とそこから来る経済的安定がある。

精神分析をオリエンテーションとする私が心理療法家として教えを受けた方の多くは精神科医だった。数年前まで、私は彼／彼女らを同じ「心理療法家」としてしか捉えていなかった。たしかにその点においては私と彼／彼女らは同じだが、しかし他の点においては多くの差異を抱えているにもかかわらず、だ。言ってみればそれは、彼／彼女らが医師であり、自身は心理職であることを「見て見ぬふり」していた、ということなのだろう。

現実には私は、医師でもないし、大学教員でもない。それどころか常勤職でもない。いくつかの非常勤職をかけもちしている、在野の一心理職だ。安定とは程遠い生活を送っている。私の場合、それは自分が選んだライフスタイルだが、望まずにそのような不安定な就労形態を取らざるを得ない心理職も多くいることは私も知っている。

心理職はそういった存在であること、そして「臨床心理士」という肩書を名乗って発信する以上はそういった「心理職」を代表する人として見られることがあること、そうであれば心理職全体のことをもっと考えなければならないことを、私は学んでいった。だから、本書は「精神分析的心理療法家」としてではなく、「心理職」として編纂した、という思いがある。

こうした意識の変化には、前著の書評を心理職の大先輩である信田さよ子氏に書いてもらったことも大きく影響している（信田、二〇二二）。信田氏は、医師という権威を向こうに回して、「医者にできないこと」をずっと実践しつづけてきた人だからだ。むろんオリエンテーションは違えているが、前著で「心理の専門家とは何か」と悩んでいた私にとって、信田氏の姿はひとつのモデルになった。

以前「日本精神分析学会における『見て見ぬふり』」（山崎、二〇一七）でも書いたように、見て見ぬふりを続ければ地盤沈下が起こる。だからそれはやめる必要がある。だが、見て見ぬふりをするにはそれだけの理由があるのもまた事実である。そこに恥や痛みがあるからこそ、見て見ぬふりをする必要が生まれる。ゆえに、そこから脱するには、自分たちが今行っていることに対しての健全な信頼をもたねばならない。これも当該論文で述べたことだ。

しかし、その「健全な信頼」とやらは、どこから得られるものなのだろうか。その方法として容易に想像されるのは、権威からの承認だ。だが、ベンチを見て野球をするなとよく言われるように、スーパーバイザーや教員の顔色を伺いながらする臨床がよいものであるはずがない。そんなことは臨床家ならみなわかっていることだろう。仮にそこで信頼が得られたとしても、それは「不健全な信頼」にすぎない。私たちが依拠すべき権威はそこにはない。

だがいかんせん、心の治療には「正解」がない。するとどうしても権威に頼りたくなるのが人情というものだ。だが、それを続けている限り、いつまでも範型からはずれた「ありふれた臨床」に自信をもつことはできない。信田氏が強いのはここだ。彼女はアディクションアプローチに基づいた、権威に基づかない「正解」をもっている。むろんそれが万人にとっての正解でないことは間違いない。だがしかし、彼女の目線は常にクライアントに向いている。クライアントと営んできた臨床のなかで、彼女は自分の基準を作ってきたのだ。

精神分析の世界では、よく「自分の頭と心で考える」と言われる。だが、実際その業界にいて、ほんとうに私たちは自分の頭と心で考えているのだろうか、と思うことがないとは言えない。むしろその歴史の長さゆえに、硬直的になっている面があることを否定できないのではないかとすら思う。

私たちは、クライアント――ここではユーザーと呼び変えておこう――のニーズを叶えることで対価を得ている、サービス業従事者なのである。だから、その援助が有意味であったかを判断するのはユーザーであり、その周囲なのだ。ここには、伝統的な大学院教育で伝達される価値観との決定的な乖離がある。

私たちの仕事はサービス業なのだ、と言い切ることに精神分析的心理療法家として抵抗がないと言えば嘘になる。だが心理職としては、そう言い切ることに抵抗はない。私は仕事の半分を精神分析的心理療法家として、もう半分を心理職として行っている。精神分析的心理療法家としては、私よりよいものを書ける人はあまたいるだろう。だが、精神分析を背景とした心理職としては、最先端を走っているつもりだ。本書はその成果物から成っている。

これまでに書いたものを改めてまとめてみると、(前著を含め)私はずっと一貫したことを考えてきたようだと気づく。それは「今私たちの行っている実践を、正当に評価しよう。それが心理職のためだけでなく、何よりユーザーの役に立つからだ」ということだ。そのためには、私たちの行っている実践を、内部のロジックではなく社会のロジックで評価する必要がある。

*

前著出版から一年後の二〇二二年六月、私は日本心理臨床学会の理事となった。積極的にやりたいかと言われれば、決してそんなことはない。でも誰かがやらねばならないことはたしかだ。私などよりよっぽど適任の人がいるとは思うのだが、しかし押しつけられて発生する責任は「堕落」(國分、二〇二〇)した形態なのだから、やはり勝手に責任を感じた私がやるのが筋というものなのだろう。

……と露悪的に述べたが、私にコミュニティ運営が好きなところがあることは認めざるを得ない。やりがいはある。本書では、コミュニティについて一人ひとりの心理職が考えることの重要性についても触れている。そしてその方法として論文があることにも触れる。それらの楽しみについて、一人でも多くの読者に知ってもらえれば、そして実際に関わってもらえれば、これほどうれしいことはない。そうした心理職が増えることが心理職の地位向上につながり、ひいてはユーザーに良質の心理援助を提供することにつながるだろう。本書は、そんな思いを込めて編まれている。

†文献

國分功一郎（二〇二〇）「まえがき――生き延びた先にある日常」、國分功一郎・熊谷晋一郎（二〇二〇）『〈責任〉の生成――中動態と当事者研究』、新曜社［三－九頁］
信田さよ子（二〇二一）「書評－山崎孝明『精神分析の歩き方』」、『臨床心理学』二一－六［七五一頁］
山崎孝明（二〇一七）「日本精神分析学会における『見て見ぬふり』」、『精神分析研究』六一－四［五〇三－五一三頁］

目次

序　論――心理臨床学を再考する

本書は複雑な構造をもっている。

著者は山崎孝明という一人の人物だが、そのポジショナリティが異なる文章が並列されているからだ。すなわち、心理臨床学者としての私が書いたものと、心理臨床家としての私が書いたものとが一冊に収められているのだ。

そんな複雑なことをせず、心理臨床学者・山崎孝明の書と、心理臨床家・山崎孝明の書と、二冊に分ければよいではないかと思われるかもしれない。だが、両者を一冊にすることにこそ、私の思想がある。

結論を先取りして言えば、私は、ユーザーのために、学者／サイエンティスト／理論家／制作者と、臨床家／プラクティショナー／実践家／活動家は手を取り合わねばならないし、個々人のなかの学者的部分と臨床家的部分も手を取り合わねばならないと考えている。

逆に言えば、現状はそうなっていないということである。両者はずっと、ユーザーを脇に置いて「真の」心理臨床学／臨床心理学を追い求め、対立を続けている。近年それが多少改善されてきたとはいえ、当事者不在の不毛な争いを繰り広げていると言っても否定できる人はいないだろう。

私の理解では、現行の心理臨床学においては、「正統」の定義権、つまり何を心理臨床と呼び、何を心理臨床と呼ばないのかを巡る決定権が、過度に（一部の）大学教員に偏っている。ゆえに本書を通じ、その一部を臨床家に移譲することをもくろんでいる。というのも、心理臨床の領域が日々拡大を続けている以上、臨床家にもその権限が与えられなければ、心理臨床という実践と、心理臨床学という学問が名実一体となることは不可能なはずだからだ。

こうしたことは多くの臨床家が思っているだろう。だから、私の述べようとしていることは、言われてみれば当たり前だと感じるようなことかもしれない（だから意味がない、と言いたいわけではない。そうしたことをきちんと活字化するのは非常に重要であると私は考えている）。

在野の私がこのようなことを書いたら、再度「学者vs臨床家」の対立が反復されるだけではないかという疑問が生じるのは当然のことだろう。だが第I部は、学者としての私が執筆していることに注目していただきたい。学者？　大学所属でもないのに？　そう思われるかもしれない。実際、執筆中、これは臨床家の私が大学という権威を転覆せしめようとするポジショントークなのではないかと自分自身を疑うことがあった。だが思索を進めるにつれ、これはそんな簡単な問題ではないと気づいていった。

たしかに私の肩書は在野の臨床家である。いくつかの施設で臨床をしているが、大学に代表される組織的な研究や教育には関わっていない。だから私の自認も、論文や本を執筆していても、あくまでも在野の臨床家であった。私の主観においては、学者としての執筆と臨床家としての執筆は連続していた。私は博士号を取得しているので、その意味では学者でもある。しかし、少なくとも肩書は一貫して在野である。二年ほど美大で一般教養の心理学の非常勤講師を務めたことはあるが、実際的にも私の心理的にもそこに帰属意識はなかった。在野の一臨床家であると自認してきたし、それを誇りに思ってきた。

だが、執筆しているうちにわかったことがある。私にはたしかに学者的自己や教員的自己も存在しているということだ。

だから私は学会仕事もするし、論文も書くし、論文指導もするし、論文を書くように勧めもする。「ありふれた臨床」研究会も主催するし、ＰＯＳＴ（Psychoanalysis Originated Supportive Therapy／精神分析的サポーティブセラピー）（岩倉ほか、二〇二三）の検討会も開催している。

私はそれらを、「臨床家による教育」「臨床家による学問への提言」だと思って行っていた。だが、そうではない。その組み合わせが選択肢になかったためにずっと気づいていなかったのだが、どうやら私は「在野」の「学者／教育者」でもあるようなのである。

ここにはねじれがある。そのような仕事こそ、本来、大学教員が行うべき仕事ではないかという思いがある。だがこれは、そうしていない大学教員が怠けているといった単純な話ではない。それが仕事なのだから、教育について私以上に考えている大学教員がいるのは当然のことである。だが、教員にはあまりに縛りが多すぎる。大学教員のなかには、「こんなはずではなかった」「自分のやりたかったことはこんなことではない」という忸怩《じくじ》たる思いをもっている人も多いことだろう。実際にそう聞くこともあるし、そうした環境のなかでもなんとかよりよい後進の育成を考えようとしている大学教員を個人的には何人も知っている。

大学教員が不毛な事務仕事に追われ多忙であることは重々承知している。資格取得のために定められたカリキュラムの縛りも厳しい。その結果、教育について考えたことを実現する機会を大学内ではもてないという事態が往々にして発生する。私の行っているような教育活動は、種々の制約のない在野でしか行えないのが実情なのかもしれない。

私は、大学教育におけるこうした構造的な困難の結果を批判したいわけではない。だが同時に、教育および臨床での不全感や無力感を補償するために、個人臨床やエビデンスがすべてであるという論を拵《こしら》え、「純金コンプレックス」（第１章で詳述する）を生み出した大学教員がいたことも、また事実であると考えている。これに関してははっきりと批判したいと思う。これ以降述べるように、臨床において教員は臨床家の後追いをする存在である。この論理が揺らぐことはない。

私もすばらしい臨床家になることに憧れていた時代があった。その足跡は前著『精神分析の歩き方』(山崎、二〇二一)に記されている。だが、齢を重ねると、自分の限界もだんだんとわかってくる。現在も訓練を受けている最中だが、おそらく私は、ふつうの(=学者の私から見れば「よい」)臨床家にしかなれないだろう。むろんふつうの=一定水準の臨床家になれるのはすばらしいことである。しかし、私が憧れたマスターセラピストのようにはなれないのだ、という悲しさもそこにはある。臨床家としての私は、私自身を「ありふれた臨床家」だと評価している。

一方、こうして若くして論文を書き、本を出しているように、私は書き手としては比較的優秀なようだ(ここはもっと謙遜すべきところなのかもしれないが、そういったことによって教員と臨床家のパワーバランスに不均衡が生じているように思うので、あえてそうしないことにする)。この力を使えば、それこそポジショントークによって、書ける人が優れている、というロジックを作ることはできるかもしれない。臨床家はたくさんいるが、学者は少数しかいないのだから、そのほうが私にとっては好都合だ。

だがそれは嘘だ。書くのは学者が優れている。臨床は臨床家が優れている。それだけのことで、そもそも両者を同一の基準で比較しようとすることがナンセンスである。だから、そんな嘘を拵《こしら》えれば、何よりユーザーに害が及ぶ。私のナルシシズムのために、ユーザーを食い物にするようなことがあってはならない。

私は、この書く能力を心理臨床学の更新に、社会をよりよくするために使いたいと思う。具体的には、自分はすばらしい臨床ができないにしても、すばらしい臨床を行っている人たちの知を評価し、伝達可能な形にする手伝いをしたいと思う。この「自分にはできないが」というところで、私のナルシシズムは傷つく。だがそこで、嘘をついて「自分にもできる」と言ってはならない。「私にはできないことをやっている人がいて、その価値はわかるので、これを広めていくお手伝いをする」という姿勢を保たねばならない。それは私が、ある種の大学教員に期待することでもある。

各人には各人の、心理臨床学の発展への、社会をよりよくすることへの貢献の仕方がある。それは臨床家のようにクライアントと直接相対したものであることもあるだろうし、教員のようにそれを媒介するという形のこともあるだろう。そこに優劣はない。これこそが私の強調したいことであるし、学者と臨床家が手を取り合うために必要な認識だ。

にもかかわらず、これまでの心理臨床学は、「臨床こそすべて」と嘯《うそぶ》き、教員の仕事を不当に貶めてはこなかっただろうか。「純金コンプレックス」は臨床家だけでなく、教員にも深く刻み込まれ、傷つけてきたのではないだろうか。

私は先ほど、本書では臨床家に「正統」の定義権の一部を移譲することを狙っている、と述べた。だが本書でなそうとしていることはそれだけではない。教員の心理職育成、および社会改善への貢献の正当な評価も、もうひとつの狙いである。そうすることで現行の心理臨床学がはらむねじれを解消し、現実を反映したシンプルな構図を作ることをもくろんでいる。

私は本書で、在野の学者として心理臨床学を学問し、実際と理念が乖離した現行の心理臨床学をあるべき姿にするべく、専門家のあいだで不均衡に配置されたリソース・知・評価を、適正に再分配しようと試みることとなる。それはすなわち、大学教員の心理臨床学への貢献、そして臨床家の心理臨床学への貢献を区別し、それぞれを然るべき基準で再評価することである。むろん、その究極目標は、ユーザーのニーズに応えることだ。

ここまで、学者と臨床家を対立的に描いてきた。だがこれは実は、ひとりの心理職個人の内部の話でもある。私自身がそうであるように、個人のなかには学者（教育者）的自己と臨床家的自己が共存している。両者はときに対立する。学者的自己は公を志向するし、臨床家的自己は個を志向する。どちらが正しいという話ではないから、両者が議論を戦わせても決着はつかない。結論はいつも「ケースによる」だ。

この「ケースによる」が正常に機能するのを保障するためには、別々の人間としての学者と臨床家が、また個人のなかでも学者的自己と臨床家自己の双方が、結論の出ない対話を続けることが重要になる。個人のなかでも、そして対人的にも、教員と臨床家が手を取り合うこと。それが心理臨床学のあるべき姿を実現するために、必要なことなのである。

そういった思想に基づいて、本書は冒頭で述べた「複雑な構造」を採用している。以下に、各部の説明を行おう。

*

本書第Ⅰ部では、まず心理臨床の実践と学問の乖離によって種々の障害が生じている現状を描写する。その上で、私の考えるあるべき心理臨床学の姿を提示する。それは心理臨床学原論とでもいうような内容であり、心理臨床学における知の産出方法／経路、学者と臨床家の関係性などについて考察し、心理臨床学を正常化することを狙っている。

第Ⅱ部の共同創造論は、臨床家（第5章）と学者（第6章）に加え、当事者（第4章）として執筆するというアクロバティックな方法を導入している。なぜそうした「密輸入」が必要だったのかについては、本文を読んでいただければと思う。

第Ⅲ部は、学者と臨床家のちょうど中間の立ち位置から書かれている。より正確に言うならば、精神分析を志向する臨床家として心理臨床学という学問に貢献することを目指して書かれたものである。押しつけがましくなく実践の自己紹介をすることで、「コモングラウンドを創出する」ことを目指した。

第Ⅳ部は、臨床家としての私が執筆したものを収載した。それは、「学派的言説」と「領域の知」が並列される心理臨床学における、各論にあたるものである。具体的には、個人臨床という一領域についての「深さ」の知を更新しようとした第11章と、臨床エスノグラフィーのパイロット版でもある第12章というたてつけになっている。第Ⅰ部で述べることになる「内部からの更新」の実践編だ。

第Ⅴ部の執筆論は、学者としての私が執筆している。宛先は臨床家を想定している。私が第Ⅰ部で述べる理論によれば、臨床家が論文を書かなければ、そうして「領域の知」が心理臨床学に輸入されなければ、心理臨床学は根腐れしていく。心理臨床学のために、ユーザーのために、臨床家が論文を書くことはぜひとも必要なのである。第Ⅴ部が技術的にも、モチベーション的にも、臨床家の来たるべき執筆の一助になればと願っている。

こうした複雑な構造を備えた本書が、読者の学者的自己を呼び起こすこと、学者的自己の内省を促すこと、そして臨床家的自己の執筆欲を喚起することを信じて、導入としたい。

†文献

岩倉拓・関真粧美・山口貴史・山崎孝明／東畑開人（二〇二三）『精神分析的サポーティブセラピー（POST）入門』、金剛出版
山崎孝明（二〇二一）『精神分析の歩き方』、金剛出版

第I部

心理臨床学を更新する

第I部は、全3章+補論からなっている。この数年、日本心理臨床学会、心理臨床学界に関わるなかで形をなしてきた、私の考えるあるべき心理臨床学の姿について論じる。

*

一九八八(昭和六三)年に臨床心理士が誕生して三〇年以上が経った。その間、元号は平成になり、令和になった。一九八八年に世界二位だったGDPは、平成期の二〇一〇年には世界三位になり、令和に入って二〇二三年にはドイツにその座を譲り、世界四位になっている。一人当たりGDPの凋落はより過酷だ。一九八八年は二位だったが、二〇一〇年には一八位、二〇二三年には三四位である。

急に何を、と思われたかもしれない。もちろん私は、再度経済成長を、などと言おうとしているわけではない。日本社会は大きく変わっている。貧しくなっているし、余裕を失っている。「物は豊かになったが心はどうか」の平成から、「リスクは豊かになったが心はどうか」の令和に移行している(東畑、二〇二〇)。そういった変化を傍証するためにもってきたデータだ。

少子高齢化の波は止めようもない。ＧＤＰに象徴される、国家としての縮小の流れも止めることはできないだろう。

そうであるならば、私たちは、この社会の変化に応じた心理臨床学を構想しなければならない。そのためには心理臨床学の歴史を知り、現状を知り、そこに蠢く力動を理解し、対策を講じ、訂正を厭わずそれを実装する計画を練らねばならない。

第Ｉ部では、心理臨床学を根本から問い直すことを試みる。とはいえ、ここで私は、誰も考えつかなかったような新しいことを言うつもりはまったくない。みなうすうす（もしくは、はっきりと）気づいていた現状を記述するにすぎない。こう書くと意味のないことのように聞こえるかもしれないが、私の考えでは、それこそが今、心理臨床学にとって求められていることである。

私には、現状の心理臨床学という学問は、心理臨床という実践を反映していない、地に足のついていないものに見えている。ゆえに第Ｉ部では、学問と実践との乖離を是正することにより、心理臨床学が実態を反映した学問となることを目指す。

心理臨床界は広い。第Ｉ部はあくまで私の史観に基づいた、私の構想である。第Ｉ部が、読者のみなさんが自分ごととして心理臨床界のことを考えるきっかけ、土台となり、これからの議論に火をつけられればと思う。

†文献

東畑開人（二〇二〇）「平成のありふれた心理療法――社会論的転回序説」、森岡正芳＝編『治療は文化である――治癒と臨床の民族誌』（『臨床心理学』増刊第一二号）、金剛出版［八－二六頁］

第1章 心理臨床学を構想する

本章では、はじめに「純金コンプレックス」をキーワードに、現在の心理臨床学界の問題点を抽出する。それはすなわち、私たちの実践の評価軸が極めて内向きなもの、「専門家評価」に偏っていることである。ゆえに私は、開かれた評価軸、すなわち「ユーザー評価」を心理臨床学に導入すべきであると主張することとなる。これは「外部からの心理臨床学の更新」と言えるだろう。そのうえで、従来の「専門家評価」自体も完成されたものではなく、「内部からの心理臨床学の更新」も必要であることを示す。その先に、「あるべき心理臨床学」の姿が見えてくるはずである。

「純金コンプレックス」

純金の魅力

前著執筆時、私は今よりも「精神分析的」とは何かにこだわっていた。それは、「精神分析的心理療法家」であって「精神分析家」ではない自分を、いかにして精神分析の「正統」の文脈に位置づけるかに腐心していたがゆえのことであった。ひらたく言えば、私は承認とお墨つきを求めていた。

ゆえに私は、「精神分析的」の定義について文献を調べ、先達に話を聞き、自らも考え、それを形にした。しまいには「日本精神分析マップ」なるものまで作ってしまった（山崎、二〇二二）。その結果わかったのは、私の期待とは裏腹に、精神分析のすべての学派に共通する、確固たる、唯一の「精神分析的」は存在しないようだ、ということであった。

にもかかわらず、「精神分析的」という用語は私の周りで（特に日本精神分析学会界隈で）ふつうに使われつづけていた。セミナーなどでそのあたりを詰めるような質問をしても、玉虫色の回答が返ってくるとか、「言われてみればそうで、そこは深く考えていなかった」といった返答があるばかりで、納得できることはなかった。

仕方ないので、私はまた自分で考えることにした。その成果のひとつが、第11章「治療構造の一選択肢としてのオンライン面接」である。そこでは、「クライアントごとに適切な設定がある」ことを論じており、「クライアントの発達を促進することこそが『精神分析的』であって、どのような設定や介入が最適であるかはケースバイケースである。だから私たちは種々の設定を意図的に使い分ける必要がある」という「処方」の発想を強調している。それよりも後に執筆した第7章「精神分析の活用法」で、私の「精神分析的」をめぐる思考はひとつの到達点に達した。そこで私は、「精神分析的」には最大公約数が存在しない、だから、自分の「精神分析的」を突き進むしかない、と結論している。

正直、そう言い切ることには迷いもあった。私は曲がりなりにも精神分析的心理療法の訓練を受けてきて、基礎的な文献もある程度読んでいる。その上でそうしたことを述べているわけで、精神分析のことを何も知らない人がいきなり自分の「精神分析的」を突き進んだら単に我流になってしまうだけではないだろうか、という懸念があったからだ。

それでも、心理職全体のため、ひいてはユーザーのためには、「精神分析の人」とみなされている誰かが「つまみ食い」を肯定することが必要だと考え、私はそうした。それは、私が心理職をめぐる現状を「意味ある仕事をしているのにもかかわらず、教科書に書いてあること、先生に教えられたこととは違うことをしている自分に自信がもてない人が多い」と見立て、その状況に必要なのは承認や肯定だと考えたからだ。

上記の見立てへの信頼が増したのは、二〇二二年度から開始した「ありふれた臨床」研究会においてであった。その案内文の一部を引用する。

私たち心理職は、日々、それぞれの現場でそれぞれの仕事をしています。多くの場合、そうした仕事は教科書や名著作に掲載されているような美しい経過でもなければ、エビデンス研究を担えるような統制化された実践でもないでしょう。

しかし、そうだとしても、私たちの仕事が無意味で無価値なわけでは当然ありません。そのことはクライアントやその身近にいる人たちも、私たち心理職自身も実感しているところでしょう。

ただ、そうした「ありふれた臨床」の価値は、世間的にも専門家の間でも十分には認知されていないようです。何よりも私たち心理職自身も的確に説明するのが難しいのではないでしょうか？　その価値を社会に発信する方法も手段も持ち合わせていない現状があると思われます。

なぜ、そのようになってしまうのでしょうか？　一因として、「ありふれた臨床」が社会と十分な接続をもてていないことがあると考えられます。つまり、社会的な文脈でそれを捉える視点がないために、その真価が十分に発揮されていない側面があるのです。

このような問題意識から、ローカルな仕事の良さを社会的な視点から発見・発掘してゆくことを本研究会では目指します。

この研究会は、東畑開人と私という精神分析をオリエンテーションとする心理職が主催するものだが、この案内文のなかで私たちははっきりと、「それを伝える術をもっていないけれど、私たち心理職はすでによいことをなしているのだ」と現状肯定を謳っている。

蓋を開けてみると、本研究会には精神分析だけではなく他のオリエンテーションの心理職も多く参加してくれた。この事実そのものが、精神分析という枠を超え、心理職のアイデンティティの不確かさと、現状肯定の必要性を物語っているように感じられた。

むろん、根拠なく「私たちのやっていることはすばらしいよね」とただ言い合っているだけでは、（前著で述べたように）それこそカルトである。そこには学問的な裏づけが求められる。私たちはそれを、医療人類学者アーサー・クラインマンのヘルスケアシステム理論に求めた[★1]（Kleinman, 1980［二〇二一］）。

この理論のうち、私たちにとって特に重要なのは、「心の治療はユーザーの説明モデル[★2]と治療者の説明モデルの交渉である」という点と、「治癒はユーザーおよびその周囲が判断するものである」という点である。換言すれば、治療は治療者のモデルにユーザーを当てはめることではないし、また治療の効果の判定は治療者だけが行うものではなく、ユーザーが主導し治療者が追認する共同作業であるということである。

研究会の初回、ヘルスケアシステム理論についての講義が行われ、これらの視点が提供されると、参加者[★3]のなかから（チャットで）「純金コンプレックス」という言葉が開発された。それは、「自分はちゃんとした／あるべき臨床ができていない」という後ろめたさと、「でもそれこそが現場なんだ」という矜持とが入り混じった感覚を表す言葉だった。純金に対置されているのが輝きこそ鈍くなるものの強さは増すとされている合金だというのも、「コンプレックス（複合体）」をよく表していた。

その感覚は「精神分析」を向こうに回した「精神分析的心理療法家」である私にもよくわかるものだったし、精神分析をオリエンテーションとしていない他学派の人にも身に覚えがあるようだった。学派単位ではいがみ合ってきたが、「純金コンプレックス」という言葉によって、「ありふれた臨床」という単位によって、「ありふれた心理職」として連帯できるかもしれない。「私たちのやっていることには意味があるんだ！」――そういった昂揚感がそこにはあった。

「純金」という比喩は、フロイト（Freud, 1919）が用いた「精神分析は金、他のものを混ぜたのは合金」という表現に起因するものである。そこでは精神分析こそが「純金」であったわけだが、「純金コンプレックス」の「純金」は精神分析に限ったものではない。それが指しているのは、「あるべき臨床」「教科書に書いてある臨床」であって、認知行動療法だろうと家族療法だろうと、その意味での「純金」は存在する。それはすなわち、種々の学派的言説のことである。だからこそ、「純金コンプレックス」という言葉はオリエンテーションの違いを超え、広く共感を得たのだ。

この挿話からわかることは、私たちがいかに日々の実践、すなわち「ありふれた臨床」の価値を主張できずに、もっと言えば自ら信じることができずにいるか、そしてアイデンティティ・クライシスを抱えているかということである。

臨床家は、よき仕事をしていても、それが「心理職かくあるべし」と教わってきたことと異なるがゆえに、「こんな仕事をしていて心理職を名乗っていいのか」と自己否定をし、純金コンプレックスを抱える。そして、複雑な思いを抱えながらも、ありふれた臨床家として目の前の仕事に全力を尽くすようになる。だが自己肯定は容易ではなく、ゆえに純金コンプレックスはなかなか解消されない。とはいえ、それがクライアントに悪影響を及ぼさないように努める。しかし一部はコンプレックスに耐えられず、純金セラピストへの道を諦められずに「独り善がり」（山崎、二〇二二）な治療者となる。★4 そういった臨床家は、現実を受け入れず、空想に合わせて現実のほうを変えようとする。たとえば、「社会は／組織は自分のやっていることのすばらしさ、重要性をわかっていない」と周囲を腐してみたり、臨床ではクライアントのニーズを無視して自分が善いと思う実践を押しつけたり、それに巻き込んだりする。それは、クライアントを自己実現のために食い物にしているという意味において搾取に他ならない。

心の不確実性と純金の確信性、そして有害性

次章で述べるように、純金コンプレックスはそもそも心理職を大学で養成しようとした際に生じたひずみに大きな原因がある。だがここではまず、臨床家が純金を求める力動について考えたい。というのも、この事態は単に大学院教育のなかで植えつけられたからという受動的な理由だけでは説明できず、臨床家も能動的に純金を求めているがゆえのものと考えざるをえないからである。

私たちが対象とする「心」はとらまえがたい。臨床では、時によって善であることが、時によっては悪になる。確実な正解はない。そのような不確実な状況に置かれれば何かにすがりたくなる。目に見えない「心」という代物を相手にしている私たちは、学派的言説というメガネを手にして容易に見えないはずの心が見えた気に、「答え」を得た気になりやすい。五里霧中に陥りやすい臨床場面において、「純金」は評価軸を、価値基準を与えてくれる。善を規定してくれるのだ。「純金」は臨床家の判断を保証してくれる。迷いから解放してくれる。ここに「純金」の魅力がある。だからこそ純金思想が保全され、純金コンプレックスは解消されることなく、コンプレックスのままにとどまりつづけている。

だが、ここではクライアントの存在が忘れられている。クライアントは純金を望んでいるのだろうか、という視点が欠けている。純金であることと、クライアントの役に立つことは同義ではない。

私たちは学派を問わず、なんらかの治癒像を思い描いて臨床をしている。日本臨床心理士資格認定協会（n.d.）は、臨床心理士を「あくまでもクライエント自身の固有な、いわばクライエントの数だけある、多種多様な価値

観を尊重しつつ、その人の自己実現をお手伝いしようとする専門家」と紹介している。しかしそれは欺瞞とは言わないまでも、建前にすぎない。私たちは、ある治癒像をもっており、クライアントをそこに近づけるためにこそクライアントと関わっている。それ自体は問題ない。むしろ、なんらかの治癒像を想定せずに臨床をすることはできないだろう。問題は、その治癒像が硬直化し、「交渉」の可能性を失った場合である。臨床のなかで生じる違和感を無視し、学派的言説を優先させる場合である。ヘルスケアシステム理論で示されているように、臨床はユーザーと治療者の絶えざる交渉からなる。交渉がない臨床は、教化や洗脳である。

純金であることが自己目的化したとき、私たちの実践は害となる。それをふせぐためにこそ、私たちは学派的言説以外の評価軸を身につけねばならない。実現の鍵は、ヘルスケアシステム理論の「治癒はユーザーとその周囲が決める」というテーゼにある。

ふたつの評価軸——「専門家評価」と「ユーザー評価」

専門家評価

前節では純金思想について述べたが、これは「治癒を専門家が規定している」という意味で「専門家評価」と言える。従来の心理臨床学は、主にこの軸のみに基づいて運用されてきた。

「治癒を専門家が規定する」というテーゼと相性がよいのが「無意識」概念である。「無意識」はその定義上、本人が知ることのできない（しかし他人は知ることができる可能性のある）領野である。「あなたは自覚していないけれど、無意識はこう思っているようだ」と言われると、定義上、反論のしようがない。前著でこれを「無意識論法」と呼びその危険性に警鐘を鳴らしたように、専門家が一方的にパターナリスティックに治癒像を規定し、そこにクライアントを当てはめようとすることは避けねばならない。

ただし、私は無意識、すなわち「本人にはわからないが他人にはわかる可能性のある領野」はたしかに存在するとも、そしてそれがクライアントの症状や人生に大きな影響を及ぼすことがあるとも思ってもいる。精神分析のように、自己は複数の部分からなる集合体だと考えるのであれば、抑圧されたり解離されたりしているクライアントのある部分と手を組むことが、他のある部分と敵対することになる、という事態は往々にして存在する。前面に出ているのが拒否的な態度だからといって、それをもってその人が援助を求めていないと断じる援助者はそういないだろう。その裏に援助を求める声なき声を想定して関わるはずだ。その声はクライアント本人には意識されていないかもしれない。つまり無意識かもしれない。無意識の思いを、心理職が読み取っているのかもしれない。

以上のように、私は臨床は無意識概念なしではやっていけないと考えている。だから、無意識概念を放棄すればそれで事足れりと思っているわけではないし、専門家評価を捨て去ればよいと思っているわけでもない。しかし、運用の仕方には注意が必要だろうと考えている。そこで安全装置として登場するのが「ユーザー評価」だ。[★5]

ユーザー評価

純金の前にクライアントが不在になるという事態はえてして起こりがちである。それはすなわち「専門家評価」が偏重され、「ユーザー評価」が取りこぼされるという事態だと言える。

たとえば、精神分析的心理療法が（専門家評価の観点から）成功裡に行われた結果、「哀しむべきことを哀しむ」ことができるようになった、つまり抑鬱ポジションが達成されたものの、それによってより痛切に自身の寂しさや悲哀を感じ取れるようになってしまい、クライアントからすれば余計につらいし、周囲から見てもクライアントは元気がなくなってしまった、というような場合である。ここで専門家評価をもとに、「それは分析が不十分だったのだ」とか、「それでも、それが人間のあるべき姿であるし、クライアントにとって意味ある生をもたらすのだ」とかいったように反論することはたやすい。

だが、ヘルスケアシステム理論によれば、「治癒を決めるのはユーザーとその周囲」である。治療をユーザーとその周囲がどう評価したか、すなわちユーザー評価が重要だということになる。たしかにそうだ。いくらクライアントが私たち専門家の考える理想の状態になったとしても、当のクライアントが生きる社会で生きづらいのであれば、それは援助として成功しているとは言いがたい。にもかかわらず、私たちは自身の考える治癒像を普遍的に善いものとして考えてきてしまった、つまり専門家評価を偏重してきてしまったのではないだろうか。

両者のパワーバランス

ここまで「治癒はユーザーとその周囲が決める」というテーゼに重点を置いて論じてきたが、ヘルスケアシステム理論におけるもうひとつの重要なテーゼ、「治療はユーザーと治療者の説明モデルの交渉である」を思い起こしてほしい。これは、治癒は専門家が一方的に決めるものではないことはもちろん、同様にユーザーが一方的に決めるものでもないことを示している。だから、考えるべきは両者のバランスだ。

現状、このふたつの評価軸は、すくなくとも心理臨床コミュニティのなかでは専門家評価のほうが力をもっているように思われる。いや、実際にはクライアントのほうが専門家を評価し、これはダメだと判断したら来所しなくなったりするのでユーザー評価のほうが強いのだが、心理職の依拠する理論ではその場合も「抵抗が強かった」とか「モチベーションがなかった」などと言って合理化され、専門家優位の幻想が保持されている、と言ったほうが正確だろう。

するとどういった事態が発生するか。たとえば、以下のような状況に遭遇したことはないだろうか。

クライアントが過酷な環境のなかで奮闘している。治療者も非常に胸を痛めている。「頑張っているな」と思っている。だがそれを伝えることは「自己開示」であり、「精神分析的」ではない。それに、治療者からの肯定がなければ自己を肯定することができなくなってはいけない。「頑張っていますね」と伝えたほうがクライアントを支えることになるように思うが、そう考えて、沈黙のまま話を聞きつづける——

このとき、私たちは何をしているのだろうか。私が思うに、精神分析の考える治癒像は「自立」と「自己決定」である。クライアントがそれに近づけるように、治療者は介入を控えている。だが、介入を控えていることは何もしていないことと同義ではない。そのとき私たちは、「何もしない」ということをしている。そうすることによって、クライアントの「自立」を促そうとしている。だがそれはあくまでも治療者側の意図であり、言い分にすぎない。クライアントはそうした治療者を、「この人は私の苦境をなんとも思っていないのだ」と認識するかもしれない。

もちろん、そう思うのはクライアントの転移だということはできる。実際その不満を分析することが有効なこともままある。だが同時に、その不満を分析するのではなく、満たすことが必要なこともある。そのとき何が必要かは都度判断するしかない。

また、すでに述べたように、「純金」は精神分析由来の比喩であるが、純金コンプレックスの射程はより広い。以下のような状況もありふれたものだろう。

——「パニック障害」の診断名で医師からクライアントが紹介されてくる。適切な介入を考えるためにまずはフォーミュレーションをと思うが、クライアントは配偶者と子どもへの不満を言い募り、なかなかパニックに焦点づけられない。これは聞かねば始まらないだろうと思い、事前準備として話を聞くことにしたが、気づけばもう半年経っている。クライアントは感謝を口にするが、症状はよくなっているようには思えない。これでいいような気もするが、やはりこれではクライアントのためにならないと思い、思い切ってこの面接を何のためにやっているかと問うて立て直すことを試みたが、翌回からクライアントは来なくなってしまった

ここで起こっていることも構造的には同じである。つまり、治療者自身が違和感を抱きつつも、純金の規定する「善い」状態、すなわち治療者の描く治癒像にクライアントを近づけることを試みたものの、実はクライアントはそれを求めておらず、専門家評価とユーザー評価にズレが生じてしまっているということだ。

臨床において、結局のところ何が善いかの最終判断は治療者がすべきで、その責任は治療者が負うべきだと私は思っている。ユーザーの、当事者の言うことを無条件に最優先にすればよいと思っているわけではない。学派的言説が不要だと言っているわけでもない。それが前著で「臨床にパターナリズムは不可欠である」と述べた所以だ。しかし、その塩梅こそが難しい。

こうした状況下で私たちがなすべきことは、学派的言説に基づく専門家評価の暴走に歯止めをかけ、覆す力をもつ評価軸としてユーザー評価を扱うことである。それによって学派的言説は相対化され、心理臨床の有害化、カルト化をふせげるだろう。

更新される専門家評価／ふたつの専門知

——「学派的言説」と「領域の知」

ここまで大枠として、専門家評価ばかりが重視されている現状にユーザー評価を導入することの重要性について述べてきた。それを前提とした上で、次に、専門家評価の内実について検討しよう。

学派的言説——「深さ」の知

次章で詳述するが、従来、専門家評価は主に学派的言説によって構成されてきた。それはつまり、精神分析には精神分析の治癒像＝理想的な人間像が、認知行動療法には認知行動療法の治癒像が、といった具合に、学派ごとに治癒像が想定されており、そこからの距離で治癒の進展を測定していた、ということを示している。

ここには致命的な欠陥がある。クライアントがどのような社会で生きているかが勘案されていない点である。「うまくいった精神分析が人を不幸にし、成功した認知行動療法によって人が傷つくのは、『治療そのものが社会的に規定される』視座が見失われたときである」（東畑、二〇二〇）。つまり、いつでもどこでも、普遍的に善である治癒像というものは存在しないのだ。にもかかわらず、従来の心理臨床学はそれが存在するかのようにふるまってきた。

そうしたことが可能であった理由は、ひとつには、日本心理臨床学会（およびそれを基盤にした臨床心理士という資格）が日本臨床心理学会の分裂から生まれたトラウマの産物である、という事情がある。詳しくは前著をあたっていただきたいが、この分裂の一因は心理職と社会がどう対峙していくのがよいかについての意見の対立であった。一部の日本臨床心理学会会員は急進的な平等主義、すなわち「治療者－クライアント」関係の解体を理想とした。社会に深く関わると、そのような結論に陥り、自己否定や学会などの集団が崩壊するに至ってしまう。それが臨床心理学界が負ったトラウマであった。だから、日本心理臨床学会において、心理臨床は社会から隔絶された空間で、心の内奥を探る深遠な営みであると位置づけられた。「深い」ところを探ることこそが臨床だとされた。そこで各学派の学派的伝説が深化していった。特に河合隼雄の牽引したユング派が重視した「深さ」はその象徴だろう。いわば、心理臨床は「社会から個人の内面へと人々の関心が移行する傾向、社会的現象を社会からではなく個々人の性格や内面から理解しようとする傾向、および、『共感』や相手の『きもち』あるいは『自己実現』を重要視する傾向」が顕著になり、「心理主義化」（森、二〇〇〇）したのだ。

社会からの隔絶は、理想の追求を可能にする。人は現実にはいろいろな制約のなかで生きているわけだが、そういったものから解放される（という幻想を可能にする）からだ。社会から隔絶されて純粋な「真理」を追求するという意味で、心理臨床はカルトに近い構造をもっているし、ゆえに学派的言説は教義と化す危険性を孕んでいる。

理由のもうひとつは、一九七〇年代に作られた「一億総中流」という言葉が示すような社会状況である。当時、学歴や収入などのデータ上での「中流」はそれほど多くを占めていたわけではないのだが、『国民生活白書』によれば、日本国民の意識としては九割弱が自身を「中流」と捉えていたという（橋本、二〇二〇）。それが一九七〇年代の日本であった。当然実際には当時もいろいろな社会があったはずだし、現在白日の下に晒されるようになった悲惨な社会状況も存在していたはずである。だが少なくとも「一億総中流」という幻想をもつことが可能な程度には、日本社会は同質性を保っていたと考えられる。そういった、「社会」という語の指すものがほぼほぼ同じものであると想定することが可能であった時代には、わざわざ「このクライアントが生きる社会はどのようなものか」と問う必要はなかっただろう。不問という形での「隔絶」は、だからこそ可能なものであった。

だが今や、社会は格差と分断に満ち溢れている。バブルが崩壊し、景気の低迷がはっきりした一九九〇年代後半になると、マスコミには「中流」の崩壊や没落を正面から論じる暗いトーンの記事や、日本を「階級社会」だとする記事が続出し、この傾向は二〇〇〇年代になるとますます強まった。二〇〇六年には「格差社会」が流行語大賞トップテン入りするなど、その認識は現在ではすっかり定着していると言ってよい。「総中流」などというものは、社会移動の構造や所得分配など、実体的な面からみても、また人々の意識の面からみても、すでに崩壊している。これが二〇二〇年代を迎えた日本社会の現実である（橋本、二〇二〇）。

今や、日本社会の同質性などほぼ成立していない。だから私たちは「日本の心理臨床は……」と主語を大きくして語ることはできない。もっと主語を小さくして、あるターゲットについて語る必要が出てくる。ここで登場するのが「領域の知」である。

領域の知──「広さ」の知

「領域の知」──聞きなれない言葉かもしれない。だが、その存在を感知している臨床家は少なくないはずだ。これは、学派的言説が想定しているような領域横断的、普遍的な知ではなく、ある特定の領域でのみ通用する、むしろ重用されるような知のことである。

たとえばＳＣ領域研修会などで、学派を違えていても、領域を同じくしている心理職とは案外と対話が可能であったという経験は珍しいことではないだろう（来年度も継続的に採用がされるか年度末ギリギリまでわからないなか、いかにどちらに転んでもいいようにしておくかという知恵について話し合える、といったように）。むろん、この「領域」をどれだけの解像度で設定するかという問題はあるものの、「児童養護施設」「大手企業」「私立高校ＳＣ」「刑務所」などといったように、同じ領域で仕事をしている人たちが「それ、わかる」と言い合えるような知というものはすでに存在しているのである。それを「現場の知」と呼んでもよいだろう。次章を先取りして言えば、社会からの要請に応え、この「領域の知」をもとに臨床心理学を再編しようとしているのが公認心理師という資格だと言える。

「大学院で教わったことが使えない」という現場の洗礼は、多くの心理職が体験することのようである。そうした事態がなぜ生じるのかと言えば、大学院での教育は社会から隔絶された個室での学派的言説に基づいた臨床を基礎として行われるにもかかわらず、実際の臨床は社会のなかで行われるものがほとんどだからだ。

近年、心理職の働く場は拡大の一途を辿っており、猫も杓子も個人療法というわけにはいかなくなってきている。個人療法が適切な場面は今でも存在するが、しかしそれは従来の心理臨床学が想定していたよりもはるかに少ないと言わざるをえない。ゆえに、私たちはすでに個室臨床以外の実践経験を大量に蓄積してきており、それと認識していないうちに、非公式にではあるにせよ「領域の知」を産出しているのだ。それらを体系化することにより、私たちは心理臨床学に「深さ」だけではなく「広さ」を与えることが可能になるだろう。

問題は、学派的言説と領域の知が交叉していないところにある。歴史を省みるに、なぜか両者は対立し合う運命にあるようである。だが、専門家評価の質の向上には、両者の統合、少なくとも並立が欠かせない。

心理臨床学の更新のためのふたつの回路

整理しよう。現状、心理臨床界にはふたつの対立軸がある。ひとつは、専門家評価とユーザー評価の対立である。いまひとつは、専門家評価のなかでの学派的言説と領域の知の対立である。

これらの対立を解消するためには、心理臨床学の外部と内部、双方からの更新が必要になる。

外部からの更新

まず、外部からの更新について述べよう。

大枠としてはその論拠はヘルスケアシステム理論にある。さらに、それを推し進めたひとつの極北に、専門家評価が優越するメンタルヘルス業界への当事者からの異議申し立てという側面をもつ当事者研究がある。また、「社会における心理職」というよりメタな観点から考えた、東畑（二〇二〇）の「社会論的転回」の視座も、外部からの更新と言ってよいだろう。

これらの視点は、現実から遊離して膨張した心理臨床の外延を再定義するため、もっと言えば正確に限定するために不可欠な役割を果たす。

ヘルスケアシステム理論、当事者研究――ユーザー評価の取り入れ

ヘルスケアシステム理論の「治療はユーザーと治療者の説明モデルの交渉である」、そして「治癒を決定するのはユーザーとその周囲である」というテーゼはここまで繰り返し取り上げてきた。これを別言すると、治療の評価は専門家評価だけでなくユーザー評価を取り入れて行われなければならない、ということになる。

すでに触れたように、従来の心理臨床学は、社会から隔絶された場で行われる営みがよしとされる、閉じた、内向きのものであった。専門家評価のユーザー評価に対する優越こそが、それを象徴していた。そこでは、治癒を評価するのは「わかっている」治療者であった。

だが、クライアントは面接室ではなく、社会に生きている。その社会において、たとえばクライアントがより自己主張的になることがよい環境もあれば、それがクライアントの立場を危うくする環境も存在する。いつでもどこでも自己主張できることが善いとは限らない。そういった具合に、あるひとつの事象について、文脈を離れ

て普遍的な評価を下すことはできない。であれば、私たちはユーザーからのフィードバックを受け入れなければ、私たちの実践について正確な評価を下すことはできないということになる。それは、私たちが決して「わかっている」という位置に安住できないことを示している。

ユーザー評価を取り入れるという理念は、具体的にはクライアントの言うことを少なくとも一旦は「そのまま聞く」という行動を導くことになる。私たちはクライアントを（精神分析的な意味に限らず）解釈することにあまりにも慣れきっている。そうではなくただ聞くことが、この理念を実装するために必要なことになる。

さらに、外部からの更新ということを考える場合、当事者研究への言及を避けて通るわけにはいかないだろう。当事者研究は、「精神の病を抱える当事者たちが自分の抱える問題を自分で研究する」「自分の問題を仲間の前で発表し、参加者全員でその問題の仕組みや対応策について考え実践する」（野口、二〇一八）営みである。集団で行うという点で、心理職も日常的に行う集団療法と形式を共有しているものの、専門家が主導するか否かという点で、両者は決定的に異なっている。当事者研究においては、専門家が場を同じくしていたとしても、あくまで黒子として存在しているにすぎない。

つまり、当事者研究は、「精神分析や認知行動療法、家族療法などと並列する援助法の一つではなく、そもそも『援助とは何か』という問いの根底を組み替えようとするある種の文化運動」である。「専門性という枠組みそのものに対する揺り動かしなのであり、専門家が持つ権力性への挑戦」なのである（東畑、二〇一九b）。

東畑は、二〇一九年の時点で「（当事者研究は）専門家たちにも新しい構えを要請しています。つまり、当事者との協働を前提にしてしか専門家が制度に居場所をもちえないという局面を迎えようとしているのです」と、その「切実さ」を訴えている。実際、二〇一七年から二〇一九年までの三年間、『臨床心理学』誌増刊号（金剛出版）は、東京大学先端科学技術研究センターの熊谷晋一郎（小児科医）の編集による当事者研究をテーマにしたものであった。

発刊当時、この『臨床心理学』誌の当事者研究の特集について、心理職側からの目立った反応は見受けられなかった。[★6] そしてその状況は今も変わらないように見える。『心理臨床学研究』をはじめとした臨床心理学系の雑誌において、当事者研究についての言及はほとんど見当たらない。

だが心理臨床学の「外」では、当事者研究はすでに学問的俎上に載せられつつある。先端を走っているのは東京大学大学院医学系研究科の笠井清登（精神科医）が主導する「職域・地域架橋型：価値に基づく支援者育成」プログラム、通称TICPOCである。これはTrauma-Informed care（トラウマインフォームドケア）、Co-Production（共同創造）、Organizational Change（組織変革）の頭文字を取った名称で、その成果は『こころの支援と社会モデル』（笠井、二〇二三）にまとめられている。

TICPOCは、東大医学部、そして医師である笠井の主導である（『こころの支援と社会モデル』は笠井が責任編集を務め、そのもとで熊谷晋一郎、東京大学大学院医学系研究科健康科学・看護学専攻の宮本有紀（看護師）、東京大学医学部付属病院の熊倉陽介（精神科医）、そして心理職である東畑開人が共同編者を務めている）。これは、熊谷ほか当事者の主張する、当事者と専門家の「共同創造」（熊谷、二〇一八）の挑戦を、医学が受けて立った結果なのであろう。後塵を拝することにはなるが、私たち心理職も、当事者の声に応答していかねばならない。

ただ、立ち止まって考えてみると、私たち心理職は好むと好まざるとにかかわらず、実践としてはすでに「共同創造」をしてもいることに気づく。というのも、たしかに私たちは専門家ではあるものの、社会における「権力」は医師ほどに大きなものではないし、薬物療法のような実体のある治療を提供するわけでもないので、ユーザーに「正解」を一方的に伝達するのではなく、双方向的に物事を考えてゆくような関係性にならざるをえないからだ。こうした職能の差による権力差は社会的役割の違いに由来するもので、個々の医師や心理職が打破しようとしてもどうにもならない類のものである。この差を平板化しようとするのではなく、職能の違いをいかに臨床に活かしていくかを考えるほうが有益だろう。

つまり、心理職は医師ほど権力をもたないがゆえにユーザーの近くにあり、共同創造の良きメディエーターになりうる位置にあるのだから、これを利点として活用していくべきだと私は考えている。一般的に権力がないことは欠点として語られがちであるし、事実、欠点となることも多いだろう。しかし、こと「共同創造」に限っては、権力のなさ（もちろん相対的なものであり、ユーザーからすれば「権威」側であることを承知の上でだが）は利点ともなるのである。

こうした事情により、私たちはすでに「共同創造」の一端を担っている。にもかかわらず、そこで生み出された知は心理臨床学という学問には反映されていない。むろん、私たちの臨床に取り組む姿勢として「共同創造」の要素が不十分であったという批判は真摯に受け止めるべきであるが、すでになしている共同創造の結果を学問的に取り扱えないでいることもまた同様に問題であることに気づく必要がある。

私たちは、当事者の声を、ユーザー評価を、積極的に学問に導入していかねばならない。しかし実際には、第II部で触れるように、当事者の声はなかなか学問体系に組み込まれることがなく圧殺されがちである。だからこそ、権力をもつ人々と声を奪われてきた人々のあいだに位置する心理職が、そしてさらに言えばアカデミアと声を奪われてきた人々のあいだに位置する在野の心理職が、そうした声を学問に輸入するための活動——すなわち執筆——をすることが望まれる（詳細は第V部参照）。

そうして新たに定位された知によって臨床家の基礎となる学問が変化し、「当事者研究ネイティブ」の心理職が生まれることになる。それは、膨張しすぎた専門家の縄張り意識を是正し、心理臨床学の正常化のための大きな一歩となるに違いない。

社会論的転回——社会的活動としての心理療法・心理援助

ユーザー評価を尊重する、というのは臨床の内部で行われることだが、東畑（二〇二〇）はさらに、「社会論的転回」を提唱し、「社会における心理職」という視点を強調している。これは、ヘルスケアシステム理論で重視される民間セクター――すなわちユーザーとその人を取り巻く環境――よりもさらに大きな、「社会」の価値観を考慮に入れようとするものである。

「社会」を意識するということ自体はすでに下山晴彦たち（たとえば、下山（二〇一〇））も主張してきたものであり、東畑の仕事はその延長線上にあるものである。東畑の革新性は、ここに社会の複数性という視点を導入した点にある。

臨床はあくまで社会的な営みなのだから、社会の変化に合わせて理論は改変される必要がある。しかし、心理臨床界の抱えるトラウマの影響もあり、多くの心理療法理論にはこの観点が欠落している。私たちは、内にこもって社会から遊離した価値について考えるのではなく、外側から心理職の仕事がどのように見られ、どのように評価されているかを知り、それに対応していく必要がある。そのためには臨床心理学だけではなく、社会学や人類学など近接学問からも学ばねばならない――これが、東畑の述べていることである。

たとえばそれは、現代において支配的な新自由主義的価値観を相対化し、クライアントがそのような社会でどう生きているか、さらには自らの臨床がそうした価値観にどのように影響を受けているかを考察することである。ここで重要なのは、その影響を受けないように努めることではなく、影響を考慮することが求められているということである。影響を受けない、などということは不可能だからだ。

これはつまり、治療者も社会における一員であり、社会の価値観から独立してはいられないこと（独立しているとすればそれはかなり奇異なことである。おそらく錯覚であろう）を受け入れるということであり、心理療法の特権性・普遍性という幻想を捨てることである。「社会から隔絶された空間」は、ある特定の時代状況のなかで成立した特殊なものであったことを認め、では現代においては「平成のありふれた心理療法（HAP）」[★7]（東畑、二〇二〇）はどのような変質を被るか、と考えることである。

むろんそれはHAPに限ったことではない。認知行動療法と新自由主義の親和性についてはよく指摘されるところではあるし★8（平井、二〇一五／信田、二〇一八／山崎、二〇二一）、どのような心理療法も社会的文脈から逃れることはできない。社会論的転回とは、その不可避性を認識することなのである。

この視点もまた、心理臨床という概念のインフレーションの正常化に貢献することは間違いない。

内部からの更新

次に、内部からの更新について述べよう。

こちらも、外部からの更新同様、二種類ある。治療構造論を駆使した既存の知の深化——学派的言説の明細化——と、臨床エスノグラフィーを用いた「領域の知」の既存のシステムへの統合だ。

外部からの更新が心理臨床の「限定化」であるとすれば、これらは「詳細化」のために重要な役割を果たす、ということができる。

治療構造論——既存の知の深化

学派的言説はかなりできあがった、確立された知であることは事実である。しかし、それでも更新の必要性がないわけではない。

私はここまで、学派的言説という評価軸だけでなく、ユーザーからの評価という評価軸を（学派的言説と双璧をなすものとして）打ち立てる必要性があり、それによって心理臨床の有害化、カルト化をふせぐことができるだろうと述べてきた。

しかしそれだけではいまだ十分ではない。それに加えて、既存の理論の抱える不十分さ、すなわち「治療者の説明モデル」が粗すぎるという問題にも取り組む必要がある。つまり、学派的言説はどのようなときに、どのように有効かと問わなければならないのである。

説明モデルの細分化の道具として重要な役目を果たすのが、日本精神分析界で開発された概念装置である「治療構造論」（小此木、一九九〇）である。というのも、提唱者である小此木自身が「比較精神療法学」を夢見ていたように、「治療構造という器が治療内容という中身に及ぼす影響について考える」という治療構造論には、心理療法そのものを相対化し、再考を促すメタな視点が内包されているからだ。

治療構造論は、「ある療法を行うために最適な設定を整えること」であると誤解されることが多い。たとえば、精神分析であれば「週四回以上、一回四五分から五〇分、カウチ使用」という設定が求められる。これが精神分析的心理療法であれば、「週一回以上、一回四五分から五〇分、基本は対面」という設定になろう。ここで焦点づけられているのは「ある療法を行うにあたり望ましい設定」であり、「ある療法を行う」という目的意識が先立つ議論となっている。この文脈では、現行の設定を「望ましい設定」に近づけることがよしとされることになる。そういった範型を教条的に守ることが治療構造論なのだと思われている方もいることだろう。

だが、治療構造論にはある望ましい設定に近づくべし、というベクトルは存在しておらず、その目線はむしろ逆を向いている。すなわち、「おのおのの設定」こそが先にあり、焦点は「その設定はどのような効果をもっているか」に当てられている。目指されているのは各治療構造の固有の機能や限界といった特徴を素描することであり、範型となる設定に近づけるという方向性は有していないのである。ゆえに「範型との距離」という概念も存在しないし、各種治療構造間の優劣も存在しない。こうした範型をもたない姿勢こそが、私たちの実践をフラットに評価することを可能にする。

別の言葉で表現すれば、学派的言説の実際的運用についての研究が、治療構造論という概念によって可能になる、ということになろう。たとえば、週四回の精神分析における精神分析の学派的言説の運用と、週一回の精神分析的心理療法におけるそれと、アウトリーチにおけるそれとがどのように異なり、どのようにすれば各設定においてよりよく運用できるか、といった問題に取り組めるようになるのである。

「そうした考え方は逆に学派的言説を再強化し、純金コンプレックスの解消を難しくするのではないか」という疑問があるかもしれない。しかし、治療構造論による探求は、設定による限界を意識させることにこそその意義がある。たとえば精神分析コミュニティでは、従来、週四回の精神分析の実践のなかから生み出された知が、週一回、もしくはもっと低頻度の実践に活かせるのだという前提で臨床が行われてきた歴史がある（山崎、二〇二四）。この一〇年ほど、その現象は「平行移動仮説」と命名されることで可視化・研究され、設定による限界が言語化・共有されるようになってきたが、それまでに設定と理論の齟齬により不利益を被ったクライアントは数えきれないだろう。治療構造論は、こうした非現実的な学派的言説の暴走を止めることに資するのである。

このようにして、治療構造論をバネとして、学派的言説の明細化、説明モデルの詳細化がもたらされることとなる。それは、私たちの臨床をクライアントや他職種へ伝える際の説明力を向上させるだろう。

臨床エスノグラフィー——新奇な知の輸入と定位

前節では既存の知であるところの学派的言説の深化について述べたが、もう一方では、「領域の知」を公共化し、系統立った伝達可能な知とする作業が求められる。それにより心理臨床の知は現実を反映した包括的なものになる。むろんこの作業は、心理職の職域が拡大の一途であることに鑑みれば、不断に更新される終わりなきものである。

ただし、その方法論はいまだ確立されておらず、これから私たちが編み出していかねばならないものである。従来の学派的言説については、公共化、すなわち論文化の手続きが定まっている。具体的には、個人療法のケース論文は、起承転結モデルで書かれることが多い。すなわち、ケースが始まり、しばらくは順調であったり無風であったりする時間が続くが、あるときクライアントと治療者がお互い苦しくなるなど何かしら難しい事態に陥り、あるできごと（たいていは治療者が見落としていた重大な何かに気づく）を機にその状況に変化が生じ、その後のよき展開が描かれる、というものである。

このように、個人療法は描く型が確立されている。それがゆえに、書きやすい。それは間違いないのだが、個人療法が書きやすいのにはより本質的な理由がある。それは、個人療法ではそれが営まれる環境のうちかなりの条件が統制されている（という前提で書かれている）ことである。本当は、クライアントの変化は面接室外の重要なできごとによって生じたのかもしれない。だが私たちは、セラピーの貢献の結果としてその変化を描く。むしろん、それがあまりに荒唐無稽であれば査読ではじかれるなどしてコミュニティに受け入れられないだろうが、厳密に考えればそのクライアントの変化がセラピーによる変化であると保証してくれるものは何もない。

それでもこの形式が一定の理解と支持を得てきているのは、そもそも個人療法が「社会」を排するモデルで成り立っているからである。「すべては転移である」とすることにより、社会がクライアントに及ぼす影響力を無化することが可能な仕掛けを、個人療法は内包しているのである。[★9]

しかし、今や多くの心理職は個人療法だけを生業としているわけではない。もっと変数の多い、複雑な条件下で仕事をしている。変数が多ければ多いほど、自身の仕事がクライアントの変化に寄与しているという感覚はもちづらいし、寄与したのだと証明することも難しい。起承転結のようなシンプルなストーリーに落とし込むことも難しい。

心理職の仕事の多くは文字や数字として固定化することが難しいものである。それでも前著でも「測定できないものを存在しないものとして扱うのは誤りである」と指摘したように、現実には、なんとか固定化しなければ、存在しないものとして扱われてしまう風潮があることは事実だ。ゆえに私たちは、日常の臨床を表現する文体をぜひとも開発していかねばならない。

これこそが、冒頭で引用した「ありふれた臨床」研究会が目指していることでもある。そこでは、文化人類学を参照し「臨床エスノグラフィー」という新たな文体の開発を試みている。それは「臨床場面を具体的に記述して、そこにある社会的力動と心理療法による主体化の相関を論じてみせること」「それぞれの臨床現場が社会の中でいかなる機能を担う場所であるのかを明示し、そこではいかなる主体化が適応的、不適応的であるのかを再考すること」を目的とした文章である（東畑、二〇二二）。臨床エスノグラフィーという形式によって領域の知を描写することが可能となる。そして、それが既存の知の体系に輸入されることにより、心理臨床学が現実を反映したものになることが期待される。

たとえば、デイケアという領域の知について論じた『居るのはつらいよ』（東畑、二〇一九ａ）はそのパイロット版として位置づけられる。本書では第12章「異文化交渉の場としてのスクールカウンセリング」が臨床エスノグラフィーにあたる。

このフォーマットが精緻化され、多くの臨床家がふつうに活用できるテンプレートとなれば、領域の知を公共化することが容易になり、それを学派的言説と双璧をなす知として定立することが可能になるだろう。

小括

ここまでをまとめよう。従来、心理職の依拠する理論は学派的言説に基づいたものであった。そしてそれは、あくまでグランドセオリーにすぎず、解像度の低い、精度が粗いものであった。しかし、いわく言いがたい心の治療についての価値基準を提供してくれるがゆえに、臨床家自身が「純金」を求めるところもあり、学派的言説の害《ハーム》を問い直すことが難しかった。理論＝純金のもたらす安心感と引き換えに、学派的言説の偏重が臨床に現在進行形で悪影響を及ぼしている。ゆえに私たちは、一方ではユーザー評価を取り入れることで外部から心理臨床を更新し、他方では現場からボトムアップで知を産出することで内部から心理臨床を更新しなければならない。そうすることで、教科書には書いていないありふれた臨床を肯定できるようになり、純金を必要以上に求めることと、その加害性を超えることができるだろう――

その上で問われるべきは、理論の更新は具体的にどのようにすればよいのか、ということだろう。私はそれは、臨床家が自身の臨床を語る言葉を獲得し、さらにそれを「書く」ことによって達成される「正統」の拡大によって成し遂げられると考えている。それについては第3章で述べることとしよう。

†註

1――簡便な要約は『日本のありふれた心理療法』、第1章「日本のありふれた心理療法のための理論」参照（東畑、二〇一七）。

2――ある病気についての「①病因論、②症状のはじまりとその様態、③病態生理、④病気の経過、⑤治療法」が含まれるモデルのこと。なぜ病気になり、その病気はいかなるメカニズムで成立しており、いかなる治療法で対処され、いかなる予後が想定されるのかについて一貫した理解を提供するもの。

3――追手門学院大学の石田拓也氏。

4――もちろん、環境とクライアントが精神分析に適しているなら、その道を進むことは間違いではない。

5――前著で「モチベーション論」を論じた際にも、私はそれを「安全装置」と表現した。モチベーション論は要するにユーザーが何を求めているかを明確にしようという手続きのことであり、それはユーザーの価値観や想定する治癒像も関わってくる。だから、そこで取り上げたのもやはり「ユーザー評価」の話だったのだ、と今になるとわかる。

6――数少ない例外として、二〇一八年の『臨床心理学』増刊第一〇号「当事者研究と専門知」（熊谷、二〇一八）への、『心理臨床学研究』における大塚（二〇一九a）の書評が挙げられる。だがこの書評についても、大塚自身が「これまでのところ『身近な仲間からはほとんど反応がなく、遠方の友人や間接的な知人から好意的な反応をいただく』という興味深い現象が起こっています」と述べている（大塚、二〇一九b）。

7――ユング心理学的な理解を行いながらも、それをクライアントと話し合うことなく傾聴に徹する、「サイコロジカルトーク抜きの心理療法」のこと。「深いところでつながる」「耳を傾ける」「寄り添う」「抱える」「関係を作る」といった常套句によって治療方針が立てられ、「一緒に考えていきましょう」というキラーワードで治療の今後が約束されるのが一般的。東畑（二〇二〇）は臨床心理士という資格の根底にこのHAPが埋め込まれている、としている。

8——こう言うと必ず「CBTは環境との相互作用を重視しており、新自由主義との親和性が高いという批判は当たらない」「マインドフルネスが重要技法となっているように、コントロールの不可能性にも向き合っている」という反論が寄せられることが予想されるので先に応じておく。ここで述べているのは、思想の水準であり、個別のCBTの臨床がどうこういう話ではない。治療者がどのように考えているか、どのような人間観をもっているかではなく、あるオリエンテーションのもつ思想を問題にしているのである。臨床水準で言えば、オリエンテーションを問わず、ほとんどのうまくいった臨床は、各種治療法の理念型・範型から部分的には外れていることだろう。

9——もちろん、精神分析ですら「社会」をその視野に収めている学派や、論文・著作があることは明記しておく。

†文献

Freud, S. (1919) Lines of advance in psycho-analytic therapy. In : *The Standard Edition of the Complete Psychological Works of Sigmund Freud* 17. Hogarth Press, pp.157-168.

橋本健二（二〇二〇）『中流崩壊』、朝日新聞出版［朝日新書］

平井秀幸（二〇一五）『刑務所処遇の社会学——認知行動療法・新自由主義的規律・統治性』、世織書房

笠井清登＝責任編集／熊谷晋一郎・宮本有紀・東畑開人・熊倉陽介＝編著（二〇二三）『こころの支援と社会モデル——トラウマインフォームドケア・組織変革・共同創造』、金剛出版

Kleinman, A. (1980) *Patients and Healers in the Context of Culture : An Exploration of the Borderland between Anthropology, Medicine, and Psychiatry*. University of California Press.（大橋英寿・遠山宜哉・作道信介・川村邦光＝訳（二〇二一）『臨床人類学——文化のなかの病者と治療者』、河出書房新社）

熊谷晋一郎（二〇一八）「知の共同創造のための方法論」、熊谷晋一郎＝責任編集『当事者研究と専門知——生き延びるための知の再配置』（『臨床心理学』増刊第一〇号）、金剛出版［二一-六頁］

森真一（二〇〇〇）『自己コントロールの檻――感情マネジメント社会の現実』、講談社
日本臨床心理士資格認定協会（n.d.）「臨床心理士とは」（http://fjcbcp.or.jp/rinshou/about-2/［二〇二四年一月一六日閲覧］）
信田さよ子（二〇一八）「専門家と当事者の境界」、熊谷晋一郎＝責任編集『当事者研究と専門知――生き延びるための知の再配置』（『臨床心理学』増刊第一〇号）、金剛出版［一〇〇－一〇四頁］
野口裕二（二〇一八）『ナラティヴと共同性――自助グループ・当事者研究・オープンダイアローグ』、青土社
小此木啓吾（一九九〇）「治療構造論序説」、岩崎徹也ほか＝編（一九九〇）『治療構造論』、岩崎学術出版社［一－四四頁］
大塚紳一郎（二〇一九ａ）「書評『当事者研究と専門知』」、『心理臨床学研究』三七－四［四〇六－四一二頁］
大塚紳一郎（二〇一九ｂ）Twitter投稿記事（https://twitter.com/woodcutter0825/status/1209067535032713217［二〇二四年一月二五日閲覧］）
下山晴彦（二〇一〇）『これからの臨床心理学』、東京大学出版会
東畑開人（二〇一七）『日本のありふれた心理療法――ローカルな日常臨床のための心理学と医療人類学』、誠信書房
東畑開人（二〇一九ａ）『居るのはつらいよ――ケアとセラピーについての覚書』、医学書院
東畑開人（二〇一九ｂ）「当事者研究の切実さ――これからの心理士のために」、『心理臨床の広場』一二－一［二二－二三頁］
東畑開人（二〇二〇）「平成のありふれた心理療法――社会論的転回序説」、森岡正芳＝編『治療は文化である――治癒と臨床の民族誌』（『臨床心理学』増刊第一二号）、金剛出版［八－二六頁］
東畑開人（二〇二二）「反臨床心理学はどこへ消えた？――社会論的転回序説２」、森岡正芳・東畑開人＝編『心の治療を再考する――臨床知と人文知の接続』（『臨床心理学』増刊第一四号）、金剛出版［九－二九頁］
山崎孝明（二〇二一）『精神分析の歩き方』、金剛出版
山崎孝明（二〇二四）「『週１回』とは何か」、高野晶・山崎孝明＝編『週１回精神分析的サイコセラピー』、遠見書房［近刊］

［補論］心理臨床学のあるべき姿はいかなるものか？

　ここまで述べてきたように、現行の心理臨床コミュニティにおいて、学派的言説先行型の「こうあるべし」が、すなわち純金思想が保持されているのはたしかである。だが実際にはそのような純金臨床が私たちの仕事に占める割合はとても少ない。すると純金＝範型は否定神学的に保存され、その価値は高騰することとなり、合金の、ありふれた心理職はいつまでたっても二流という意識を打破することができなくなる。その結果発生するのが私たちのアイデンティティ・クライシスだけならまだしも、実際には臨床における不具合や学としての歪みをも生じさせてしまっている。

　だから私たちは、臨床のために理論を訂正しなければならない。

　本書そのものが、学派的言説のみから構成される既存の心理臨床学の訂正の実践である。内容はこれから続く章を見てもらうこととして、ここでは理論的なことを述べておきたい。

　私は幾度も、学派的言説が不要だと言っているのではない、と強調してきた。私が主張しているのは「刷新」ではなく、あくまで「訂正」「更新」である。ここで、「刷新」と「訂正」「更新」との違いについて論じるための補助線となる概念を導入しよう。それは批評家の東浩紀による「訂正可能性」である（東、二〇二三ａ）。

　科学哲学者カール・ポパーの提唱した「反証可能性」は広く知られている。ひらたく言えば、それは「反証が判明した場合、もとの理論が真であることを棄却する可能性」のことである。天動説から地動説への移行のようなものだ。そこでは、過去の説（天動説）は誤りであり、新しい説（地動説）こそが（暫定的な）真である、ということになる。ポパーは反証可能性の有無が科学と疑似科学を分かつ基準であると主張したが、その際、批判対象、つまり疑似科学の代表のひとつにフロイトの精神分析を置いたこともあり、心理臨床の世界にも縁のある人物である。

現在、この反証可能性の概念は、科学の範囲を超え、私たちの日常にも広く浸透している。しかし東は、反証可能性は自然科学を定義するには適しているかもしれないが、それによって人文科学を定義しようとすることは誤っている、と述べる。そこで登場するのが「訂正可能性」である。

訂正可能性は、反証可能性と異なり、過去を、歴史を「あれは誤りだった」とリセットすることを求めない。東（二〇二三b）はそれを『じつは……だった』のダイナミズム」と表現している。たとえば、「ソクラテスはじつは女性だった」という証拠が見つかったとする。これまで何世紀にもわたりソクラテスは男性だとされてきているわけで、純粋論理的に考えれば、これまで私たちが「ソクラテス」として語ってきた人物は存在しないことになる。反証可能性に則って考えればそうなる。しかし実際に起こることはそうではない。私たちは、ソクラテスは女性であった、という命題を受け入れ、ソクラテスという人物が存在したことを全否定するのではなく、ソクラテスについての定義を「訂正」することで、ソクラテスの存在を維持しつづけるだろう。このように、「すべてが訂正可能であり、なにもかもが変わりながらも、それでもなお『同じなにか』を守っているとアクロバティックに主張し続ける」ことで、概念や共同体を維持するのが「訂正可能性」である。

東は、この訂正可能性の概念を下敷きに、政治哲学者ハンナ・アレントが『人間の条件』(Arendt, 1958［二〇二三］）のなかで展開した、人間が活動的な生を送るための「行い」の三分類、労働・制作・活動という準拠枠を再解釈している。簡便に要約すると、労働は生命の再生産に関する営み、いわゆる肉体的な賃労働を、制作は自然に対して人工的な「世界」の基礎となる事物を作り出す職人的なものづくりを、活動は人間相互の関係において営まれる言語的コミュニケーションを指す。

『人間の条件』では、三者の優劣ではなく、その力関係の歴史的推移が述べられているにすぎない（牧野、二〇二三）。ただしアレントは、公共を重んじ、公共空間において顕名で主張し、「現れ」ることを重視した――それが人間の条件であるとした――哲学者である。彼女が労働が前面化した現代を批判し、活動を取り戻すことが重要であると考えていたことは著作の随所から読み取れる（たとえば「活動は、わたしたちすべてに共通である世界の公的な部分にもっとも密接な関係をもっているだけでなく、そのような部分を構成する唯一の営為である」）。アレントはそのような活動称揚の文脈で取り上げられることが多いが、そうしたアレント理解は不十分であると東は指摘する。

東が注目するのは、アレントが、「持続性と耐久性がなければ世界はありえないが、それを世界に保証するのは制作の生産物である」と「制作」にも重要な意義を見出していたことである。

アレントは以下のように述べる。「活動し言論する人々は、〈工作人〉〈制作するひと〉の最高の能力における助けを必要としている。つまり、芸術家、詩人、歴史編纂者、記念碑建設者、作家の助けを必要としている。なぜならば、その助力なしには、彼らの営為の生産物、すなわち彼らが演じ語る物語は、けっして生き残ることができないからである」。これはつまり、活動者だけでは世界は成り立たず、制作者の力を借りる必要がある、ということである。というのも、アレントが述べるように「活動の完全な意味が明らかになるのは、ようやくその活動が終わってからのことであ」り、「活動と言論においてひとは自己を開示するが、じつはそのときも自分がなにものであるかは知らないし、どのような『だれ』を暴露することになるのかもまえもって予測することはできない」活動者は、自己を十分に理解していないからだ。よって「活動者自身の説明は［…］重要性と信頼性の点で、歴史家の物語にけっして匹敵することはできない。［…］物語が活動によってかならず生み出されるものだとしても、その物語を感じとり『つくる』のは活動者ではなく物語作家のほうなのだ」ということになる。

これらのアレントの論を足掛かりに、東は「活動者は、持続的な公共性に参入する代償として、自分の活動の意味が、第三者＝制作者によってつねに訂正され更新されるリスクを負っている」と述べ、むしろつねに訂正可能なことのなかにこそ、すなわち訂正可能性にこそ正義はある、と言う。

この東の論を私たちの仕事に引きつけてみると、活動者は臨床家、制作者は大学人、ということになる。そして活動者の主張＝臨床から導き出された主張は、制作者（臨床家が兼ねることもあるが、大学人であることが多い）の存在によってつねに訂正され更新されるという条件のもとでのみ正義となる、ということになろう。

既存の用語で言えば、これは科学者－実践家モデルに該当するものとして理解できるかもしれない。そうであるならば、この東の論は理念としてはすでに私たちのコミュニティに実装されているということになる。問題は、そのモデルが掲げられてはいるものの、ここまで見てきたように実質的にはそれが機能していないことである。これまでの心理臨床コミュニティにおいては、そもそも活動者の主張を制作者が聞き入れる回路――臨床エスノグラフィーによる領域の知の心理臨床という学問への導入――は阻害されており、制作者が活動者の活動の意味を訂正するといった事態以前の状態にあるからである。この回路が開かれない限り、私たちはタコツボ化、カルト化への道を進むことになってしまう。

むろん一人の人物が活動者と制作者、もしくは科学者と実践家の両方をできるに越したことはないが、それは現実的とは言えない。二刀流が可能なスーパーエリートもごく稀にいるだろうが、多くの人は片方で一流になれれば御の字というのが現実ではないだろうか。そうであれば、科学者と実践家が手を取り合い、チームとして事に臨むことが現実的である。となると、私たちの業界の抱える最大の問題は、科学者と実践家が手を取り合えないことにあると言える。★1

私はここまで「活動者」と「制作者」をおおむね臨床家と教員に対応するものとして描写してきた。だがそれはあくまで臨床の外で行われる、心理臨床学という学問においてのことである。臨床の内部では、むしろ臨床家はクライアントの活動を解釈し、記す制作者であり、クライアントこそが活動者だということになるだろう。この、臨床家は場面によって活動者にもなり制作者にもなる、という事情が、心理臨床学という学問を構想するのを難しくしている要因のひとつである。

第1章の「外部からの更新」で触れたように、当事者研究の隆盛は、従来の閉じた心理臨床学のモデルに根本的な改訂を迫っている。つまり、「共同創造」の観点を踏まえるならば、「活動」「制作」するのは臨床家／教員といった専門家だけではなく、クライアント／ユーザー／当事者も、当然「活動者」「制作者」であることになる。

この論をさらに進めれば、「共同創造」であればその「臨床」に私たち専門家の居場所はまだあることになるが、当事者研究や自助グループをも「臨床」に含むのだと考えるのであれば、その「活動者」「制作者」に臨床家は含まれないだろう。それどころか、当事者の蓄積してきた知を専門家が簒奪することについて警鐘を鳴らす者もいるほどである（信田、二〇一八）。心理臨床学界に限ったことではないが、これまで専門家優位の一方的な権力勾配が不問のまま維持されていたのは事実であろう。近年になり、各所からそのような状況への異議申し立てが同時多発的に生じ、それが心理臨床学に取り入れられる緒についたのが現状と言える。

この議論を踏まえて先ほどの東の引用に立ち返ると、活動者の主張は、専門家だけではなく、クライアント／ユーザー／当事者によっても訂正され更新される必要があり、そこにこそ「正義はある」のだ、ということになるだろう。

＊

心理臨床学のあるべき姿は、「未完」である。それは特に拡大を続ける領域の「広さ」において顕著であるが、むろん従来より追求されている「深さ」も十分ではないこともあるだろう。ゆえに、不断の更新・訂正が続けられることが望まれる。

そうした理想の実現のために、まずは活動者たる臨床家と、制作者たる大学教員の協働が求められる。両者が手を取り合った先に、あるべき心理臨床学とあるべき心理臨床の姿が立ち現れるだろう。

†註

1――両者が手を携えている理想的な例として、大学教員であり、自殺研究者であるところの末木新が、臨床家（精神保健福祉士）であり、『「助けて」が受け止められる社会をつくる』ことをビジョンとするNPO法人OVAの代表理事を務める伊藤次郎とタッグを組んだケースが挙げられる。末木（二〇二二）は「新しい試みには『信用（＝資金）』が不足するのが常である。資金調達は困難を極めた。筆者はおそらく、（研究者としての肩書きと）研究活動を通じて、ある程度の信用を創造し、OVAの行う臨床実践の発展に寄与することができたと感じている」と述べている。末木の「筆者はある意味で臨床家の感じたものを書き記す『預言者』や『代弁者』に過ぎない」という言は、制作者としての矜持を感じさせる。

†文献

Arendt, H. (1958) *The Human Condition.* University of Chicago Press.（牧野雅彦＝訳（二〇二三）『人間の条件』、講談社［講談社学術文庫］）
東浩紀（二〇二一）「訂正可能性の哲学、あるいは新しい公共性について」、『ゲンロン』一二［三一－一〇五頁］
東浩紀（二〇二三a）『訂正可能性の哲学』、ゲンロン
東浩紀（二〇二三b）『訂正する力』、朝日新聞出版［朝日新書］
牧野雅彦（二〇二三）『精読 アレント『人間の条件』』、講談社［講談社選書メチエ］
信田さよ子（二〇一八）「専門家と当事者の境界」、熊谷晋一郎＝責任編集『当事者研究と専門知――生き延びるための知の再配置』（『臨床心理学』増刊第一〇号）、金剛出版［一〇〇－一〇四頁］
末木新（二〇二二）「臨床心理学に『研究』は必要か？――臨床・研究・社会のあるべき関係について」、森岡正芳・東畑開人＝編『心の治療を再考する――臨床知と人文知の接続』（『臨床心理学』増刊第一四号）、金剛出版［一三二－一三六頁］

第2章

心理臨床学を解剖する
その歴史と現在地

前章では掲げるべき理念について述べた。本章と次章ではその理念をいかに実装するのかについて論じたい。本章ではまず、臨床心理士という資格を基礎に発展してきた心理臨床学においてなぜ「正統」の定義権を教員が握ることになっているのかを振り返る。次いで「公認心理師以後」であるところの現在の心理職教育について概観し、あるべき心理臨床学と現状の心理臨床学との乖離について検討したいと思う。

これまでの心理職教育――その構造的困難

下山(二〇一〇)は臨床心理学・カウンセリング・心理療法を区別し(表❶)、臨床心理士がその基盤とした「心理臨床学」――「臨床心理学」も「心理臨床学」も、英語ではClinical Psychologyだが――の実情は、「『(心理力動的な)個人心理療法』を理想モデルとしながら、『カウンセリング』を実質モデルとして大多数を構成し、『臨床心理学』はほとんど機能していない」というものであった、と述べている。

下山によれば、心理療法家をその範型とした心理臨床学では、「特定の理論に基づいて心の内面ばかりに焦点を

表❶　臨床心理学・カウンセリング・心理療法の比較（下山、二〇一〇）

	どこで学ぶか	重視するもの	求められる資格	対象	公私の区別
臨床心理学	心理学部	実証性・協働・アセスメント	博士号	医学的治療の対象となる疾患を含む問題の改善	公（public）
カウンセリング	教育学部	（専門性よりも）人間性	特になし	比較的健康度の高いクライアント	
心理療法	大学外	特定の理論に基づく実践	特になし	その理論が適用できるクライアント	私（private）

当てる偏ったアセスメントや介入が横行して」おり、それはクライアントの益を害しているという。ここまでの私の語用法に引きつけて、「特定の理論」を「学派的言説」と読み替えても間違いではないだろう。

ゆえに下山は諸外国のように、Clinical Psychologistは大学で養成され、実証主義的なClinical Psychologyに基づいた教育がなされるべきである、と主張した。そして同時に、（「臨床心理士」が範型としていた）心理療法家を養成するのであれば大学外のインスティチュートでなされるのが適当であると指摘した。

下山が訴えたのは、臨床心理士の基礎学問を「心理臨床学」ではなく「臨床心理学」にせねばならない、そうでなければ臨床心理士は社会における職業として成立しない、ということだった。たしかに、少なくともそのほうが「Clinical Psychologist」「カウンセラー」「心理療法家」の区別はつきやすかったことだろうし、現在の心理職をめぐる混乱の程度は減じられていたように思われる。

だが実際には、日本の「臨床心理学」「心理臨床学」はその方向には舵を切らず、独自の（一概にポジティブな意味で言っているわけではない。記述的に形容しているだけである）発展を遂げてきた。この条件を無視して諸外国の「進んだ」制度を導入しようとしても無理がある、というのが前著から続く私のスタンスである。私は、臨床心理士・公認心理師はこれまでの双方の歴史を踏まえたうえで、「心理職」として再編成されるべきであると考えている。

この問題を考えるにあたり、ここではまず、現在の心理職養成に深く影響を及ぼしている臨床心理士養成の歴史的経緯について振り返るところから論を始めよう。

なぜ臨床心理士は大学で養成されることになったのだろうか――これが始まりの問いだ。

未完の制度設計

実際にはいろいろな事情があったことだろう。なかでも私が重視するのは、臨床心理士は医師と比肩されるべき高度な資格であると主張したかった、という条件である。

詳しい歴史は前著（山崎、二〇二一）を参照してほしいが、端的に言って、臨床心理士資格の成立過程では心理職と医師との管轄権争いがあった（丸山、二〇一二）。独立した意思決定機関として機能したい心理職と、自身の傘下を構成する一職能としたい医師との間に激しい戦いがあったのである。その文脈において、心理職側はぜひとも心理職の専門性を訴えねばならなかった。背伸びをしてでもそれがあることにしなければならない事情があった、と言っても過言ではないだろう。

その結果、臨床心理士の業務は「①臨床心理査定、②臨床心理面接、③臨床心理的地域援助、④上記①～③に関する調査・研究」の四つになった。重要なのは④の「上記①～③に関する調査・研究」が入っていることで、臨床心理士は実践家であるだけでなく、同時に研究者であれ、というところが目指されることとなったのである。

研究者を養成するのであれば、それを大学・大学院が担うことは理に適っている。教育年度が医学部同様の六年制になることも、医師と同等の資格であるという主張をするのに役立ったことだろう。単に他に養成を担えるような機関がないという現実的な理由も大きかったと推察されるが、臨床心理士を大学・大学院で養成するロジックとしては、以上のようなことが考えられる。

この「臨床家であり同時に研究者でもあれ」という要請は、理念としては素晴らしい。それが実現できればたしかに心理職には専門性があると胸を張って言えたことだろう。だが、大学と大学院修士課程という六年間でこの高邁な理想が実現できているかと問えば、答えは火を見るより明らかだろう。

そうなることは、当時、臨床心理士資格の創設に動いていた先達たちはおそらく痛いほどわかっていたのではないだろうか。たとえば氏原（二〇一二）は後年になっても「カウンセリング・マインド」という用語の氾濫とその中身のなさを嘆いていたわけで、心理職の（特に臨床家としての）専門性は一朝一夕に身につくものではないことは重々承知していたはずである。しかしそれでも、心理職にとって資格が必要であり、それは医師と対等であるという体裁をとるべきだという判断があったのだろう。まずは資格を成立させることが優先され、その後の制度の更新・改善は、後身に託されたのである。★1

大学院、積みすぎた方舟

こうした経緯があるわけだが、いずれにせよ臨床心理士を大学で養成するシステムは現に三〇年以上継続され、一定の成果を上げてきている。だが同時に、種々の問題点が浮かび上がってきてもいる。以下にそれを整理してみよう。

大学で実践家を養成することの困難

本質的な問題として、教育機関としての大学は座学の空間であり、確立された知の伝達機関である、という条件がある。換言すれば、大学は基本的に研究者を養成する機関としてあるのであり、実践家の養成には適していない。となれば、「科学者－実践家モデル」を標榜する臨床心理士の教育を担う機関として、大学は半分は適しており、半分は適していない、ということになる。

何よりも実践経験が重要になる臨床家の育成を、実践経験を提供する機能のない、座学の空間である大学で行うのには、かなりの困難があることは想像に難くない。それを補うものとして外部実習が教育制度に組み込まれているわけだが、在学中に心理職として一人前になれるような実習にはそうお目にかかれないのが実状だろう。

教員の選抜基準と業務のミスマッチ

心理臨床家の育成が大学の本来の機能にマッチしていないというだけでなく、その教育を「執筆力」をもとに選抜された教員が担うことに起因する困難も存在する。「執筆力」は私の造語で、「説得力のある文章を書く力」のことである。この説得力はいわゆる筆力によって生まれることもあるし、頑健なエビデンスを提出できるような研究を行うことによって生まれることもある。

実践家を養成しようとする以上、実習とその指導が必要になる。外部実習については実践家が指導に当たるのでこの困難は回避されるのだが、問題となるのは内部実習、すなわち付属相談室での臨床の指導である。それを担うのは教員である。よって教員にも「臨床力」が求められるのだが、多くの教員は「臨床ができるから」という理由で採用されたわけではない。「その分野の研究業績があるから」採用されたのである。ここにねじれが生じる。上田（二〇二四）は「大学教員、なかでも若い教員はこのような〔引用者注－現場に応じての試行錯誤をし、「モデルに応じた現場支援」ではなく「現場に応じたモデル活用」のスキルが高じていく〕キャリアルートを辿らない。修士を経て、博士を得て、助教となり、テニュアとなるうえで必要なのは、業績と教育歴と事務処理能力である。ユーザーや現場以上に、論文や学生や大学組織との対峙が求められる。教員は研究職かつ教育職であるため、どうしてもこのようになる」と指摘している。

「科学者－実践家モデル」のうち、「科学者」部分の教育には「執筆力」のある教員に一日の長があるだろう。だが、「執筆力」は「実践家」の育成においては意味をなさない。「執筆力」と「臨床力」はまったく関係ないわけではないが、あくまで別の能力である。長距離走が速いからといって野球がうまいとは限らないように、長距離走者に野球の指導をさせるのには無理がある。それくらいに両者は別物である。

領域を拡大していく心理臨床学の性質からくる困難

もちろん、実務家教員のように臨床力を評価されて着任する者もいる、という反論は容易に予想される。しかし、仮に着任時に「臨床力」があったとしても、「臨床力」は実践知なので使わなければ錆びついてしまう。当然のことながら、教員の本務は大学での仕事なのだから、臨床を行うには時間的制約がある。必然的に臨床に割ける時間は少なくなるだろう。そうなれば「臨床力」の低下は避けえない（そして本来それは批難されるべきものではない）。

さらには、教えるべきことがスタティックなものなのであれば、昔取った杵柄で教えることに何ら問題はないが、前章で述べたように、心理臨床における知はそうではない。心理臨床の領野は日々拡大し、求められる技術も増大している。教員としてスタティックな知を教えながら日々変動するダイナミックな事情に対応するのは、かなりの困難があるだろう。

大学の変質

ここに加わるのが、心理職養成に限定されない、大学自体の変質である。ひと昔前の教員は「教授」であり、「先生」ではなかった。だが今や、大学教員は小中高の「先生」と同じ「先生」の色合いが強い。「教授」は、自身の研究（心理職養成であればここに臨床も加わる）する背中を見せて、学生が自発的にそこから学ぶ存在であった。しかし「先生」には、より親身に、時には手取り足取り、学生を教育することが求められる。子どもの学力低下については統一された見解がないが、子どもの数が減少しているのに大学の数が維持されている以上、「以前であれば入学できなかった学生」が入学することになっている、というのは事実であろう（吉見、二〇二一）。

当然、心理職養成の分野にもそうした波は訪れている。川畑（二〇二四）は、現職の教員の立場から「人文系大学院への進学率が低いわが国において、あえてそれを選択する学生のなかには、モラトリアムを求めている者は少なくない。そのため、大学院に入ったものの、実習に出ることができず、修了させるために教員が四苦八苦するという事態は、決してまれではない」と報告している。そこには、「現在、多くの大学は、少子化を迎え、定員の充足に四苦八苦している。そのなかで、学生に人気があるとされる心理系の学部や学科は、新設され続けてきた。一度設定された入学定員は、なんとしても満たすことが至上命題となる。当然、受け皿が大きくなれば、入学候補者は大学間で『奪い合い』となるので、定員を満たすには、合格水準を低くせざるを得ない」という事情があるという。

こうして、現在の大学教員は、「執筆力」で採用されたのにもかかわらず、そして小中高と異なり大学教員には教員免許が求められない、つまりはそれこそ教育のための「教育」を受けていないのにもかかわらず、何よりもまず、「教育力」が求められるということになっているのである。

心理職養成に限っては、さらにここに「臨床力」が求められるという現状がある。つまり、臨床心理系大学教員には、実践家と研究者の二刀流どころか、そこに教育者という要素を加えた三刀流が求められるのである。どう考えても過度な負荷であり、常人にはこなすのは不可能だろう。これは個々の教員の努力でどうにかなる類の問題ではなく、やはり構造的問題と言わざるをえない。

こうして心理学科の教員は「求められること」「できること」「やりたいこと」の三項鼎立の間で何かしらの選択を迫られることになる。実際には、「研究者」「臨床家」「教育者」のうち少なくともひとつを十分にこなしていれば教員として合格点、というのが現状だろう。私は、そうした現況で苦闘する教員を十把一絡げに批判するつもりはない。むしろ、のちに詳述するように、多くの「ありふれた教員」は「教育者」として十分な働きをしていると考えている。だが、当の教員自身が、「研究者」「臨床家」「教育者」のうち二つ、三つと役割をこなせなければ自身に合格点を出せないでいるように見えるのである。以下では、なぜそのような状況が発生しているのか考察してみよう。

＊

過積載の結果——教員の「純金コンプレックス」

教員のアイデンティティ・クライシス

教員は「執筆力」をもとに採用されているわけで、少なくとも入職当初のアイデンティティは、「教育者」よりも「研究者」にあることが多いだろうし、人によっては「臨床家」にあるだろう。しかし、優先順位を考えるならば、大学現場でもっとも求められているのは「教育者」の役割であり、「研究」「臨床」はあとまわしにされやすい。そうした状況で教員が「研究者」「臨床家」というアイデンティティを維持するのは至難の業だろう。すると、教員は大学業務を遂行するなかで不全感を募らせることとなる。

前項で述べたように、教員が大学で臨床を教えることにはそもそも構造的な困難がある。ゆえにここで望まれるのは、教える側が「自分が教えられるのはこの範囲である」と自己限定をする、という展開である。だが実際には、現役教員である上田（二〇二四）が述べているように、それはなかなか叶わない。なぜなら彼／彼女らは「先生」であり、教えることが仕事だからだ。「知らない」「わからない」では済まされない。業務である以上、臨床指導をしないわけにはいかない。継続的に十分量の臨床を行っていなければ、臨床を指導することに不安もあるだろう（自信満々の人がいることも知っているが、そこにあるのはまた別の属人的な問題である）。しかしそれでも業務として臨床指導をせねばならない。苦しい状況である。こうなれば、そこに何かしらの「見て見ぬふり」（山崎、二〇一七）が生じざるをえない。こうして、教員はアイデンティティ・クライシスを抱えることになる。

教員の置かれたこのような状況は、臨床家の陥っているそれの鏡写しであると言える。前章で述べたように、臨床家は、「やりたいこと／やってきたこと」である心理療法と「求められること」である心理援助がずれることにより、よき仕事をしていても「こんな仕事をしていて心理職を名乗っていいのか」と自己否定し、純金コンプレックスを抱えがちである。同様に教員も、研究や臨床という「やりたいこと／やってきたこと」と教育という「求められること」のずれに起因する困難を抱える。「教わってきたこと／できることと、仕事として求められることが異なる」という点で、教員は、ありふれた臨床家と苦しみを同じくしていると言える。

臨床家のなかに純金の臨床ができなければ一人前だと思えない者がいるように、臨床心理系の教員のなかには、いっぱしの研究者か、いっぱしの臨床家にならなければ一人前ではないという強迫観念があるように見える者がいる。仮によい仕事（教育）をしていても、いっぱしの教育者であるだけでは満足できない、もしくは内的な何かに責め立てられていると感じているかのようである。ただ実際には、教員は「教育者」としての仕事に追われ、いっぱしの研究者や臨床家になるという目標を実現するのはなかなか難しい。

私はここに、『研究』や『臨床』こそが教員のなすべき仕事であり、それをできずに『教育』という名の学生のお世話をしている自分はダメだ」、とでも表現できるような、教員の「純金コンプレックス」を見る。彼／彼女らを責め立ててくる「内的な何か」は、「臨床も、研究も」という臨床心理士の理念や、本章冒頭で引用した

『（心理力動的な）個人心理療法』を理想モデルとしながら、『カウンセリング』を実質モデルとして大多数を構成し、『臨床心理学』はほとんど機能していない」というねじれた現状によって生まれた「あるべき姿」なのだろう。つまりは、教員も、臨床家同様、現実に基づかない背伸びした理想論に苦しめられているのではないか、というのが私の仮説である。

ここで思い起こしたいのは、社会学者のピエール・ブルデュー（Bourdieu, 1984［一九九七］）が『ホモ・アカデミクス』のなかで示した、大学教員もごくふつうの人間であるという洞察である。教員は、専門知識の量や知的能力については優れているにしても、倫理的に優れているわけではない。だからその他の領域とまったく同様に、学内のあらゆる場面で権力や階級再生産についてのポリティクスが作動する。大学だけがそうした力動から離脱できているなどということはない。ブルデューはそう指摘する。ゆえに、純金コンプレックスについても、教員たちが特別な解決策をもっているわけではない。

教員の純金コンプレックスへの対応

すでに前章で臨床家の純金コンプレックスの処し方について考察した。それを踏まえ、ここでは教員がどのように純金コンプレックスに対応しているか考えてみたい。

多くの教員は、臨床家同様、目の前の仕事、すなわち学生の教育に専念するようになるだろう。研究者や臨床家への憧憬から、ストレートにその状況を肯定することはできないかもしれないが、だとしても、自身のコンプレックスによって学生に悪影響を及ぼさないように努めていることだろう。

そういった、自分がもともとやりたかったことはさておき、求められること、目の前の課題、すなわち教育に真摯に取り組む教員のことを、「ありふれた教員」と名指そう。彼／彼女らは、ありふれた臨床家同様、よい仕事をしているのに純金コンプレックスに苛まれているかもしれない。当初希望したものではなくとも、教育に意義とやりがいを見出し、肯定的な「ありふれた教員」アイデンティティを築いているかもしれない。多くの教員はそのようにして純金コンプレックスに対処し、日々の業務に当たっている。

ただ一部はそうした状態に耐えきれず、空想に合わせて現実を歪める「独り善がり」な教員が生まれる。これも「ありふれた」臨床家のなかから「独り善がり」な臨床家が生まれるのと同様である。

「独り善がり」な教員は、自らの思い描く「あるべき姿」を実現しようとする。つまり、教員でありながら、「教育者」ではなく、「臨床家」や「研究者」にアイデンティティを置こうとする。そのために右も左もわからない学生を前に、その教育的効果は二の次にして「臨床家」「研究者」として発言し、「臨床家」「研究者」として尊敬を集めようとするのである。

前著では「独り善がり」な臨床家を批判したが、本書では「独り善がり」な教員を批判することとなる（第3章ではその先の処方箋を展望する）。そのため、まずは彼／彼女らがどのようにして、教員でいながらも「臨床家」「研究者」としてふるまえるのかを見てみよう。

「独り善がり」教員の「ロジック」とその弊害

ここまで述べてきたように、本来であれば教員は「臨床家」や「研究者」としてのアイデンティティを維持することは難しい。というのも、教員の主たる業務は学生の指導であるのが現実だからだ。特に、「臨床家」を兼業しようとするのはかなり難易度が高くなる。パートタイムで臨床を行う教員は多いだろうが、当然実践や訓練に割ける時間は相対的に少なくなる。すると「現場に応じた支援への切迫度はやはり異なってくる」（上田、二〇二四）ことになり、在野の臨床のみで生計を立てている臨床家から「あなたには臨床はわからないでしょう」とか、「あなたが研究しているのは所詮アームチェア臨床でしょう」などと言われる危険性が生まれてしまう（在野の臨床家として述べるが、この手の批判は不毛であることは強調しておく)。

この緊張状態を解決するために、なんらかの「ロジック」が必要となる。教員であるにもかかわらずアイデンティティは教育者ではなく臨床家や研究者にある、とするためには、何かしらのアクロバットを行わなければならない。人には平等に一日二四時間が与えられているだけなので、そのようなことは不可能に思えるが、ここでその真価を発揮するのが「執筆力」である。

彼/彼女らは「執筆力」により、心理臨床の「正統」の定義権をわがものとすることで、そのアクロバットを可能とした。つまり、教員のままでもできる臨床や研究を「正統」と定義し、その定義を「執筆力」によって説得力のあるものにすることによって、自身の「研究者」「臨床家」としての地位を保全するのだ。そこには大別して二種類のロジックがある。

ロジックその①――「深さ」

ひとつめは「深さ」である。これは「臨床家」をアイデンティティとすることを望む教員が主張しがちである。ここで採用されているロジックは、心理療法においてもっとも重要なのは「深さ」であり、それは誰にでもわかるわけではない、崇高なものなのである、というものだ。

長く、臨床心理士を臨床心理士たらしめる実践は、個人療法であるとされてきた。その中核にいたのは「ユンギアン化したロジェリアン」であり、「深いところでつながる」「耳を傾ける」「寄り添う」「抱える」「関係を作る」といった常套句によって治療方針が立てられ、そして「一緒に考えていきましょう」というキラーワードで治療の今後が約束されるような心理療法、すなわち「平成のありふれた心理療法(HAP)」こそが臨床心理士の仕事である、と考えられてきた(東畑、二〇二〇)。

ここにあったのは「深さ」への信頼である。巷には存在しないような密室――クライアントと治療者しか存在しないカウンセリングルームという安全が保障された空間――で、巷では顕現しないクライアントの自己部分が姿を現す。そうして発生する「深い」体験によってこそ人は変容する。そのように考えられた。だから当然、そこでは深ければ深いほど善い、とされた。むろんそれがすべて間違いであったと言いたいわけではない。特にHAPの最盛期である昭和後期から平成前期は、それが有効に働いたことは少なくなかっただろう。

だが、いつしか手段が目的と化すのが世の常でもある。変容という目的のために「深さ」という手段が必要であったはずが、いつの間にか「深さ」が自己目的化した側面があることは否定できない。それはもはや「深さ」信仰とでも言うべきものである。

ここで重要なのは、「深さ」は操作的に定義できないという点である。操作的に定義すること、効果を測る基準を設けることは、「誰でもわかるようにする」ことであり、知の民主化である。逆に言うと、操作的に定義できないというのは、「わかる人にしかわからない」ということである。となれば、「深さ」は「わかる人にしかわからない」のだ。

本来、「深さ」を「わかる」ためには、継続的な実践と訓練が必要である。心理臨床が時代や文化を超えた普遍的な営みであるならば、一度その本質を体得すれば未来永劫「わかる」存在でありつづけられることだろう。だが実際には心理臨床はそのようなものではない。臨床から離れた教員は「わかる」資格を永遠にもちつづけられるわけではない。

この苦境を解決するひとつの手段が、大学付属相談室で行うことのできる個人療法こそがすべての心理援助の基礎であり、かつ臨床心理士のなすべき仕事なのであるというロジックを作成・強化することであった。個人療法であれば、教員と兼業しやすい開業設定や付属相談室で、範型であるところの「深い」臨床を現在進行形で行えることになり、「経験不足」との誹りを棄却することができるからだ。むろん、その反作用として個室でない臨床や、（あえてこの表現を使うが）「浅い」臨床は貶められることとなった。★2

そのようにして土台を作った上で、操作的にでなく、恣意的に定義される「深さ」をもってくるのがこのロジックの肝所だ。変容したかはある程度客観的に判断できるが、「深い」かどうかは客観的には判断できない。権力をもつ者――すなわち教員――が「深い」と言ったら「深い」のである。こうして「独り善がり」教員の地位は盤石なものとなる。

「深さ」は、思弁的なものであり、実践をしていなくとも語れることも重要なポイントである。ゆえに大学教員は学派的言説を深化させることに勤しむようになり、「深さこそ正統であり、そのための最適な設定は（付属相談室で行える）個室個人療法である」という価値観が学生に連綿と受け継がれ、純金思想が植えつけられることとなる。こうして、教員も、学生も、純金を幻視しつづけるのである。

ロジックその②――「エビデンス」

もうひとつのロジックは、「エビデンス」である。こちらは「研究者」にアイデンティティを置きたい教員が好むものである。むろん「エビデンス」の重視は、ロジック①の恣意性を批判するなかで生まれたものであり、一定以上の有効性があることは論を俟たない。だが「深さ」同様、ここでも手段が目的と化してしまうという事態が発生する。恣意性を排除するために「エビデンス」という手段が要請されたはずが、いつの間にか「エビデンス」が自己目的化してしまっているように見受けられるケースが散見されるのだ。それを「深さ」信仰に対置して、「エビデンス」信仰と言ってもよいだろう。

本来のエビデンスベースドプラクティスでは、「クライアントの好み」も方針決定要素のひとつとして位置づけられている（American Psychological Association Presidential Task Force on Evidence Based Practice, 2006）。だから、エビデンスベースドプラクティスを真摯に行っているのであれば、クライアントを目の前にしないで「○○障害には□□という技法を」と言うことなどできないはずである。だが現実には、そのような言説は巷に溢れている。

「エビデンス」信仰を維持するロジックは、多くの臨床現場では得られない、統制された条件下で行われた臨床から得られた「エビデンス」が重要であり、それこそがゴールドスタンダードであるというものである。むろん、「エビデンス」のない実践は貶められることとなる。たとえば、以下のような発言が挙げられるだろう。

「自ら用いているアプローチにどれだけ効果があるのか、エビデンスがあるのかについての第一義的な『立証責任』は、そのアプローチを支持している立場のほうにある。これが科学の約束事である。したがって、『エビデンスがない』という批判に真摯に答えるには、頑健な研究によって自らエビデンスなり反証なりを示すしかない。反証を示すことができないのであれば、それは科学哲学者Popper[★3]の言う通り疑似科学である」(原田、二〇一五、五六―五七頁)。

こうして、「研究者」でなければ「臨床家」としても不十分だ、という雰囲気を形成するのである。こうなれば、エビデンスをつくることのできる教員のほうが、臨床家よりも強い立場を維持できることになる(次章で述べるが、このようなパワーゲームもまったくもって不毛である)。

だが実際には、研究は本質的に臨床の後追いをするものである。というのも、心理臨床のフロンティアが拡大している以上、最前線には「前例」がないし、ゆえにエビデンスも存在しえないからだ。それは当然のはずなのだが、「エビデンスがない実践を行うのは悪だ」という価値観が刷り込まれると、ここで臨床家は自己否定をせねばならなくなる。ここにも臨床家の純金コンプレックスの根がある。

「ロジック」を可能にする閉鎖空間における権力

とはいえ、こうして活字化すれば、これらの「ロジック」はロジックというのが憚られる質のものでしかない。にもかかわらず、なぜその「ロジック」が力をもちつづけることができたのだろうか。

ひとつには、昨今そうした色合いは薄れてきているとはいえ、大学が世間の価値観から離れた、独自の、ある種の閉鎖空間であることが挙げられる。ゆえに、外部から見ればローカルルールにすぎないものが、その空間内では絶対的なルールとして機能することが可能になるのである。そこでは、世間の「常識」が通用しない。異論は「よそはよそ、うちはうち」の一言で片づけられてしまう。

さらには、前章で示したように、心の臨床には正解がないゆえに、経験を積んだ臨床家ですら価値基準を提供してくれる純金を求めるという事情もある。臨床家の卵たる学生はその傾向をさらに強くもち、羅針盤を、御託宣を求めていることは想像に難くない。「ありふれた」教員や「ありふれた」臨床家の、誠実だが歯切れの悪い言説よりも、「独り善がり」教員の力強い「臨床家」「研究者」としての言説のほうが、魅力的に見えるのも致し方ないだろう。こうして、学生たちは乾いたスポンジが水を吸収するようにその言葉を取り入れる。だがそれは、残念ながら、臨床から遊離したものなのである。

この観点からすると、先ほどから比較している「独り善がり」な臨床家と「独り善がり」な教員は、後者のほうが問題の根が深いということになる。というのも、臨床における「臨床家－ユーザー」間の権力勾配と、大学における「教員－学生」間のそれとでは、後者のほうが強力だからだ。「臨床家－ユーザー」は（クライアントが成人であれば）大人同士の関係性だが、「教員－学生」は親子の関係性に近い。臨床家がユーザーから異議申し立てされる事態は往々にして存在するが、学生が教員の教えに対して異議申し立てすることは（されたとしてもそれが受け入れられることは）なかなか考えづらい。臨床の場合は異議申し立てに対応しなければユーザーは来所しなくなるわけだが、大学の場合、卒業や修了がかかっているのでそう簡単に退学することはできない。こうして、教員の発言に異を唱えられることは（ほぼ）なくなり、世俗から離れた空間としての大学内でのみ通用する、「独り善がり」教員の言説が生き永らえることが可能になってしまうのだ。それは、言説の内容が「深さ」だろうと「エビデンス」だろうと変わらない。問われているのは「ロジック」の担い手のほうだ。

「独り善がり」教員が心理臨床学にもたらした歪み

私は、こうした論を唱えていた先達が、意図的に嘘を言っていたとは思わない。しかし、無意識のうちに保身のための「ロジック」をつくっていたのではないか、と批判することは可能だろう。「深さ」信仰や「エビデンス」信仰は、当初は教員の不全感の解消に役立ち、一部の「独り善がり」教員を救ったかもしれない。しかしそれは本質的な解決ではない。ゆえにコンプレックスは解消しない。

一般に不全感をもつ者は、コントロール感覚を取り戻すために、より劣位にあるものをコントロールしようとすることはよく知られている。私たちの文脈で言えば、弱者とは、大学で言えば学生、臨床で言えばクライアントのことである。こうして「教員→学生→（未来の）クライアント」という抑圧移譲が形成され、その結果クライアントに不利益をもたらしてきたのは、ここまで見てきた通りである。

「独り善がり」教員も、過積載の大学院という構造の被害者の側面があるという私の主張は変わらない。しかしそれでも、批判すべきところは批判すべきである。

「独り善がり」教員のロジックの問題点は、「深さ」にせよ、「エビデンス」にせよ、普遍的な価値を主張しているることにある。臨床経験の乏しさを埋め合わせたいという欲望のために、現場の、クライアントの多様性を否定することになってしまっているのだ。ここに心理臨床界が長くユーザー評価を等閑視してきた源泉がある、というのが私の見解である。

本来、「正統」はひとつではない。ある文化では「深さ」だっただろうし、ある文化では「エビデンス」だっただろう。それらは、臨床に資することを目的に抽出されたものである。どちらも適切に用いれば有益である。ゆえに複数の価値観が相互に牽制し合うような状態は望ましいものだろう。

しかし、クライアント不在で相互に批判するような姿勢はいただけない。「深さ」派は「浅い」臨床を批判する。

「エビデンス」派は「エビデンスのない」臨床を批判する。だが、大学の外では、「深い／浅い」「エビデンスがある／ない」などとは言っていられない臨床が膨大に存在しているのである。そうした「臨床」を無視して語られる「心理臨床学」は、果たして「心理臨床」の学問なのだろうか。

「独り善がり」教員は、心理臨床を深くて崇高な営みだとか、エビデンスがあって合理的な営みだと教えたかもしれない。だが実際には、心理臨床は、何よりも、クライアントがいてはじめて成り立つ「仕事」である。それこそが社会において心理職が位置を占めるということなのである。

大学から給与をもらっている教員は、臨床で稼がなくてもよいかもしれない。付属相談室で、安価な価格設定で、糊口のためでなく、「自己実現」のために臨床をするのもよいだろう（クライアントへの害はここでは措いておく）。統制された条件下で臨床を行い、エビデンスをつくり、「自己実現」をすることもよいだろう（そこから漏れることになるクライアントの存在はここでは措いておく）。だが、私たち心理職のほとんどは、霞を食って生きているわけではないし、ボランティアや「自己実現」のために臨床を行っているのでもない。

にもかかわらず、大学内ではそうした現実から遊離した「臨床」こそが、「臨床である」とされ、それが連綿と受け継がれてきたのが平成期の心理臨床学であったのだ。★4

これらの悪しき遺産のうち、もっとも重篤なものが「心理臨床とは何か」の定義権を「執筆力」を備える教員がもっていると、教員も、臨床家も、誤認してしまったことである。心理臨床は臨床である以上、理論が先にあるわけではない。現実が先にあり、それらはすべて「臨床」である。「それは心理臨床ではない」と切って捨てることはできない。現実によって拡張されるのが心理臨床であり、「これが心理臨床である」と定義することは本来誰にも不可能なのである。

だが現実には、ひとつは大学・大学院における初期教育を担うことによって（本来は「正解」のない臨床を教わる上で、その影響は大きいと言わざるをえない）、そしてもうひとつは学会や職能団体の要職を占めることによって

（むろん、要職についている教員すべてが「独り善がり」であるわけではない）声の大きい「独り善がり」教員が、「心理臨床とは何か」を、「正統」を決定してきた。その結果、現在の心理臨床学は実際の心理臨床の実践を反映しない、歪んだものとなってしまっている。私たちがこの純金コンプレックスを克服するためには、この全体の構造を認識し、是正する必要があるのである。心理臨床学をどのように正常化するのかについては次章で述べよう。

現在の心理職教育

ここまで私は大学での心理職養成を批判的に語ってきた。ただし、焦点は大学教員全般の批判にはないことは強調しておきたい。私が指摘したいのは、「そもそも制度設計に無理があった」という点と、そのなかで「独り善がり」教員が生まれてしまい、その声の大きさによって心理臨床学が心理臨床の現実を反映しないものになっていること、その心理臨床学を学生が学ぶことにより歪みが再生産されてしまっていることである。

現今の教員の多くは、「教育者」としての役割を受け入れ、臨床家をリスペクトし、謙虚にふるまっている。「独り善がり」教員は批判されるべきだが、多くの「ありふれた」教員は、むしろ今なしている仕事の意義をきちんと評価されるべきである。これを確認した上で、現在の心理職教育について考えていこう。

上述の、臨床心理士養成制度設計当初から存在した問題に加え、近年、前章でも触れたような社会の変化の波が心理職に押し寄せている。すなわち、現在求められているのは汎用性の高い「心理職」であって、個人臨床で深く個に関わる「心理療法家」ではない、ということである。★5

この変化に対応する、つまり社会からの要請に応えることができなければ、心理職は社会において専門職としての居場所を失うことになる。ここで、従来の心理職教育にもっとも欠けていたものこそ、ユーザー評価を取り入れるシステムであった、という前章で述べた事実にふたたび突き当たる。

そうした変革期に登場したのが、公認心理師という資格であった。

現在の大学教育――公認心理師養成の重視

二〇一八年に初回の公認心理師試験が行われ、二〇二二年に現任者の受験資格が認められる移行期間が終了した。二〇二四年時点で公認心理師試験の合格者数は七万人を超えている。一方、臨床心理士はというと約四万人である。数を単純比較することにどれだけの意味があるかは心許ないが、臨床心理士よりも公認心理師のほうが多数であることは事実である。

臨床心理士という資格と公認心理師という資格が今後どのような道筋をたどるかは、現時点では不透明である。だが、臨床心理士養成指定大学院が一五〇校ほどであり、公認心理師養成プログラムに対応した大学院が一八〇校ほどである、つまり公認心理師にのみ対応している大学院がいくらか存在していることもまた事実である。少なくとも短期的には公認心理師が優勢なように見える。

しかしそもそも、臨床心理士と公認心理師では何が異なるのだろうか。私見ではそれは、重点がプライベートにあるか、パブリックにあるか、である。

公認心理師法の第一条には「この法律は、公認心理師の資格を定めて、その業務の適正を図り、もって国民の心の健康の保持増進に寄与することを目的とする」と記されている。国家資格なのだから当然と言えば当然だが、公認心理師はその成立からして「国家」「国民」が意識されていることが読み取れる。

一方の臨床心理士は、ここまで述べてきたように、「社会から隔絶された密室で心の深奥に触れる」営みを理想としていた。そこには国家はおろか、社会すら入り込む余地はなく、文字通りプライベートであることが非常に重視されていた。このスタンスを維持できたのには、臨床心理士が国家資格でなく民間資格であったことも大いに関係しているだろう。つまり、臨床心理士という資格は、国からの要請、国民からの要請といった大きなことではなく、目の前のクライアントの要請にのみ集中することが許されやすい環境で育ったものである、ということだ。

両者の差異は、公認心理師養成課程における「関係行政法」の重視に象徴的に表れている。そこからは、公認心理師は法のもと、社会のもとで公益に尽くす存在なのであるというメッセージが強く伝わってくる。「深く」個に役立つことが理想とされた臨床心理士と異なり、公認心理師は「広く」社会に役立つことが目指されていると言える。

こうした理想像の違いは、当然、教育に反映される。個人臨床こそが中心的業務とされ、学派的言説を学んで「深さ」を追求することがよしとされた臨床心理士養成カリキュラムとは異なり、公認心理師養成カリキュラムは保健医療、福祉、教育、司法・犯罪、産業・労働といった「領域の知」を学び、「広さ」を追求するものになっている。

もうひとつ象徴的な違いとして、両者の連携についての態度が挙げられる。「臨床心理士が連携しなくて困る」という批判は、もはやクリシェと感じられるほどに繰り返されてきた。ただ、それは故なしのものではなく、「密室」における個と個の関係を重視するという臨床心理士の価値観の必然的な帰結であった。批判されるような状況は相当に改善されてきはしたものの、そのエートスがいまだ存在していることは否めない。一方、公認心理師は公を大切にする。閉ざされていない、風通しのよい空間が望ましいと考える。たしかに「密室」は虐待やDVが発生する現場でもあり、こうした開放性志向は、社会の変化にもマッチしている。だから情報の共有、連携が重視される。それはユーザーの安全の保障にも寄与することだろう。

ここまでを整理すると、やや図式的だが、臨床心理士はハイリスク・ハイリターンの戦略を、公認心理師はローリスク・ローリターンの戦略を採っているということになるだろう。そして、時代の流れは後者を支持している。

害をなさないことが最優先であることは論を俟たない。
今後、心理職教育がどのような方向に進むのか見通すことは私の手に余るが、そのうえで私見を述べれば、やはり公認心理師教育の方向に進むのだろう。

臨床心理士と公認心理師、あるいは学派的言説と領域の知

公認心理師は、理念上、心理職の「個」が前面に出ないような制度設計になっている。没個性的に、システムの一部として動くことが期待されている。それはとても安全である。ガイドラインやマニュアルを逸脱した「個」の突出ほどクライアントを脅かす、害する可能性をもつものはない。さらに言えば、没個性的であるということは代替可能ということであり、サステナブルであるということでもある。この利点は強調してもしすぎることはないし、国家資格である以上、一定の質が保証されるべきであって、没個性的であることは望ましいとすら言える。私自身は、心理職養成において安全性を最重視する昨今の方向性に大枠では賛成している。「独り善がり」になってクライアントに害をなすくらいならば、「敬遠」して関わらないほうが、目に見える害を与えないだけマシだと思うからだ（山崎、二〇二二）。

だが同時に、私は心理職養成において安全性の追求だけをしていればよいと思っているわけでもない。これまでの臨床経験から、それだけでは太刀打ちできないケースがあることも身を以て知っているからだ。個人療法では特にそれが顕著だとは思うが、そうでなくとも臨床では治療者の「個」が問われる場面が往々にして訪れる。没個性化をよしとする思想によって策定された現行の公認心理師養成カリキュラムでは、当然のことながらそうした事態についての教育は空白となっている。この領域については、別のロジックを探らなくてはならないだろう。

この問題について論じるにあたり、臨床心理士資格創設以前から存在した、「学者」vs「実践家」の対立につい

て触れないわけにはいかない（山崎、二〇二一）。ここでの目的は構図を大づかみに理解することなので極度に単純化するが、前者は「科学的であること」「再現可能であること」を重視し、後者は「人間的であること」「一回性」を重視してきた。これはすなわち公認心理師（特に「公認心理師の会」に顕著である）と臨床心理士の理念に対応する。

両者には、「臨床心理学」というものに対する考え方の違いがある。「学者」は「心理学」が基礎であり、それを臨床に応用したものが「臨床心理学」だと思っている（そうした思想をもって実践にあたっている「実践家」ももちろんいて、これが事態を複雑にしている）。一方、「実践家」は「臨床心理学」という独立した学問があると思っており、「心理学」と「臨床心理学」は基礎と応用の関係ではないと考えている。

私は後者の立場に立っている。重要なのは、それにもかかわらず私は、その立場で心理職全体を染め上げることはそもそも不可能だし、可能であったとしても善いことだと思っていない、ということである。前章で述べたように、クライアントは多様である以上、心理職側にも多様性が維持されることが望ましいと考えるからだ。

これまで心理職は、自らの信奉する理論であったり、自らが対象とする限りでのクライアントの立場を代弁したり、といった形で、とにかく自説を押し通すことに終始し、クライアントの多様性を見落としてきたのではないだろうか。私はそこに、クライアントにとっても、心理職にとっても、明るい未来を見ることはできない。複数の立場の並立こそ、これからの心理臨床界に必要なことだと考えている。

ゆえに、ここまで臨床心理士制度の欠点に焦点づけて論じてきたが、心理職の「個」が求められる場面では、やはり学派的言説を基礎とした臨床心理士教育が役に立つことがあり、むしろ不可欠である、ということは強調しておきたいと思う。それは、現行の公認心理師教育には不足している点だ。

だから、結論は凡庸である。臨床心理士と公認心理師、あるいは学派的言説と領域の知は、どちらかのみが必要なわけではない。どちらも必要なのである。

あるべき心理臨床学と現状の心理臨床学との乖離

以上の現状分析を踏まえ、補論で述べた「心理臨床学のあるべき姿」との乖離について、具体的なシステムの検討を通じて論じてみよう。

「静的な知」と「動的な知」

臨床心理士にせよ、公認心理師にせよ、養成を担うのは大学である。ここまで述べてきたように、そこには種々の根本的な課題が存在している。それは間違いない。

とはいえ、今後、大学以外に心理職養成を担える機関が誕生するとも思えない。そうであれば、現状を根本から変えることを目指すのではなく、徐々に、地道に、できることをやっていくのが望ましいということになるだろう。

それにあたり、まず心理職養成における大学教育の役割を明確にする必要がある。大学教育が座学中心であることは、今後も変わることはないだろう。そうした条件のなかで大学教育にできることは、基本に立ち戻って、やはり「静的な知」の伝達であると私は考える。それはつまり、検証を経て権威づけられた「確立された知」のことである。「教科書に載る知」と言ってもよい。学派的言説がその典型である。

私が考える「静的な知」の詳細は次章で述べるが、先取りして言えば、それは、心理援助の全体像の提示、アセスメント、説明・交渉の技術、学派的言説、倫理、である。

ただし、「静的な知」は、「臨床に携わる万人が必要と認めた知」ではないことに注意が必要である。公認心理師養成カリキュラムを決定する際の論争が記憶に新しいように、何が「教科書に載る知」なのかは、政治的に決定されている。より具体的に言えば、国家資格の養成に必要な科目として認められれば、大学はその講座を開かねばならなくなる。つまり、教員の就職口が確保される。こうした状況で、政治が働かずに純粋に学問的な議論が展開されるはずがない。私はそれを批難しているのではない。ただ、それを否認してはならないと言っているだけである。臨床家は、無垢に「これが臨床に必要なことなのだ」と鵜呑みにするのではなく、何が必要かを考えつづけてほしい、と思っているだけである。

「静的な知」と名指している以上、むろんもう一方には「動的な知」が想定されている。それは、日々の臨床から生み出される「流動的な知」である。「野生の知」であり、「臨床家の知」である。臨床においては、社会の変化や職域自体の拡大により、「正解」は常に変化していく。普遍的な――「静的」な――「正解」は想定できない。臨床家は常に、一方には倫理（これは「正解」ではなく「禁忌」である。これもまた、普遍的な、静的な禁忌というものは想定できないが、正解よりは想定しやすいものだろう）を置きながら、その範囲のなかで目の前の状況についての最良を探る。そのなかで「動的な知」が形成され、それらは「領域の知」として蓄積される。「領域の知」のなかからは、「教科書に載る知」も生まれることだろう。

つまり、心理臨床学はその性質上、「静的な知」が増加するのがあるべき姿である。私たちの仕事の妥当性は、それによってはじめて保証される。だから、「動的な知」をいかに「静的な知」に輸入するかが心理臨床学という学問の生命線であると言える。

心理臨床学の知の産出にまつわる現状

ここで重要なのは、「動的な知」は原理的に臨床家にしか生み出せないものである点と、にもかかわらず「動的な知」の生殺与奪権は学者が握っている点である。

前者についてはここまでの議論から異論はないだろうが、後者については説明が必要だろう。それには、「動的な知」がいかにして「静的な知」となるかを具体的に考えるとよい。

ひらたく言えば、それは「権威に認められれば」である。より具象的に言えば、「査読論文が掲載されれば」だ。第15章「論文掲載のプロセス」でも述べるように、査読にはもろもろの問題がある。特に、それが本質的に保守的であることがもっとも重大な懸案事項である。ただ同時に、査読の存在意義は保守的であることにこそあるのもまた事実である。それによってあまりにも突飛な主張は斥けられるからこそ、学問の妥当性や正当性が保証されるようになっているからだ。

ゆえにそのような査読の性質は学問領域を超えて共通しているのだが（藤垣、二〇〇三）、以下に述べるように、心理臨床界には査読がさらに保守的にならざるをえない構造があり、そうした傾向に拍車がかかっていることは指摘しておくべきだろう。

論文を執筆したり、査読したりするにはアカデミックな訓練が必要である。だからそれらを担うのは必然的に大学教員になりがちである。しかし大学教員は臨床の――特にフロンティアの臨床の――経験が不足していることが多い。その場合、既存の臨床を評価することはできても、あらたな臨床を評価することは原理的にできない。ここに「独り善がり」教員の問題が加わった場合、より事態は悪化する。つまり、そうした知を知として認めれば、「深さ」信仰、「エビデンス」信仰の正当性が脅かされてしまうがゆえに、彼/彼女らはそうすることができないのだ。

ゆえに、「静的な知」の外で紡がれる「領域の知」を論じた論文が査読を通過するには困難を伴うことになる。現時点では、「領域の知」を描き出すことを目指す臨床エスノグラフィーは、商業誌か書籍でしか日の目を見ることはないかもしれない。しかも、なんとかそういう形で公刊に漕ぎつけたところで、それが「静的な知」として認められるかも定かではない。黙殺される可能性もないとは言えないだろう。「領域の知」は「正統」な心理臨床の知とはされがたい。こうして、学問と臨床との乖離が持続、むしろ拡大することとなる。

先ほど、「動的な知」をいかに「静的な知」に輸入するかが心理臨床学という学問の生命線であると述べたが、その経路が絶たれてしまっているのが現状なのである。これは由々しき事態であると言わざるをえない。この経路が塞がれていること、すなわち多くの臨床家が実践しているありふれた臨床が「正統」と認められづらい環境は、ひるがえって臨床家に困難をもたらす。

臨床家は、「静的な知」の伝達が中心であった大学院教育では「ありえない」とされてきたようなことを苦し紛れに行ったところ、実際には意外と奏功するといった事態を臨床のなかで経験する。ここで岐路が生じる。そうした事態を既存の知によって解釈し直そうとするか、起こった事象を受け入れ、既存の知のほうを修正しようとするか、である。むろん、「独り善がり」教員が勧めるのは前者であるのは言うまでもない。

前者の道を進む場合、表面上、臨床家のアイデンティティはたしかに棄損されずに済むかもしれない。だが、目の前の認知的不協和を解決するためには「(基礎である個人療法をしっかり修めている) 先生なら、もっとうまくできたのだろう。自分は本当にダメだ」といった自己否定が必要になる。自己否定が臨床家のメンタルヘルスに悪影響を及ぼすのは当然のことだが、それに加え、臨床事実を歪めることが臨床家としてのアイデンティティを根底から蝕んでいくことにも疑いの余地はない。それらが臨床にいかなる悪影響を与えるかはすでに前章で例示した通りだ。

一方、後者を選択した場合、どうもこれは自分が誤っているわけではなく、受けてきた教育に不十分な点があったのではないかと考えるようになる。別の言い方をすれば、学派的言説から外れることにうしろめたさを抱きながら、それまで築いてきたアイデンティティが揺らぐ危険性を感じながらも、そこで起こっていることに合わせて実践と理論を更新するようになる。

しかしそもそも、私たちは現場に合わせて「善い」ことをしようとしているはずなのに、なぜうしろめたさを抱いてしまうのだろうか。その答えはここまでの議論のなかですでに示されているが、ここで今一度繰り返しておく。私の考えではそれは、私たちが学派的言説以外に自身の実践の評価軸をもっていないからである。おのおのの学派・臨床家の想定する治癒像からの距離で「治癒」を測ることが横行しているからである。その由来は、大学院教育のひずみによって教員のなかに生まれた不満やうしろめたさにある。それらを隠匿するために開発された「深さ」信仰、「エビデンス」信仰によって行き所を失った不全感は、抑圧移譲により、臨床家が引き受けることになっている。私たちはこの力動を理解し、臨床家と教員が共に抱える純金コンプレックスを乗り越えていかねばならない。

ちなみに、その方向に進んだ場合、さらなる岐路が待ち構えている。これまでの教育を訂正し、その体験をそこに統合しようとするか、もしくはこれまでの教育を根本から否定し刷新しようとするか、である。

根本否定の道を進んだ場合、純金臨床は特権層のものにすぎない、そんなものは「本当の」臨床ではない、などと思うようになるまで、そう遠くない。こうして「現場主義」が生まれる道がひらかれることとなる。すると権威を軽蔑し、「そんな偽物に認めてもらう必要性はない」と嘯《うそぶ》くようになるかもしれない。だが、「本当／本当でない」と言い募ることは「深い／深くない」を持ち出すことと変わらない。それでは同じ穴の狢になってしまう。

たしかに「執筆力」だけがあって、(特に知性化過剰で)「臨床力」に乏しいように見えるケースはままある。ただ、そうした者への批判が過度に敷衍され、「論文をたくさん書いている人は臨床ができない」という因果関係が想定されるとなると考えものである。「現場主義」、理論無用論はこうして強化される（ただ、これはおそらく、「独り善がり」教員が現場のありふれた臨床を「それは心理臨床ではない」と評してきたことへの反動であろうという事情は考慮すべきである)。だがそれはそれで、現実を反映していない信念にすぎない。論文を書いていて臨床ができる人もいるし、論文も書いていないし臨床もできない人もいる。そしてたしかに、論文を書いていて臨床ができない人もいる。それだけの話である。

このように、「現場主義」も現在の窮状の解決策とはなりえない。だから私たちは刷新ではなく、これまでの教育を訂正し、その体験を統合しようとする必要があるのである。

次章では、本章で行った現状分析をもとに、私なりの処方箋を示すこととしよう。

†註

1――ちなみに、公認心理師資格でも「まずは資格を」派と、「もっとレベルの高い資格を」派が戦い、前者が勝利を収めたという意味で、同様の歴史が繰り返されていると見ることができる。

2――このタイプの教員は、たとえば「院生の教育も臨床」といったように、すべてを心理臨床のスキームで語りがちである。ここにも、背景には「大学内でできることを臨床と定義したい」という欲望がある。教育が臨床だというのは、教育の独自性を否定しているし、同時に心理臨床のことも貶めている。院生教育が「臨床」なのであれば、心理臨床においても、個室も「深い」体験も必要ないことになる。この論を唱える人たちのなかでその矛盾がどう処理されているのか、私には窺い知ることはできない。

3――補論でとりあげたカール・ポパーのこと。

4――それにオブジェクションを唱えたのが二〇〇〇年代の下山晴彦の仕事である。ただし、下山の発信は「力動学派批判」「エビデンス欠如批判」と受け取られてしまい、学派間抗争を煽る結果になってしまったことが悔やまれる。

5――この変化はよく話題に上る。私自身、前章でそうした考えを述べた。たしかに社会の変化がある。だが同時に、実はこの齟齬は平成初期からすでに存在していて、顕在化していなかっただけなのではないかという思いもある。当時から「心理療法家」を求めていたのは専門家集団であり、ユーザーではなかったのかもしれない。社会的にも今以上に専門家評価が強かったがゆえに、ユーザー評価が無視されていただけなのかもしれない。

むろん、それは強権的なものではなかったのだろう。しかし、明示的にせよ暗黙的にせよ、パターナリズムであることには変わりはない。クライアントの望むことは治療者がわかっている、という前提があったがゆえの「心理療法家」の跋屓だったのかもしれない。

むろん、他学問を見ても、社会の心理学化があったと主張されているので、それが単なるパターナリズムであったとは言えないだろう。しかし、心理療法家の「独り善がり」であった可能性も検討しておく必要はあると思われる。

†文献

American Psychological Association Presidential Task Force on Evidence Based Practice (2006) Evidence-based practice in psychology. American Psychologist 61-4 ; 271-285.

Bourdieu, P. (1984) *Homo Academicus*. Éditions de Minuit.（石崎晴己・東松秀雄＝訳（一九九七）『ホモ・アカデミクス』、藤原書店）

藤垣裕子（二〇〇三）『専門知と公共性――科学技術社会論の構築へ向けて』、東京大学出版会

原田隆之（二〇一五）『心理職のためのエビデンス・ベイスト・プラクティス入門――エビデンスを「まなぶ」「つくる」「つかう」』、金剛出版

川畑直人（二〇二四）「心理職の教育を考える」、『臨床心理学』二四－一［一〇－一二頁］

丸山和昭（二〇一二）『カウンセリングを巡る専門職システムの形成過程』、大学教育出版

下山晴彦（二〇一〇）『これからの臨床心理学』、東京大学出版会

東畑開人（二〇二〇）「平成のありふれた心理療法――社会論的転回序説」、森岡正芳＝編『治療は文化である――治癒と臨床の民族誌』（『臨床心理学』増刊第一二号）、金剛出版［八－二六頁］

上田勝久（二〇二四）「特集にあたって――現場につながる技能養成」、『臨床心理学』二四－一［三－九頁］

氏原寛（二〇一一）「ふたたびカウンセリング・マインドについて」、『心理臨床学研究』二九－一［一－三頁］

山崎孝明（二〇一七）「日本精神分析学会における『見て見ぬふり』」、『精神分析研究』六一－四［五〇三－五一三頁］

山崎孝明（二〇二一）『精神分析の歩き方』、金剛出版

吉見俊哉（二〇二一）『大学は何処へ――未来への設計』、岩波書店［岩波新書］

第3章
心理臨床学を展望する

本章では、ここまで述べてきた歴史分析、現状分析をもとに、心理臨床学を更新するための提言を行おう。

私はここまで、わかりやすさを優先して、大学教員と臨床家という対立軸で描写してきた。だが、序論で述べたように身分としての教員と臨床家というものは存在するものの、実際には教員にも臨床家部分があるし、臨床家にも教員部分がある。私が強調したいのは「ひとりで全部やろうとしないこと」「分業して心理臨床、および心理臨床学をよりよきものに更新していくこと」である。分業・協働の重要性については、近年この問題について論じる者の多くが口を揃えて述べることである（末木、二〇二四／舘野、二〇二四）。その重要性が認識される緒についたものの、いまだ実装までは距離がある、というのが現状なのだろう。

以下は、それを実装するための処方箋としてお読みいただければ幸いである。また、あくまでこれは試論であり、これをとっかかりとして、心理臨床コミュニティ全体で心理臨床学を更新していければと思う。

専門知としての心理臨床の知

章のはじめに、まずは見取図を示したいと思う。ここまで述べてきたような理論と実践、あるいは学者と実践家をめぐるこうした対立は、心理臨床コミュニティにおいてのみ生じることではない。それは専門的な知の在り方をめぐる普遍的な問題である。

イギリスの社会学者、ハリー・コリンズとロバート・エヴァンズは『専門知を再考する』(Collins & Evans, 2009［二〇二〇］)のなかで、「正統性の問題と拡大の問題」について論じ、貢献型専門知と対話型専門知という区別を提唱している。

貢献型専門知とは、「何らかの活動を適正能力で行うために必要なもの」であり、熟練した実践を行う能力を指す。貢献型専門知には暗黙知が多分に含まれており、そのすべてを言語化することは困難であるという。一方、対話型専門知は、「ある専門分野の、実践についての専門知を欠いた、言語についての専門知」であり、その領域の言葉遣いの習熟を通じて獲得されるものであるという。

コリンズたちは、貢献型専門知なしに対話型専門知をもっていてもその分野に貢献することはできないという意味で、貢献型専門知を対話型専門知の上位に置いている。これは一見「現場主義」に見えるかもしれない。しかし、彼らは「貢献型専門知をもつ者の対話型専門知は、『潜在の状態』にある、すなわち、現実化していないことがある」とも、「ある分野の貢献型専門知をもつ人なら対話型専門知ももっているが、語り熟慮する能力をすぐに行使できる状態にないなら、その人はその専門知に関して他者との対話をほとんどもてそうにない」とも指摘している。貢献型専門知があれば万事解決、という主張ではないのである。

これらを心理臨床コミュニティの理解に援用すると、貢献型専門知は臨床力に、対話型専門知は執筆力や伝達力に相当することになろう。となれば、図式的には、臨床家が貢献型専門知をもち、学者が対話型専門知をもつということになる。

ただし、上述の対応関係を踏まえて考えると、臨床力（貢献型専門知）だけでは対話や伝達（対話型専門知）は不可能だと言える。日々臨床に勤しむありふれた臨床家はおしなべて貢献型専門知をもっているが、その対話型専門知＝言語化・理論化能力は潜在しており現実化していないという理解は、心理臨床コミュニティの現状の正確な描写となっていると思われる。

コリンズたちはさらに、「対話型専門知をもつが貢献型専門知をもたない人たちの潜在的な貢献が、十分に認識されていない場合がある」ことも指摘している。その貢献とは、「秘教的な領域に関して新しい貢献型専門知の価値を確立すること」である。これは私たちの文脈では、ありふれた臨床家がもつ実践知である「領域の知」を、現状は学派的言説を基礎に構成されている秘教的な「静的な知」の領域にインポートし、その価値を確立することに相当する。その際には対話型専門知が欠かせない。

ふたたびコリンズたちの言に従えば、ゆえに「対話型専門知は、言語という媒体を通じて機能する言論の場においては、貢献型専門知と全く同じくらいの用をなす」ことになるという。つまり、言語によって何が「正統」かを決めるような場、すなわちアカデミズムにおいては、対話型専門知は非常に重要な役割を果たすのである。「対話型専門知をもつが貢献型専門知をもたない人」は「臨床力はないが執筆力はある人」と換言できる。そうした人も、新しい貢献型専門知＝新しい臨床専門知の価値を認め、秘教的な分野＝心理臨床学に正式な形で組み込むことに「貢献」できるのである。直接クライアントと臨床を行うことだけが心理臨床ではない。私たちは、さまざまな形で、個々人のやり方で、心理臨床学界に貢献できるのだ。

だが、対話型専門知は「正統」の定義を歪める力ともなる、ということは忘れてはならない。それが私が前章で「独り善がり」教員に加えた批判だ。対話型専門知をもつ者はそれを自覚し、抑制的にその力を行使することが求められる。つまり、対話型専門知はあくまで対話型専門知にすぎず、貢献型専門知に取って代わることはできない、という矩《のり》を踰《こ》えないことが重要である。対話型専門知は、貢献型専門知を「つくる」ためではなく、「記述する」ためにこそ存在する。

こうして対話型専門知の力により「新しい貢献型専門知が秘教的な分野に正式なかたちで組み込まれることがありうる」こととなる。しかし、「そのような変化が生じるときに何か哲学的に深遠なことが起こっているわけではない。これはただ、当の分野の境界が移動したというだけのことである」（強調引用者）とコリンズたちは言う。「だけ」と言われると「大したことがない」と言われているように響くが、この「だけ」が、つまり「正統」の境界が移動し拡大することこそが心理臨床学にとって重要なのである。それにより、心理臨床学が臨床の現実に基づいたものとなり、多くの臨床家が実践する現行のありふれた臨床を肯定することが可能になるからだ。

あらゆる学問がそうであるのと同様、貢献型専門知だけでは心理臨床学という学問は発展しない。貢献型専門知をもつ専門家が対話型専門知をもつか、もしくは貢献型専門知をもつ専門家と対話型専門知をもつ専門家が、お互いの専門知をリスペクトし合い、手を携えること、別の言葉で言えば役割分担が必要になる。以下ではその具体的な分担について提言してみたい。

分量的にはどうしても「教員に望まれること」が多くなっているが、これは心理職養成の基盤が大学にあり、かつ初期教育が与える影響は重大なものであると考えるがゆえのことである。実際には、以下に述べるようなことはすでに「ありふれた教員」は教えているものと思われる。ここではそれを明文化し、そうした貢献を可視化し、再評価すること、そしてそれにより「正統」を更新することを目的としている。

大学教員である上田（二〇二四）の「心理職のスタート地点となる大学・大学院教育の影響は依然大きく、そこには多くの改善の余地とさらなる可能性が広がっていると感じている」「これまで私たちは『大学・大学院にていかなる知や技能や姿勢を学ぶべきか』については発信してきても、『そこでなされている養成教育の課題や改善点』については十分に議論してこなかったのではなかろうか」という問いかけ、そして浅田（二〇二四）の「それ

〔引用者注－大学・大学院教員への批判〕は臨床心理職の養成・教育の最初の一歩を担う大きな期待と責任の裏返しとして、大いに歓迎したい」という呼びかけに応じて、以下に私見を述べてみたい。

大学・大学院教育

当然のことだが、大学教育を主に担うのは教員である。ゆえに以下では「教員に求められること」に重点を置いて論じる。

大学内のことなので、ここで臨床家が行えることは限られている。まれに特別講師などとして授業を一コマ任されたりするかもしれないが、それくらいのものだろう。ゆえにここで臨床家に求められるのは、何かをなすことではなく、害をなさないことである。「学外実習」の項でも触れることになるが、自身のルサンチマンの解消のために、大学や大学教員を（たとえば「臨床やってない人の言うことは聞く必要ないよ」などと言って）必要以上に批判しないことが求められる。

ここで伝達すべきは「静的な知」と「動的な知」であり、それはいわば両輪をなす知である。

「静的な知」の伝達

以下では、改めて大学で教えられるべき「静的な知」とは何かについて論じたい。私見ではそれは、心理臨床全体の見取図、学派的言説、アセスメント、異文化コミュニケーションの発想と技術、倫理、の五つである。これらが揃ってはじめて「適切な支援」にクライアントをつなげること、すなわち連携が可能になる。

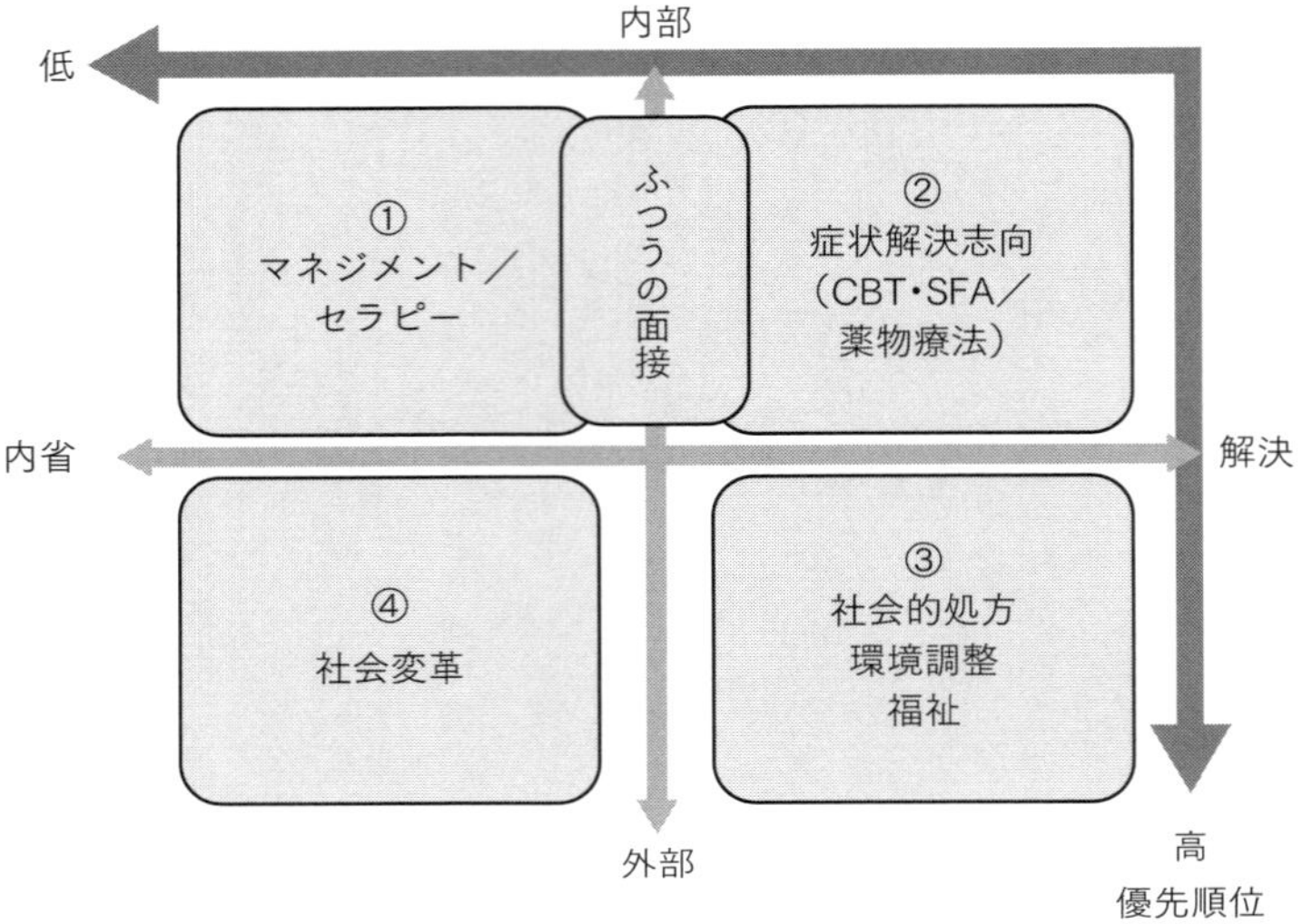

図❶　援助法の四象限

心理臨床全体の見取図

ここまで述べてきたように、今、心理職に求められているのは「深い」個人療法ではない。求められているのは、問題やクライアントを「粗く」アセスメントし、適切な方向づけを行うことである。いわば、GP（General Practitioner／総合診療医）のような役割と言える。そのために必要なのは、これまで教えられてきたような「深い」学派的言説ではなく、心理臨床全体、心理援助全体の「浅い」「広い」見取図である。

とはいえ、心理臨床文化にはさまざまなものがある。ここでは一例として、私が前著（山崎、二〇二一）で挙げた四分類を再掲する（図❶）。重要なのはどのように分類するかではなく、全体像を見通そうとする姿勢である（ゆえに図の内容については詳述しない）。というのもそうした態度は、必然的に自身の限界を意識させるからだ。

たとえば私のオリエンテーションは精神分析だが、それを盲目的に善とするのではなく、相対化し、心理臨床全体のなかに位置づける必要がある。そうすることにより、精神分析の適用範囲や限界を学ぶのである。同様の理由から、他のオリエンテーションでも、もしくはオリエンテーションを定めていなくとも、自分の実践が心理臨床全体のどこに位置づけられるかを知っておく必要がある。

学派的言説

ここまで読み進めてきた読者には、私が学派的言説を諸悪の根源と考えているかのような印象を与えたかもしれない。だがそうではない。問題は学派的言説そのものにあるのではなく、学派的言説をいつ、どこで適用すべきかについての判断の粗さにある。ゆえに、私たちに求められるのは学派的言説の精緻化であって、学派的言説の放棄ではない。私は、大学院教育において、学派的言説の伝達はむしろ必須だと考えている。

繰り返しになるが、臨床実践はなんらかの方向性を、価値観をもたなければ不可能である。そもそも私たちは個々人の価値観をもっている。むろんそれは悪いことではない。というよりも、善し悪しの問題ではなく、人はそういうものである。だが、心理職として働く以上、個人的な思想のみに立脚して臨床に臨むことは危険をはらんでいる。学派的言説の学習は、その危険性を中和する上で必須なのである。

というのも、多くの場合、学派的言説は歴史の試練に耐えてきており、あまりにも突飛で無益な言説は淘汰されてきているからである。臨床家は、個人的な価値観だけではなく、ある文化を基礎にした学派的言説を背景にした価値観をもつことによって、逸脱をまぬかれることができる（これは後述の「倫理」とも通ずるところである）。むろん、それは程度問題であって、治療はあくまでも説明モデルの交渉であるという視点を失えば、ある学派的言説を共有する集団がカルト化する可能性は否定できない（山崎、二〇二一）。それでも、個人の価値観のみをよりどころに臨床を行うよりは学派的言説を背景にしていたほうが、その危険性をより回避できるだろう。

また、何の理論武装もなく徒手空拳で現場に赴いた場合、心理職自身に方向感覚の喪失がもたらされ、バーンアウトや精神的不調をもたらしかねない。その意味で、学派的言説をものにすることは自身を支える「柱」となり、また現場の濁流に飲み込まれないための「錨」となる（小川、二〇二四）。

ゆえに、なんらかの学派的言説を選び取ること、少なくともその素地を築くことが、心理職の初期教育において期待される。

ただし、従来のようにある特定の（それが精神分析だろうと、認知行動療法だろうと、パーソンセンタードアプローチだろうと）学派的言説を特権的に扱うことは避けねばならない。クライアントは多様であり、ひとつの説明モデルですべてのクライアントに対応できることはないからである。当然のことながら、精神分析的な説明モデルに親和性があるクライアントもいれば、認知行動療法的な説明モデル、パーソンセンタードアプローチ的な説明モデル、オープンダイアローグ的な説明モデル……に親和性があるクライアントもいる。ゆえに、教育においては複数の（できれば多数の）学派的言説が並列して伝えられることが望まれる。これは前述の「心理臨床全体の見取図」の作成のためにも欠かせない。

価値観教育はある種の洗脳である。むろん、教員がAだと言っても、本当にAなのだろうかと疑うことのできる学生ばかりであれば、洗脳を試みようとしても問題はないかもしれない。だが実際には、そのように批判的思考を保持できる学生はそう多くない（少なくとも私はそうではなかった）。制度は現実をもとに設計されなければならない。

アセスメント

アセスメントは、心理臨床全体の見取図、そして複数の学派的言説を学んではじめて可能になるものである。一口にアセスメントと言っても、精神分析的なアセスメントもあるし、認知行動療法的なアセスメントもあるし、家族療法的なアセスメントもある。知能のアセスメントもあれば、医学的なアセスメントもあれば、経済的なアセスメントもある。それらを網羅的に述べることはしないが、アセスメントすべきことは無限にある、ということはおわかりいただけるだろう。ここでの要点は、私たちに求められているのは、そうした多様なアセスメントを「浅く」「広く」行うことだ、ということである。

アセスメントは侵襲的な行為である。身体的な治療と同様、最小限の侵襲であるに越したことはない。片っ端から質問事項を尋ねていけば情報を収集することは可能かもしれないが、それはただの風邪かもしれないのにいちいち全身ＭＲＩを撮るようなものだ。とはいえ、何かしらの重篤な問題の兆候がある場合には、侵襲的でも検査や介入をしなければならない。その塩梅こそ、アセスメントの肝である。塩梅自体を大学院教育のなかで教えることには限界があるだろうが、「いかに深く」ではなく「いかに浅く広く」かが重要であるという思想を伝達することは可能だろう。

こうして最小限のアセスメントを行ってはじめて、適切と判断された機関（そこにはアセッサー自身も含まれる）につなぐことが可能になる。その際、臨床家自身の信奉する価値観を棚上げして、クライアントの価値観に沿うものを、クライアントの要望を実現する可能性がもっとも高いものを紹介できなければならない。そのためには、他のオリエンテーションのことも知らねばならないし、他の領域や職種のことも知らねばならない。つまり、ここでも「浅く広く」が求められる。たとえば、精神分析的心理療法の適用を厳密に知るよりも、おおまかにどういうクライアントに精神分析的心理療法が向いているかを知る必要がある。同様に、どのようなクライアントが認知行動療法に向いており、どのようなクライアントには環境調整が必要かをおおまかに知っておく必要がある。そうしてはじめて私たちは「その希望を叶えるためには、私たち心理職のところではなく、役所に／医者に／先生に……相談する必要がありますね」と言えるようになるのである。

異文化コミュニケーションの発想と技術

「心理臨床全体の見取図」をもち、「学派的言説」を基礎とした価値観を携え、「アセスメント」を成功裡に行えたとしよう。私たちの仕事はそれで終わりではない。ある観点からすれば始まってすらいない。

というのも、当然のことだが、私たちの仕事はクライアントや連携先ありきだからだ。いくらすばらしいアセスメントを行えたとしても、それをクライアントや連携先に理解できる形で伝えられなければ意味がない。自分のなかで考えを整理したり、心理職同士の内輪でコミュニケーションする際には、複雑な事情を簡単に伝えられる専門用語はたいへん重宝する。だが、それは「外」に対しては無力だ。文化を共有していない相手に向かって「ここで投影同一化が起こっていて……」「クライアントは非機能的認知をしていて……」などと言っても、何も伝わらない。「この人はわかってもらおうという気がないのだな」ということが伝わるだけだ。

心理学的にアセスメントした結果を、いかにふつうの言葉に翻訳するか。「ふつうの人」には理解しがたいクライアントの言動を、いかにふつうの言葉に変換するか。それらはいわば、心理臨床文化と、クライアントや連携相手の住まう文化との異文化コミュニケーションの技術である。

むろん、この問題は表現方法をどうするかといった表面上のスキルの有無だけから生じているものではない。ここにも自己限定が関わっている。つまり、あくまで自文化は自文化にすぎず、ほかにも文化はあること、そして文化間に優劣はないこと、を認識しているか否かが問われるのである。

そうした前提をもっていない場合、私たちは自分たちの言うことを理解してくれない他者を「わかっていない」と見下しかねない。こうなると「心理職は頭でっかちで上から目線で困る」と他職種から陰口を叩かれ、浮いてしまい、ひいてはユーザーに不利益を生じさせることになる。そうしたことにならないよう、交渉という発想と技術を伝達する必要がある。

倫理

以上は知識や技術の問題だったが、それらを一段階下層で支えるのが専門家としての倫理である。これこそが、専門家である心理職と「野の医者」（東畑、二〇一五）を分かつものであり、かつ基礎教育課程で教えるべき最重要事項である。

倫理は「こうすべき」という理想は提示しない。むしろ「こうすべきではない」という禁止を提示する。これは、「害をなさない」ためにはもっとも重要なことである。「野の医者」と臨床心理士・公認心理師といった心理専門職を分かつ根本的な差異は、手技や理解の違いではなく、倫理の有無であろう。

倫理的問題は、隠蔽された密室にてもっとも悲惨な形態を取りやすい。問題が起こらないことを前提に制度設計や教育がなされると、実際に問題が発生したときに隠匿されがちである。だから逆に、問題が起こることを前提にした教育を行うべきであろう。

現実的に目指すべきは、いかに倫理的問題が発生しないようにするかということ以上に、そういった問題が生じた際にそれと認識できるようにし、そしてその際にはきちんと他者に相談できるよう具体的な相談先を紹介しておく、といったところになるだろう。

以上が、私の考える、大学教育で教えられるべき「静的な知」である。これらのことを教える仕事が、価値のない仕事であるはずがあろうか。

「動的な知」の伝達

次に、両輪のもう一方の「動的な知」について考えよう。

大学で「動的な知」を教えることには困難があるが、その端緒に触れさせることは大学・大学院教育の大きな役割である。その場は、学内実習と学外実習に大別される。

学内実習

大学付属相談室での実習は、臨床心理士養成教育の要とされてきた。個人臨床偏重の負の側面についてはここまで十分すぎるほどに語ってきたので、屋上屋を架すようなことはしない。

ただし、学派的言説と同様、私は決して個人臨床の訓練が不要だと思っているわけではないことはここで明確にしておきたいと思う。私がここまで述べてきたのは、心理職養成における個人臨床の重要度を査定しなおすべきである、ということに尽きる。

心理職のなかでも心理療法家に比重を置くのであれば、個人臨床の訓練が必須であることは論を俟たない。そうでないにしても、種々の条件が統制されている個人臨床の訓練は、クライアントの心の動きを把握する研修として最適であるという事情もある。その意味ではたしかに個人療法が「心理援助の基礎」という扱いを受けてきたのも肯ける。

だが、これまで述べてきたように、現今心理職としてもっとも求められるのは、「広く浅く」アセスメントする能力である。そのためにこそ個人療法の経験が必要であるという論には同意するが、ここで問われているのは優先順位である。

やはり今でも個人臨床は心理職業務の中核のひとつではあるだろう。しかし、それはあくまで複数ある重要な要素のうちのひとつであり、従来言われていたように「すべての心理業務の基礎は個人臨床である」とは言いがたい。集団理解には集団理解の基礎があるし、行政権力の行使には行政権力行使の基礎がある。そうしたものと並ぶ、主要な専攻のひとつとして個人療法を位置づけるのがよい、というのが私の立場である。

つまり、私の個人臨床訓練に対する評価は「従来ほど特権的な地位を与えるのは妥当ではないが、それでも重要な訓練であることには変わりがない」というものである。ゆえに、引き続き、付属相談室での学内実習については継続していってほしいと思っている。

問題は、誰が指導するか、である。学生に任されている大学、教員がバイザーを務める大学、外部バイザーのスーパービジョンを必須とする大学、付属相談室専任の心理職による指導が受けられる大学など、付属相談室のシステムは、各大学院によって相当に異なるようである。ゆえに単一の理想を示すこと、どの形態が妥当かについて明確に述べることはできないが、少なくとも学内で完結していない、外部に開かれたシステムが望ましいことは間違いないだろう。

また、学内実習のもうひとつの柱として、ケースカンファレンスがある。私の理解では、この場こそが「個人療法こそ至上」という価値観が伝達され、もっとも「純金コンプレックス」が生み出されてきたフィールドである。ゆえに、ケースカンファレンスの在り方が変化することが、心理職養成において決定的に重要である。

具体的には、おそらくは学外実習で経験することになる個人療法以外の「ありふれた臨床」についても、当然のように「ケース」として検討される文化が醸成されることを期待したい。そして、これは個人療法を検討する場合でも同じだが、教員はその場で自分にわからないことがあれば「指導」しようとするのではなく、ともに「検討」することが望まれる。この場合、特に外部の臨床家の力を借りること、そして「指導」を仰ぐことが望ましい。それにより学生が「わからないことは教わる」という姿勢自体を学ぶという副産物も期待できるだろう。

学外実習

学生が大学院を修了し現場に出ると、ほとんどの場合、付属相談室での学内実習のような固い構造のもとに行われる臨床ではない、「ありふれた臨床」が待っている。

学生時代にそれに近い経験をできるのが学外実習である。心理職養成における外部実習の役割は強調してもしすぎることはないし、だからこそ、公認心理師養成カリキュラムでも、外部実習がたいへん重視されている。膨大な量の実習を管理するために特任助教のポストを新設した大学も多かったように、そのマネジメントが教員側にかなりの負担を課すことは間違いない。しかし、それでも学外実習重視の姿勢は維持されることが望ましい。そのようにして、大学と現場において、これからの心理職を養成するコストを分け持つことが理想的である。

実習は現場の臨床家にも負担を強いてくることはたしかである。受け入れ側にはコストばかりかかって、メリットはあまりないかもしれない。現場は教育機関ではないのだから、実習生が育つこと自体は直接的なインセンティブにはならないだろう。

それに、（ほとんどがそうだが）ただでさえ余力のない組織に最低限の知識や倫理を身につけていないような新参者が入ってきた場合、それによってユーザーに害が生じる可能性も否定できない。それは受け入れ先にとっても、実習生にとっても、ユーザーにとっても、よいことではない。だから必然的に、学外実習は体力のある組織が引き受けることになるのは致し方がないだろう。

むろん、こうした問題は個々人の努力だけでどうにかなる話ではなく、職能団体や各種学会などが主導していくべきことである。とはいえ、実際に実習を担当する臨床家がその必要性・重要性に納得していなければ、お上の決めたことは画餅にすぎなくなる。ゆえに、個々の臨床家にも、内発的に心理職育成について考え、できれば実習を引き受けてもらえればと思う。欲を言えば、教員側と顔を合わせ、学生について話し合う機会があるとなおよいだろう（本阿彌、二〇二四）。

大学教育と異なり、卒後教育で主たる教育を担うのは臨床家になる。ここでは、「臨床家に求められること」に重点を置きたいと思う。

卒後教育

教育

と、大きく出たものの、卒後教育は、現場現場ごとに求められるものがあまりにも多様で一般化して論じることが難しい。ここでは、その内容より、姿勢について提言しておきたい。

つまり、臨床家は、もっと積極的に卒後教育に携わる必要があるというのが私の主張だ。新人教育はもちろんのこと、一人職場も多い現状を考えれば、地域での勉強会や、領域ごとの研究会を行ってほしい。そこでローカルな知、「現場知」「領域の知」を伝達してほしい。それはその職場の、その地域の、その職域の、といった小さな単位で非常に有効に働く知のことである。

職人的な心理療法家モデルを念頭に置いているからなのか、臨床家は「自分はまだまだ教える立場にない」と考える人が多いように見える。しかし考えてもみてほしい。就職して一五年、四〇歳近くになって、「自分はまだ若手なんで……」と言っている業界は非常に不健全ではないだろうか。一般社会なら、四〇歳前後はもっとも脂が乗りきっている時期だ。部下もいるし、後進の育成にも携わっているだろう。そして実際、私たちの業界でもそれくらいの年代で管理職となり、後進の育成に軸足を移すようになる人も少数ながら誕生してきている（本阿彌、二〇二四）。その勢いのまま、自身の職場だけでなく、より広い対象に向けて（スーパービジョンでも、セミナーでも）教育に携わり、「領域の知」を後進に伝えていってほしい。これは、臨床家にしかできないことだ。

コミュニティづくり

教える、ということにどうしても抵抗があるのであれば、コミュニティ運営に携わるという形での寄与もありうるだろう。

長期にわたって問題視されつづけていることだが、心理職には「一人職場問題」がある。それはむろん職能団体が取り組むべき課題であり、すでに都道府県単位の臨床心理士会／公認心理師会ではつながりをつくる努力をしているのを目にする。各学会で「若手の会」を組織しているところもある。都道府県単位の臨床心理士会／公認心理師会の役員名簿を見てみると、所属は大学ではなく施設名ばかりで、大学教員よりも在野の心理職のほうが多いところも少なくなく、かつそこではつながりが提供され……とうまくいっていることもあるようである。こうした活動はぜひとも継続・発展させていただきたいと思う。

全国区の組織運営

ただし、全国規模の心理臨床学会、臨床心理士会、臨床心理士資格認定協会、公認心理師の会、公認心理師協会、公認心理師養成機関連盟、公認心理師養成大学教員連絡協議会といった団体となると、ずいぶんと話が違ってくる。それらの団体の役員名簿を見てみてほしい。所属に大学名が並んでいるのを目にするはずだ。卒後教育を主導するのはこういった団体なのだから、この体制が変わらなければ、純金コンプレックスの解消、心理臨床学の正常化はありえない。

むろん、なかにはそもそも教員にしか参加資格がない団体もあり、それをこの文脈で俎上に載せるのはお門違いである。だが、多くの団体はそうではない。なのになぜ、在野の臨床家がこうした全国区の団体の要職にほとんど名を連ねていないのだろうか。

すぐに思いつくのは知名度の問題だ。端的に言って、知名度のない在野の心理職は、全国区の選挙に出馬したところで当選しないだろう。逆に、地方単位であれば、その地方での知名度があればよいことになる。しかもここでの知名度は、論文や書籍といったテクストに依存しない、「あの人はいい臨床をしている」といった評、いわゆる口コミが有効であることも重要だ。

もちろん、全国単位の団体と地方単位の団体とでは担う業務が異なる。求められる能力も異なるだろう。だが、心理職全体のことを考えていく際、すなわち全国単位の団体の運営を考える際に、それに携わる在野の心理職があまりにも少ないことは憂慮すべきことである。

この状況を変化させるには、現在運営に関わっている層の意識変革も必要になるだろうが、しかし同時に、臨床家が団体運営を自分事として考えることも必要である。臨床家は、どこかで「そういった仕事は自分には関係ない」と思っているところはないだろうか。むしろ、「そんなことをするのは臨床家ではない。真の臨床家は日々クライアントと向き合うものだ」と思っていないだろうか。

もちろん、そのように思う臨床家がいることを批難するつもりはない。だが、繰り返し述べてきているように、クライアントの役に立つ方法は直接支援だけではないことは強調しておきたいし、誰かが舞台裏でそうした仕事をしてくれているから、その「臨床」が成り立っていることは意識してほしいと思う。

そしてできれば一部の臨床家には、積極的に全国単位の学会・職能団体運営にも関わってほしい。結局のところ、心理職全体の方向性を決めるのはそういった大規模な組織だからだ。そこに臨床家が参入し、教育研修や広報に携わることで、心理職全体のレベルの向上、ひいてはユーザーの益がもたらされるはずである（本阿彌、二〇二四／舘野、二〇二四）。

教員と臨床家の協働——新しい知の産出

ここまで、心理臨床学を正常化するにあたり、未来の心理臨床学を担うプレイヤーを育成するために、大学・大学院教育、および卒後教育をいかようにすればよいかについての提言を行ってきた。

ここからは、現在すでに心理臨床学を担っている教員と臨床家に、心理臨床学を更新するためにどのようなことが求められ、両者がどのように協働できるかについて検討したい。それにあたり、心理臨床において何が「知」とされてきたかを振り返ってみよう。

事例研究称揚期

臨床心理士の時代であった平成初期には、事例研究こそが心理職を心理職たらしめるものだとされてきた。現今「研究」という言葉から連想されるＲＣＴのようなものとは異なり、事例研究こそが心理職の「研究」であると考えられていたのである。

黎明期の臨床心理士の質の向上に事例研究が寄与したことは間違いない。しかし、臨床心理士の質が一定のものに達したのちには、逆に事例研究が学派的言説を強化するように働く面もあったことだろう。つまり、事例を研究していたら結果的に学派的言説に沿うていたという順序ではなく、（むろん本人はそう思っていないことだろうが）学派的言説にクライアントを当てはめるという順序になってしまっていたこともあっただろう。

エビデンス強調期、あるいは学派を超えた事例検討会期

それこそが、下山晴彦をはじめとしたＨＡＰ批判者たちによる、「エビデンスがない」「アカウンタビリティがない」といった批判の中核であった。こうして「科学的」な立場の研究者が、「科学的」な方法で効果研究を行うことが望ましい、という空気が醸成されていった。そうした思想は今や心理臨床コミュニティに十分に浸透したと言ってよいだろう。ただし、事例研究が黎明期の臨床心理士の水準を引き上げたものの、そのうちに逆に抑制するように働いてしまったのと同様、エビデンス重視の姿勢も当初は質の向上に貢献したものの、現状はその弊害も大きいように思える。

同じ時期、もちろんＨＡＰを背景とする臨床心理士も手をこまねいていたわけではない。従来、事例研究は主に学派ごとに行われてきたわけだが、そうした状況を改善すべく試みられたのが、「学派を超えた事例検討会」だろう（たとえば、岡ほか（二〇一三））。それは、オリエンテーションを違えていても、ケースをプラットフォームとすれば議論が成立するという考えに基づいて行われていたものと推測される。それにより、学派ごとのタコツボ化を改善しようとしたのだろうし、大学院でのケース検討会がまさにそのものであったという人も少なくないのではないだろうか。

だが、こうした試みは期待通りの結果、すなわち学派的言説を超えてフラットに治療過程を検証するという結果は生まなかったようである。というのも、この設定は構造的に異種格闘技戦にしかならないようになっているからだ。「＊＊派」として登場するコメンターは、当然「＊＊派」らしくふるまおうとする。そして自陣営の優越を示そうとする。すると、その「対話」は「互いを知るための対話」ではなく「最強の流派を決める戦い」にしかならない。結果、訪れたのは「闘争の時代」であった（東畑、二〇二〇）。

そうなるのには理由がある。そもそも、ここまで見てきたように心理臨床全体を評価できるような唯一の基準

は存在しないというのがそれだ。異種格闘技戦ならＫＯかギブアップという決着のつけ方があるのだが、心理臨床にはそのような明確な基準は存在しない（なるべく明確にしようとする動きもあるが、そもそも効果を設定することや測定することができるのかという批判に、本質的には反論することはできない）。であれば、「どの学派がもっとも優れているか」という問いはそもそも意味をなさないことになる。フレンチのフルコースがいいか、ファミレスがいいか、ウーバーイーツがいいかは、時と場合によるのと同様だ。

わかり合うことではなく、見知ることを目指して

二〇二四年現在、「学派を超えた事例検討会」はもはやあまり行われないようになっている。これを「多様性の時代」と言えば聞こえはいいが、実際には単に相互不干渉を守ることで、不快な体験を避けているにすぎない。現在も多数のタコツボが併存し、相互リファーがなされない状態は続いている。この状況はユーザーにとってよいものとは言い難い。

現状、臨床家の「研究」はここで止まってしまっているように見える。私たちはここで歩を一歩進め、互いの存在を認識しながらも並存する「寛容の時代」の到来を目指さなければならない（山崎、二〇二一）。

そのために臨床家は、停止した「研究」を再開せねばならない。必要なのは、「どの学派が最強か」ではなく、「この場合には、この領域では、何が有用か」と問うことである。そのためにまず求められるのは「対話」ではなく、「対話」を可能にするための前段階、すなわちまず互いを見知ることである（山崎、二〇二三）。

これまで私が「科学者–実践家モデル」の非現実性について縷々語ってきたことに鑑みれば、「臨床家ももっと研究を」などというのは、何を撞着したことをと思われるかもしれない。しかし、ここで言っている「研究」は、「科学者–実践家モデル」と言われるときに想定されているものよりもっと広いもの、いわゆる「エビデンス」と

しては質が低いとされるような水準のものをも含んでいる。

互いを見知るためには、学派的言説はもちろんのこと、「領域の知」も目に見える形で、すなわち文字として提示する必要がある。だからこそ、臨床家は自分の仕事を他者に説明する言葉をもたねばならない。ここで重要なのは「何かを批判する」という形、すなわちアンチテーゼとしてではなく、自己紹介的な形式を取ることである。それを可能にするのが臨床エスノグラフィーだ（本書第Ⅲ部参照）。多量の臨床エスノグラフィーが集積されることによって、議論の前提となるコモングラウンドが創造されることとなるだろう。

これまでの議論のグラウンドは、主に個人療法の領域であった。しかし、今や心理職の臨床のグラウンドは個人療法にとどまらない。全体像は誰にも把握されていないのが現状だろう。他者を知ること、それによって自分のポジションを知り、限界を知ることが、今の私たちに求められることである。それがなされてはじめて臨床家は真に協働することが可能になる。「寛容の時代」を招来するには、臨床家が書くことが欠かせないのである。

とはいえ、論文などのフォーマルなものに一足飛びにたどり着くことは難しいし、それが不可欠というわけでもない。一口に「書く」と言ってもいろいろな水準がある。必ずしも知の蓄積を目指して書く必要はない。身近な人に伝達する、自分の仕事をわかってもらうために書くのもよい。それで自身が満足する場合もあるだろうし、それが結果的に知の蓄積につながることもあるだろう。臨床家には、身構えずに、「書く」ということに取り組んでほしいと思う。

まずは臨床家自身がそれを知として認めること

臨床家は、普遍化されえない「領域の知」があることを体感してはいると思う。しかし、当の臨床家自身がそれを「知」と認められていないのではないだろうか。

そうさせる一因として、おそらく臨床家がそういった知を公にしようとしたところで、周囲から「それは心理職の仕事ではない／共有される価値がない」と思われるのではないか、という懸念があるだろう。

それは、ここまで述べてきた純金コンプレックスに起因するわけだが、それがいかに政治的なものであるかは見てきた通りである。言ってしまえば、ある知を価値のあるものとみなすかみなさないかは、発言権の、権力のある者がどう言うかで決まってしまってきていたのだ。そして、そうした構造によって温存されている現行の心理臨床学は、心理臨床という実践の現状を反映していないという意味で、端的に言って間違っていると私は考えている。

それを正常化することができるのは、臨床家だけなのだ。これが私が臨床家に向けてもっとも主張したいことだ。考えてみてほしい。天才的な精神分析家がいたとして、その人がスクールカウンセラーとしてよく機能できる保証はないし、さらに言えばその人が被災地支援でよく機能できるかはより心もとない。住人全員が顔見知りであるような人口数百人の島におけるプライバシーの保たれない空間での臨床においてよく機能できるかもかなり疑わしいだろう。精神分析家は、精神分析設定においての臨床の質は高いだろう。しかし、その能力はすべての設定において普遍的に有効なわけではない。どんなカリスマより、特定の臨床経験を豊かにもつ臨床家のほうが、その臨床については優れている可能性が高いことは、以上の例からおわかりいただけるだろう。

おのおのの臨床家の蓄積してきた「領域の知」について、一人ひとりが書き手となって明文化を試みることの重要性はここにある。逆に言えば、「領域の知」は、カリスマに任せていれば勝手に更新されるようなものではない、ということでもある。

第2章で述べたように、そうした「領域の知」が「確立された知」へとインポートされる経路こそが心理臨床学の生命線である。そのためには、まず臨床家がそれを産出しなければならない。

むろん、多くの臨床家は十分な給与も得られず、そのくせ残業もあり、休みの日には研修を受け、という生活を送っていることは知っている。そして、書く必要性を知悉し、書くモチベーションがあっても、公務員心理職や企業心理職など、心理職一般に求められる守秘義務以上の高度な守秘義務が課せられ、書きたくとも書けず、忸怩たる思いと遺憾の意を抱えている人がいることも知っている（割澤、二〇二四）。だから、書くこと、心理臨床学を更新することを、義務だ、責任だ、とは言えない。ただ、あなたたちにしか書けないことがある、ということは言わせてほしい。

それが知として認められるかはわからないけれど

「領域の知」の取り扱いは難しい。それはたしかに玉石混淆で、玉ばかりではない。だが、そこにははじめから「確立された知」を狙いにいくと取りこぼしてしまうような、普遍性のない知があることも事実である。私たちの会うクライアントや職域の多様性を考えるならば、ある程度心理臨床学が成熟した今だからこそ、今後は普遍的でないミクロな知をたくさん蓄積していくことが重要になってくるはずである。

とはいえ、臨床家が日々の臨床から蓄積した知は、「確立された知」になるまでには長い道のりを経なければならない。実際のところ、そうした知の価値が心理臨床学という学問において認められるかは未知数である。事例研究ですら「エビデンスレベルの低いもの」とされる風潮の現今、臨床エスノグラフィーという新奇な方法論を採用した文章は、なおさら学問的に認められるのは難しいかもしれない。★1 それはひとえに、査読者＝教員にかかっている。

こうした構造をバカバカしく感じられる臨床家もいることだろう。気持ちはわからないではない。ただ、近年（特に臨床心理学ではなく、近接他分野において）質的研究やライフヒストリーなどの重要性が認識されるようになってもいることに鑑みれば、風向きが変わっているようにも感じられる。それを、すなわち現行の心理臨床学の限界を感じている教員（査読者）もいるはずである。[★2] 仮に「確立された知」へのインポートを歓迎する門番（査読者）がいても、まずは「領域の知」に形が与えられなければ、捕らぬ狸の皮算用にすぎない。臨床家は、それが正当な評価を下されることを信じ、自身の知に形を、言葉を与えてほしいと思う。

教員と臨床家の共同研究

多くの臨床家は、「クライアントに役に立っているという手応えはある。クライアントもそう感じている／言っている。でも、それを数字には表せないし、どのように伝えられる形にしたらいいかわからない」という事態を経験していることだろう。だがここで、「形にする方法を学ぼう」となることはなかなかない。週五、六で働きながらもう一度大学院に入るなど無理筋である。そもそも生活を回すだけで金銭的に精いっぱいであるという心理職も少なくない。そうなると、「目の前のクライアントの役に立っているからそれで十分だ」という考えになっても責められないだろう。

ほとんどの在野の心理職には、どのように研究を計画しデザインすればその臨床に「効果」がある（ない）と示せるのか、わからないのが現状だろう。科学者－実践家モデルという理想に鑑みればそれは憂うべき事態かもしれないが、大学と大学院修士課程の六年間でその水準を求めるのは酷である。臨床家には、実証研究の結果を適切に消費することは求められるが、生産することは求められないだろう。

問題は、「目の前のクライアントの役に立つだけで十分」という思いにとどまらず、「わからない人にはわかってもらえなくてけっこう」「形にはできないところにこそ真実がある」といった方向に進んでしまう臨床家がいることである。これもまた、臨床家と大学人との溝を生む力動である。

繰り返すが、この溝は将来のクライアント、社会にとっての損失である。溝を埋めることは叶わなくとも、なんとか架橋できるに越したことはない。そのひとつの方法が、大学人による臨床家へのヒアリング、そして臨床の効果の見える化のサポートである。

たとえば、名古屋市では全国に先駆けてスクールカウンセラーの常勤化が導入されている。それは心理職にとって、そして心理職の考える社会にとって善いことである。ただし、それが公的事業である以上、税金が投入されているわけで、かかった費用に対しどれだけの「効果」があるのかを示さなければ、継続されることはない。当然のことながら、税金の投入を必要としているのは、つまり社会が必要としているのは、心理職だけではないからだ。限られたパイを奪い合うとき、一例一例の援助がいかに意味があったかを訴えること——たとえば事例報告という形で——は非常に無力である。

かといって、数値化しやすい、たとえば不登校の生徒の数が減ることが「効果」なのか、と言われれば、なんのためらいもなく首肯できる心理職ばかりでもないだろう（そもそも不登校生徒数は減っていないのだが、それこそが逆にスクールカウンセリングに「効果」のないことの証左だ、とされている風潮がある）。しかし、ではどうしたらよいか、には答えられない。手詰まりに陥ってしまう。なごや子ども応援委員会で主任を務める川岸ほか（二〇二四）が「アカウンタビリティをどのように行っていくかという難しさを解決するには、今後、研究者との協働が必須だと感じている」と述べているように、ここでこそ「研究者」「教育者」たる教員の出番である。教員には、臨床家と協力して、臨床の「効果」をどのように測ればいいかについて助言してほしい。

以上は「臨床家の研究を教員が助ける」という形のものであったが、もちろん、教員が研究計画を作成し、それに合致したデータをもっている臨床家に声をかける、という教員主導のスタイルもありうるだろう。特に、エビデンスを作成するような大規模研究には人員、金銭、研究協力者などの種々のハードルが存在し、それらを在野の臨床家が単独で超えるのは容易ではない。それどころか、ほぼ不可能であると言ってもよいだろう。在野の臨床家はそもそも応募できる研究倫理審査先がなく、スタートラインにすら立てないこともある。ここはやはり、教員の、研究者の出番である。科研費の獲得などは研究者たる教員の得意分野だろう。積極的に陣頭指揮を取ってもらうことを期待する。

このように、心理職の考えるより善い社会を実現するためには教員の力が欠かせない。繰り返しになるが、クライアントと直接会うことだけが臨床ではなく、間接的にクライアントの役に立つことも臨床である。臨床家の実践をサポートするようなエビデンス作成を、教員の「臨床」の一形態として考えることが「共同研究」となる。

結論

心理臨床学を更新する

第I部は「純金コンプレックス」から始まった。それは臨床家に強く意識されているものだが、実は教員にもそれがあるのではないかと論じてきた。純金＝理念を優先するために、種々の「見て見ぬふり」が起こってしまっているのが心理臨床界の現状である。

そうした「見て見ぬふり」がもたらす不具合は多岐にわたる。まずはユーザー評価を軽視することにより、ありふれた臨床についてのユーザーからのポジティブ・フィードバックを活かせず、ありふれた臨床家のアイデンティティが構築されないことが挙げられる。しかし、事は心理職内部にとどまらない。最大の問題はユーザーが不利益を被っていることである。現実的には、各臨床家が自己限定をしていないと適切な支援につながりづらいこと、心理職が一致団結しないで内ゲバをしているためにいつまでも社会のなかで居場所をもてず、ユーザーがふつうに利用できるサービスの提供者として心理職が社会のなかに定位されないこと、が挙げられる。また、せっかくの「よい」ありふれた臨床が、専門家評価においてその「よさ」が評価されないために、後進に受け継がれず、領域の知がクライアントに還元されなくなってしまうことも、最終的にはユーザーの不利益であると言えるだろう。

ゆえに私たちは、自身のためだけでなく、ユーザーのためにも純金コンプレックスの解消に努めねばならない。そのためには、理念に基づいて構成された従来の心理臨床学を、現実を元に再編し、理念と現実のねじれを是正することが求められる。

更新されるべき「理念」とは、「『深い』個人臨床こそが心理職の仕事である」というものである。一方「現実」とは、「実際には心理職の仕事の多くは『深さ』の臨床ではなく、クライアントが生存したり、適応したりするための援助である」し、「多くのユーザーが求めているのも生存や適応の援助である」ということである。

私たちは、心理職のアイデンティティを「想定する治癒像にクライアントを近づけるのが心理職の仕事である」というものから、「クライアントのニーズに応えるのが心理職の仕事である」というものに訂正せねばならない。つまり、心理療法家を範型とするのではなく、現に社会でクライアントの役に立っている心理職を範型とするように更新せねばならない。

ここで重要なのは、従来「理念」として扱われてきた「深い」個人臨床を行う心理職、すなわち心理療法家も、心理職という枠組みからパージされるのではなく、やはり引き続き心理職の一部であると認識することである。だが、その位置づけは従来のように「心理療法家こそが心理職である」というものではなく、（現実を反映して）「心理療法家も心理職の一部である」というものになる。

すなわち、私の主張は、これまでの心理療法家を範型とした心理職アイデンティティを破壊し更地に戻す、というものではない。そうではなく、これ「も」心理職の仕事なのだ、といったふうに、概念としての「心理職」のカバーする領域を拡大していく必要がある、ということである。つまり、更新・拡大されるべきは実践ではなく理論、そしてそれによって規定される「正統」の内実のほうなのである。

「正統」の拡大により、私たちには何がもたらされるだろうか。ひとつには、学派の違いを超え、臨床心理士と公認心理師の違いを超えた、連帯の可能性である。ただ、誤解しないでいただきたいのだが、私は連帯のための連帯をしようとしているわけではない。連帯は手段にすぎない。では目的は何か。それはむろん、ユーザーに利益がもたらされることである。あるひとつの方法が、ある一人の臨床家が、すべての事象に対応できるわけではない。よりよい機会を提供できるのであれば、クライアントを他所へリファーできるようになることが望ましい。心理職内部の連帯は、そのシステムが潤滑に動くことを可能にするだろう。

さらには、実践が理論に反映され、両者の齟齬がなくなることで、ありふれた臨床家が自身を「正統」と思うことができるようになれば、不要なうしろめたさが解消され、教科書には書いていなくとも必要な介入を抵抗なく行うことができるようになるに違いない。そしてそれは、私たちがクライアントの「役に立つ」ことにつながるだろう。

この心理職のアイデンティティの更新を基礎に、私たちは「心理療法家（＝心理職の一部分）のための心理臨床学」ではなく、「心理職のための心理臨床学」を構想し、心理臨床学を更新せねばならないのだ。

心理職養成課程を更新する

心理臨床学の更新は、必然的に養成課程の更新も要請する。心理職養成にとって何より重要な要件は実践経験である。それは、座学の空間である大学で心理職を養成するのには構造的な困難があり、大学・大学院の六年間で養成が完了しないことを示している。ゆえに、大学で教えられること、教えられるべきことと、大学外で教えられること、教えられるべきことを整理し、それに基づいて制度を更新することが求められる。端的に言えば、大学では知識を、現場に出てからは実践を、という棲み分けが必要である。

これは大学で基礎を、現場で応用を、という単純な話ではない。どちらも基礎なのである。どちらかがあればよいとか、どちらが優れているとかではない。どちら「も」必要なのだ。にもかかわらず、教員と臨床家がユーザーを置き去りにした対立を反復してきたのが私たちの業界の歴史だ。私たちは、両者で手を取り合い、心理臨床学に現実を反映させていかねばならない。

そのために必要なのは、「科学者－実践家モデルは現行の制度上、机上の空論である」という認識だろう。そうでないと、教員は臨床ができない自分を恥じ、臨床家は研究ができない自分を恥じることになり、必要のない自己批判をし、必要のない恥を感じることになってしまう。負担は、うしろめたさは、下流に流れる。つまり、最終的に害を被るのは、エンドユーザーたるクライアントなのだ。

だから私たちはどの立場にあろうと——臨床家であろうと、教員であろうと——他者から学ぶ必要性がある。うしろめたさを押しつけ合うのではなく、協働してうしろめたさを超えていくことが求められる。

一人の人物が双方一流のレベルで二刀流ができればそれに越したことはない。だが、それはあまりにも高邁で、非現実的な目標である。サイエンティストとプラクティショナーの二刀流ができる人「も」いるだろう。しかしそれは、ごくごく一部の人間だけであるという認識が必要である。諸外国のように、そのごくごく一部の人間だけを、心理職の専門家とする道もまた、「正解」のひとつだろう。だが、すでに臨床心理士、公認心理師制度が運用されている日本において、その選択肢は現実的ではない、と私は考える。そうではなく、まずはきちんと一刀流——すなわち教員は研究者・教育者として、臨床家は臨床家として——を極めることを目指す必要がある。その上で、双方が手を取り合うというモデルが現実的なものだろう。

現状の心理職養成教育は、臨床家の教育課程として十分とは決して言えない（研究者としても、博士号を要求しない臨床心理士・公認心理師はやはり十分とは言えないだろう）。だが、訓練機関として大学以外のオルタナティブも存在しない。この認識を前提とすれば、心理臨床学の更新においてのみならず、心理職養成においても、大学人と臨床家は、手を取り合わねばならないことがおのずと理解されるはずだ。

教員は教員という形で心理臨床に貢献するというようにアイデンティティを更新し、臨床家もまた、専門家評価に基づく心理療法家からユーザー評価を取り入れた心理職へとアイデンティティを更新するべきである。すべては、ユーザーの益のためである。

更新のプレイヤーを更新する

現状、心理臨床の「正統」を定義する権力は、教員に偏っている。★3 ゆえにまず教員には、心理職教育や心理臨床学への貢献についての構造的限界を認識することが求められる。その認識は、何が心理臨床の「正統」かを決定する定義権を部分的に手放し、臨床家によって生成された知から学ぶ姿勢をもたらすだろう。換言すれば、自身は「動的な知」の担い手ではなく、「静的な知」の番人であると自認するということである。

ここで強調しておきたいのは、「静的な知」の伝達はたいへん重要な仕事であり、かつ座学に適していることである。なぜあえて強調するかといえば、臨床家も、そして教員自身も、「静的な知」の重要性、そしてその教育の重要性を貶めてきたように思われるからだ。

「深さ」信仰に基づいたこれまでの心理臨床学では体験を重視するあまり、「静的な知」は体験を阻害し「わかったつもり」をもたらしてしまうといった理由で、不当に軽視されてきた。むろん「静的な知」は実地体験と番《つが》うことによってはじめて意味のあるものになることは間違いない。だから、「静的な知」だけを身につけていても意味はない。しかし「静的な知」がインストールされていなければ、体験をしても番う相手がおらず、体験は意味づけられず、未消化なものになってしまう。この意味で、やはり「静的な知」は、臨床において必要不可欠な両輪のひとつであると言える。

私たちは、現状の改善のために「静的な知」とその伝達の価値を再評価することが必要なのである。ありふれた臨床家がありふれた臨床を正当に評価できるようになることが必要なのと同様に、そうした「ありふれた教育」を教員自身が評価できるようになることが求められる。

一方の臨床家には、教員に求められることと、ちょうど反対のことが求められる。すなわち、自身が心理臨床や心理臨床学を構成するプレイヤーであること、自身にも「正統」の定義権の一端があることを認識し、かつ責任を負うことが望まれる。権力をもたないことは、責任がないことでもあり、楽でもあるだろう。だが、望むと望まざるとに、意識するとせざるとにかかわらず、臨床をしている以上、臨床家も心理臨床コミュニティの一員であることからは逃れられない。「動的な知」を生み出せる権利をもつのは臨床家しかいないと自覚し、それに付随する責任を果たしてほしいと思う。「現場主義」に走り、「静的な知」を批判するのではなく、その価値を認めた上で、同時に「動的な知」の価値を認め、産出してほしい。

心理臨床学があるべき姿になるには、教員の努力だけでは十分ではないことはこれまで述べてきた通りである。現状は、臨床家による「研究」が圧倒的に不足している。臨床家には「領域の知」を産出することが望まれるし、教員にはそれを知として評価することが求められる。さらには、教員と臨床家が共同で研究を行うことも、今後期待されることである。

つまりは、どちらか一方のみが主となるのではなく、教員と臨床家の双方が心理臨床学の更新のプレイヤーとなり、協働することが求められるのである。

本章冒頭でも述べたように、ここまで述べてきたことはあくまで私の試案である。私に見えていることには限りがある。私の試案は、その限りある知識から構築されたものである。だから、もちろんこれが決定版ではない。みなさんにも、心理臨床の未来について語ってほしい。そして、私の試案を更新してほしい。

私としては第Ⅰ部を学者として書いたつもりとはいえ、教員にとって分の悪いことを書いてきた自覚はある。私の知らない、複雑な事情もあるに違いない。何も知らないで、と思うこともあるだろう。だからもちろん反論があると思う。それをぜひ、内輪の陰口にとどめず、公にしてほしいと思う。

私が述べてきたような問題意識をもち、「動的な知」「領域の知」を積極的に取り入れようとしている大学教員がいることは私の狭い観測範囲でも承知している。私の述べているのは、あくまで集合体としての「大学教員」である。構造に問題があるという認識は変わらないが、すべての教員がこうした問題について何も考えていないと思っているわけではないことは強調しておきたい。

一方の臨床家も、私の見てきた景色とはまったく違うものを見て、生きてきている人がいるだろう。そういった臨床家からすれば、「臨床家」と一括りにされることを快く思わないかもしれない。これもまた同様に、そうした思いや考えを公にしてほしいと思う。

第Ⅰ部は、「私の考える」心理臨床学のあるべき姿を提示したにすぎない。学者も、臨床家も、自分事として心理臨床学を考え、議論することによって、私の考える心理臨床学のあるべき姿は実現される。みなさんの積極的な発信を心から期待している。

ここから続く個々の論文には、それぞれの問題意識がある。だが、背景にはこうした思想が一貫して伏在していることを知って読んでいただけると、私自身がどのようにアイデンティティと理論を更新していったかという実例として読むこともできると思うし、おのおのの論文の意義をより引き出していただけると思う。

本書が読者の心理臨床学を更新する欲望を刺激することを願っている。

† 註

1――実際、知人が『心理臨床学研究』に臨床エスノグラフィーを投稿した際には、「何をデータとして、どのように観察記録をつけたのか、またどのような方法（参与観察、インタビュー、その他資料の閲覧、臨床面接の記録）で、どのような頻度で、データを集めたのか記載がない。データとしてメモ、または観察記録、などをどうまとめ整理したのか。同様にデータの分析の仕方（コード化、分類など）を行ったのかという記述がない。さらに、データおよび分析の信憑性に関する指針もないことから系統的な質的研究がなされたとは言いがたい」との査読意見とともに、一発リジェクトを食らった。

2――もちろん根拠なく適当に言っているのではなく、事実として、そのような教員は多々知っている。ここからは予想・空想にすぎないが、数としては多数派の「ありふれた教員」はそのように感じている人が多いように思う。

3――むろん、個人レベルではそうした現状を憂い、改善しようとしている教員はいくらも存在する。

† 文献

浅田剛正（二〇二四）「臨床心理職の養成・教育を考える――歴史・現状・課題」、『臨床心理学』二四－一［一六－二一頁］
Collins, H. & Evans, R. (2009) *Rethinking Expertise.* University of Chicago Press.（奥田太郎・和田慈・清水右郷＝訳（二〇二〇）『専門知を再考する』、名古屋大学出版会）
本阿彌はるな（二〇二四）「心理職をどう育てるか――大学と現場の違いを超えて」、『臨床心理学』二四－一［八四－八九頁］
川岸晃子・篠田真希・廣田希代子・見並ひろか（二〇二四）「行政のなかの心理職――なごや子ども応援委員会の取り組みから」、信田さよ子・東畑開人＝編『心理臨床と政治』（『こころの科学』増刊）、日本評論社［六二－六九頁］
小川基（二〇二四）「現場で駆動する心理職養成の『仕掛け』――学派知の伝え方」、『臨床心理学』二四－一［六六－七一頁］
岡昌之・生田倫子・妙木浩之＝編（二〇一三）『心理療法の交差点――精神分析・認知行動療法・家族療法・ナラティヴセラピー』、新曜社
末木新（二〇二四）「公認心理師になるために修士論文を書く必要はあるのか？――臨床心理学と心理臨床学の双方の展望を批判する」、『臨床心理学』二四－一［三八－四三頁］

舘野一宏（二〇二四）「臨床家・専門職・組織人」、『臨床心理学』二四－一［五五－五九頁］
東畑開人（二〇一五）『野の医者は笑う――心の治療とは何か？』、誠信書房（文庫版－文藝春秋［文春文庫］（二〇二三））
東畑開人（二〇二〇）「平成のありふれた心理療法――社会論的転回序説」、森岡正芳＝編『治療は文化である――治癒と臨床の民族誌』（『臨床心理学』増刊第一二号）、金剛出版［八－二六頁］
上田勝久（二〇二四）「特集にあたって――現場につながる技能養成」、『臨床心理学』二四－一［三－九頁］
割澤靖子（二〇二四）「企業と個人の境界線上で現場感覚を鍛える」、『臨床心理学』二四－一［七二－七七頁］
山崎孝明（二〇二一）『精神分析の歩き方』、金剛出版
山崎孝明（二〇二三）「わかりあうことではなく、見知ることを目指して」、『カウンセリング研究』五六－二［一一三－一一五頁］

第II部

共同創造を考える

第Ⅰ部で述べたことの肝はいくつかあるが、そのうちのひとつは、「心理臨床学にはユーザー評価が欠けている」ということである。

精神分析の世界には「患者から学ぶ」という有名な標語がある。心理臨床業界でも「クライアントに学ぶ」というのは常識のはずだ。にもかかわらず、第Ⅰ部で示したように、実態はそうなっていない。なぜなのだろうか。

どんな標語にも、それが標語となるに至る歴史がある。ある標語が標語になった当初は、その歴史が共有されている。その歴史とセットで、標語は本来の力を発揮する。だが、時代が下ると、歴史は忘れられ、標語だけが残る。こうしてその標語は空疎なものと化す。「患者から学ぶ」は、その言葉だけ聞けば、当然の理念だ。だから初学者が聞いても、「何をそんな当たり前のことを」とか「もちろんそのつもりです」としか思わないだろう。中堅やベテランも「当然そんなことはやっている」と思うかもしれない。

だが、私たちは、本当に「患者から学」んでいるのだろうか。そうであれば、なぜこんなに当事者研究が盛り上がり、自助グループが評価されているのだろうか。「共同創造」が主張されねばならないのだろうか。それは私たち専門家が「患者から学」んでいないからではないだろうか。第4章「凡庸さにとどまること――私の考える心理療法のエッセンス」、第5章「当事者から学ばされる」ではそうした疑問に取り組んでいる。

しかし、「共同創造」はあくまで「共同」創造である。当事者にすべてお任せし、専門家側はそれに追従すればよいという話ではない。専門家が専門家として機能するために何が必要か――それを考えたのが第6章「学派たちの政治」である。「患者から学ぶ」ためには、専門家集団の一員でなければならない。そういった逆説について述べている。

第4章 凡庸さにとどまること
私の考える心理療法のエッセンス

はじめに

私のオリエンテーションは精神分析である。精神分析の治療者の訓練においては、訓練セラピー、すなわち治療者自身が治療を受けることがもっとも重要であるとされる。ご多分に漏れず、私も治療を受けた／ている。本稿ではその経験を通して「心理療法のエッセンス」について考えてみようと思う。

だからこの文章は、「(患者としての)私の考える心理療法のエッセンス」をもとに「(治療者としての)私の考える心理療法のエッセンス」について述べるという構造をもっている。

そうした書き方に疑問をもたれる方もいることと思う。その是非についてはいったん棚上げし、まずは以下の治療記録を読んでみてほしい。

はじめの治療

修士を出た年に受けたはじめの治療は、指導教員に相談した際に名前を挙げてもらった三人の治療者のうち、第三希望の治療者とのものであった。

当時私は、精神分析にこだわりをもっていた。といっても、自分が治療者として精神分析的なことをできていたわけでもなく、ただただ本で知識を蓄え、それを餌に空想を膨らませていただけのことだ。その肥大化した空想のなかでは、治療者は私が考えもつかなかったような無意識についての解釈を――特に、治療者と患者の間の関係性を扱う転移解釈を――投与してくれることになっていた。

こうした空想を満たしてくれそうであったがゆえに、私はある治療者を第一希望にした。しかし、時間的金銭的にこの治療者とは折り合いがつかなかった。第二希望は、第一希望の方よりは「いかにも」ではないものの、本場に留学歴のある方で、やはり「精神分析的」に見える経歴をもった方だった。だがここでは二年待ちと言われてしまった。よって私は、第三希望の治療者にお願いすることとした。彼女は精神分析関連の資格をもってはいたが、書籍はおろか論文もほとんど書いていない人で、事前情報は無いに等しかった。

治療が始まると、私は大いに不満を抱くことになった。事前に抱いていたセラピーについての私の空想と、そこで実際に展開されたものが懸け離れていたからだ。彼女は、転移解釈を行うようなことはほとんどなく、きわめて凡庸に思えるコメント（当時の私は絶対にそれを「解釈」と呼称したくなかった）を続けていた。私は「この治療のどこが分析的なんだ!?」と心のなかで悪態をついていた――いや、実際に口にもしていた。それが「自由連想」だからだ。

この治療は四年の後に終結したが、正直、内容はあまり覚えていない。時たま芯を食ったことを言われたような気もするが、基本的には「なんか違うな」と思うことが多かったように思う。ただそれでも、彼女が私の話をちゃんと聞いていること、私に関心をもっていることはよくわかっていた。自分でも話したのを忘れていたようなことを、「そういえばこんなことがあったわね」と言われて驚いたという体験は、そのエピソードの内容は思い出せないのに今でも印象に残っている。

当時、何がどう作用してそういう感覚に至ったのかという機序はよくわかっていなかったが、この治療がなければ社会人としてうまく機能できていなかっただろうし、私生活でも難しさを抱えることになっていただろうという感触はあった。だから、終結を話し合うなかで、私は彼女に感謝を伝えていた。

その頃、私ははじめて学術雑誌に論文を投稿し、査読はまだ通っていないという状態だった。その論文は、彼女に治療を受けたからこそ書けたものだった。ある種、彼女との共著の論文だった。「論文が通ったら、雑誌に載るじゃないですか。そうなったら、先生の目にも触れると思うんで……強要することはできないですけど、読んでくれたらうれしいなと思います」。私がそう連想すると、彼女は言った。「当たり前じゃない。楽しみにしてるわよ。終わったら、同じ業界の同僚ですもの」。

そんな答えはまったく予想していなかった。「分析的」に、沈黙か、解釈か、が来るのだろうと思っていた。私の目からは涙が零れた。うれしかった。

そうして、この治療は終わった。

その論文は、査読を通過するのにけっこう時間がかかってしまった。そうこうしているうちに、彼女の訃報を人づてに聞いた。日曜日だった。彼女と面接を重ねた建物に、私の足は向かっていた。エレベータで五階に上がり、扉が開くと青いドアが変わらずそこにあった。でも彼女はもうこの世にいないのだ。悲しかった。しばし何をするでもなくホールに佇み、私は帰路に就いた。

それから少しして、論文は無事アクセプトされた。その通知を見ながら、私は心のなかでそれを彼女に報告し、感謝を伝えた。

二番目の治療

それから五年ほど経ち、私は二番目の治療を始めた。

はじめの治療は資格と関係なく受けたもので、今にして思えばかなり自由だった。それにひきかえ、この二番目の治療は、一応主訴となる症状はあったものの、それは職業的困難にまつわるものであり、日常生活で何か困っていたから受けたというより、資格のためという側面が強いものであった。だから、以前の治療のときよりもさらに強く、治療者に「分析的」であることを期待した。実際、彼は精神分析家だった。解釈も多く投与された。そこには精神分析の専門的な知が溢れていた。

この治療については、多くは語れない。★1 結論だけ言えば、私はこの治療をドロップアウトした。精神分析とは、精神分析家とは、何なのだろうか――私は深刻にそう問わざるをえなかった。

三番目の治療

それでも私は、資格のこともあり、次の治療を求めた。

彼は「聴く」ことを重視する治療者だった。だから、治療はほとんど私の連想で埋め尽くされた。彼はほとんど言葉を発しなかった。もちろん彼も、たまには「分析的」な解釈をすることはあったが、数少ない発言は、彼自身の連想の開陳や、日常会話のように感じられるものが多かった。それは、はじめの治療を受ける以前に私が思い描いていた「分析的」な治療者とは、やはり懸け離れていた。むしろその基準でいけば、はじめの治療者の彼女より、彼のほうがさらに「分析的」ではないようにすら思えた。ただ、彼が連想を伝えてくることで、彼が私の連想を定型的な解釈に当てはめ収束させることを目的としているのではなく、むしろ拡充しようとしていることが感じられた。「あなたの話をもっと聞かせてほしい」。そう言われているかのようだった。

あるとき彼は、「あなたは、本当にやりたいことをやれていないのではないか」という意味の解釈をした。私はたしかにそういうきらいがあると思いつつ、しかし同時に思ったこととして「人の役に立つことが僕のやりたいことだっていう可能性もあると思うんですよね」と連想した。すると彼は少し考え、「そうかもしれないね」と応じた。

なんでもないエピソードのように思われるかもしれない。だが私は、彼が私の連想について考え、自分の考えを修正した、と感じた。〝患者から学ぶ〟人なのだ、と思った。

そんな彼との治療を開始して一、二カ月のうち、私の身に変化が起こった。二番目の治療でまったく変化しなかった私の主訴が、さっそく改善の兆しを見せたのだ。これには驚いた。驚いたし、精神分析とは何なのだろうかという疑問がより強くなった。変化に解釈が必要でないとするならば、私は何によって変化したというのか——おそらくそれは「分析的」には治療的退行という言葉で説明できるのであろうことはわかる。しかし、何もそんな精神分析用語で括らなくてもいい気がする。

彼は、私のことを考えてくれている。そして、私の反応から学ぼうとしてくれている。それが端々から感じられる。むろん実際のところはわからない。だが、私がそう感じられていることが、重要なことなのだと思う。

この治療は現在も継続中である。だから、転移のなかで書かれている。それを私の行動化だと誹《そし》る向きもあるかもしれない。そしてそれは間違いではない。

ただ、現時点で私の主訴が改善し、自由に思考し、情緒を感じられる能力が増大しているのは間違いない。私は常に、「現時点での考え」を書いているにすぎない。この原稿もそれは同じである。

私の考える心理療法のエッセンス

上記の患者としての私の体験をもとに、以下では、治療者としての私の考える心理療法のエッセンスについて考えてみよう。

エッセンスその一――関心をもつ

「私の考える心理療法のエッセンス」というお題をもらった場合、おそらく多くの人は「患者への関心」に類するものを挙げるのではないかと想像する。それは、学派や領域を超えて共通だろうと思うからだ。マスターセラピストの注目するところは学派を違えていても同じであるとか、学派による違いよりも共通要因のほうが重要だとか、結局は治療の期間が治療結果をもっとも予測するとかいったことは折に触れて耳にする。実際そうなのだろう。そしてそれらは、「治療者が関心をもつ存在としてそこにいつづけること」の形を変えた表現なのだろう。

私はそれが必要にして十分な条件だとは思っていない。しかし、それなくして、どんなすばらしい技法、どんなすばらしいツールがあっても無意味であるとは思っている。その意味で、私の考える心理療法のエッセンスは、「患者への関心」だ。

極度に凡庸な答えだと思う。だが私自身、そう記されたあまたの書籍を読んできたが、上述の体験を経るまでは、その意味するところを本当にはわかっていなかったように思う。

エッセンスその二——専門知を偏重しない姿勢

むろん、私にそう思わせたのは患者としての体験だけではない。治療者としての体験に加えて、プライベートでの体験も寄与している。この凡庸なエッセンスを実感をもって理解するには、臨床経験と人生経験の双方が必要であったのだろう。

この、「専門知を偏重しない姿勢」が私の考える心理療法のエッセンスのその二だ。

治療者は、治療法について学ぶだけでなく、文学や哲学を読めともよく言われる。これについても若き私は「そんなものかね」と思っていた節がある。だが今ならその意味がわかる。振り返ってみると、おそらくキャリアの初期は、臨床経験や人生経験の少なさによる不足感をごまかすために、今すぐに獲得できるように思えた知識や技法を偏愛していたのだろう。

とはいえ、「年を取らないとわからないことがあるんだよ」で終わってしまっては、中堅にさしかかった心理療法家からの人生訓（悪く言えばマウント）で終わってしまうので、もう少し学術的な議論を加えておこう。

「治療者には人生経験が必要か」というテーマは、業界内で繰り返し話題となり、ときに肯定され、ときに否定されてきた。ふつうに考えれば、人生経験を積んでいたほうが他者を理解するにあたって有利なのは当然のことのように思える。にもかかわらず、「そんなことはない」という声は根強い。

そうした場合に批判の矢が向けられるのは、「私も鬱病を経験したので鬱病のことはお任せ」というような、過度な一般化を伴う治療者のケースである。実際には、鬱病を経験しているからこそ他者の鬱病についてわからなくなることがある。それは事実だ。だからそうした「当事者治療者」に専門家は警鐘を鳴らす。しかしやはり、経験しているからこそ鬱病の質感を共有できるところのほうが大きいのではないだろうか、と私は思う。

なのになぜ、否定の声が根強いのだろうか。「専門家」が「人生経験など必要ない」と言いたがるのは、若き私がそうであったように、「自分たちは専門的なスキルに基づいて援助を行っているのであり、素人とは違うのだ」と思いたいからなのではないか——

このあたりを整理したのが東畑（二〇二三）の「専門知」と「世間知」という概念化である。

専門知は説明の必要がないだろう。世間知は、「学校を出たあとに学ばれる、専門知の外側に存在する知」であり、「自分の人生を真剣に生きることで、あるいはさまざまな人生を生きるユーザーたちとの臨床経験を重ねることによって、世間というものがどういう場所で、どうすると生きやすく、どうなると生きにくいのかを身をもって知っていく」ものであるという。つまりは、世間知の獲得には人生経験が必要なのだ。東畑はそれを「高度な専門知を超スピードで習得することはできるとしても、世間知を得るのにはどうしても人生の時間がかかるから、若き天才治療者というのは現れ難い」と表現している。

心理療法には専門知と世間知の両者が必要であり、一方だけでは暴力となりうる——これもまた、凡庸な結論である。私たちは、「私たちは特別なことをしている」と声高に主張するのではなく、この凡庸さを甘受せねばならない。

だがそれは、言うは易く、行うは難いものである。実際には専門知はしばしば暴走し、「患者から学ぶ」ことを阻む。

エッセンスその三——患者から学ぶ

私の考える心理療法のエッセンスその三は、「患者から学ぶ」ことだ。これはエッセンスその一の「関心をもつ」が基礎にあってのものである。その一を満たしていたとしても、患者から学ぶ気がない治療者は枚挙にいとまがない。私自身、治療者としてそうなってしまっているときは多々あるだろう。「関心をもつ」よりさらに一歩進んだものが「患者から学ぶ」なのだ。

強調すべきは、「患者から学ぶ」は「関心をもつ」以上に空虚なスローガンに堕しやすいものであることである。『患者から学ぶ』(Casement, 1985［一九九一］)を著したパトリック・ケースメントが言うように、治療者は容易に「つながりをつけるエキスパート」となる。

> 私たちはほとんどあらゆるものを、なんでもかんでもとつないでいくことができます。そのうえ、そのつなぎ方がどんなに大胆で荒っぽくても、このつながりを裏づける理論をいつでも使えます。そうして、このつながりがうまく噛みあわないときには、患者のほうが私たちの見方にとてもうまく則ってなんらかの防衛的思考を用いていると決めつけるのです。
> (Casement, 2002［二〇〇四］)

ここに私が自身の治療を披歴した意図がある。私は臨床家であり、在野の研究者でもある。いくらか学術論文も書いている。だからこうして、エッセイを書く機会を与えられる。

だが、これが一介の患者であったらどうだろう。こうやって自身の治療を公表すること自体が行動化だし、未解決の病理が表れている。ゆえに、耳を傾ける必要はない――そうやって処理されるのではないだろうか。

それで本当に、治療者が「患者から学ぶ」ことは可能なのだろうか。それでは結局、治療者側に都合のよいことしか学ばれないことにならないだろうか。

この問題にチャレンジした先達はいくらかいる。その一人に、ジェイムズ・デイビスという人類学者がいる。彼はイギリスである精神分析インスティチュート(訓練機関)に入り、自身も心理療法家としての訓練を受けつつフィールドワークを行った。その成果は『心理療法家の人類学』(Davies, 2009［二〇一八］)にまとめられている。原題は“The Making of Psychotherapists”、つまり「心理療法家のつくり方」であるその著作には、どのようにして心理療法家が「つくられる」か、インスティチュートにおいて異分子がいかに巧妙に排除されるかが記されている。

本書は二〇一八年に邦訳されたが、少なくともわが国ではそれほどの影響力をもたなかったように思う。その処理の仕方はさまざまであったが、そのひとつに「これは精神分析から離れていった人たちの物語である」というものがあった。つまりは「分析が完遂せずに不十分だったからこのように思うのだ」という主張らしい。

私はここに、「患者から学ぶ」という姿勢とは真逆のものを見る。ドロップアウトした患者からは、学ぶべきことはないということなのだろうか。もしくは、ドロップアウトした患者は、「患者」には含まれないということなのだろうか。いずれにせよ、ここではケースメントの言う「つながりをつけるエキスパート」としての能力が如何なく発揮されていると言わざるをえない。

私は以前こうしたやり方を「無意識論法」（山崎、二〇二一）と表現した。定義上、無意識は本人にはわからないわけなので、他者から「あなたは無意識にはこう思っている」と言われると反駁の余地がないことになる。治療者のほうが無意識を知っており、患者自身は無意識を知らないと考えるのであれば、「患者から学ぶ」ことは不可能になるだろう。無意識を措定する精神分析の理論モデルと、「患者から学ぶ」は決定的に相性が悪い。

とはいえ、この問題は精神分析で如実に表面化するものであることはたしかだが、しかし精神分析に限ったものだというわけでもない。どのオリエンテーションであろうとも、自らの専門知に拘泥し、「自分のほうがわかっている」と思えば、「患者から学ぶ」ことは不可能になる。

おわりに——若干のエクスキューズ

さて、冒頭、「まずは以下の治療記録を読んでみてほしい」と記してここまでおつきあいいただいたわけだが、それは「患者から学ぶ」という甘言について今一度、考えていただくための仕掛けであった。そのもくろみが成功していることを祈るばかりである。

その確率を向上させるために、最後に少しエクスキューズをしておきたい。

まず、精神分析と心理療法は違う、という批判があるかもしれない。私はそれに反論するつもりはない。本稿はあくまで「私の考える心理療法のエッセンス」である。

もうひとつ考えられる批判は、「これはあくまであなたの体験にすぎない」というものである。これについては、私自身そう思う気持ちもある。私は患者であると同時に、治療者でもある。治療者目線で言えば、あくまで患者としての私の治療体験はn＝1の、ワンオブゼムにすぎない。そこから普遍的な「心理療法のエッセンス」を引き出すのは無理があるようにも思わなくもない。

相性の問題もある。具体的に言えば、二番目の治療者とよい体験をもっている患者も知っているし、三番目の治療者と悪い体験をもっている患者も知っている。誰にでもよい体験をもたらせる治療者はいないし、誰にとっても悪い体験をもたらす治療者もいない、というのが現実だろう。この意味でも、私の体験のみから一般化することには危険があることは承知している。

だがそれでも、患者のn＝1を大事にすること、「関心をもち」、「専門知を偏重せず」、「患者から学ぶ」ことこそが、心理療法という、人と人との一筋縄ではいかない実践を善きものとするために必要だと、私は思うのである。

解説

本稿は、『こころの科学』誌二三〇号、特集「私の考える心理療法のエッセンス」に寄稿したもので、私がこれまで書いてきた論文のなかでも気に入っているものである。それはそれだけ敵を作りかねないものだということでもあるのだが、なかなか切れ味があるものになっていると思う。

いわゆる「治療者」の記した被治療記録には、前田重治（一九八四）による『自由連想法覚え書』などがあるが、和書ではそう多くない。さらに言えば、こうした批判的な要素が含まれている被治療記録は、私の知る限り、さらに少ない。

いわゆるふつうのセラピーと違い、治療者が治療を受けると、多くの場合、治療が終わってもその治療者との関係が切れることはない。たとえば学会で顔を合わせるといったことは茶飯事だろうし、人によっては同じシンポジウムに登壇したりせねばならないかもしれない。こうした状況で、自分の受けた治療を批判的に文字に残すのはなかなか難しいことは十分に理解できる。

だが実際には、私の「二番目の治療」のようなことは、訓練セラピーに限らず、ふつうのセラピーでも稀ならず起こっている。にもかかわらず、それが公に論じられることは極めて少ない。それはひとつには、本文でも記したように、私たちは治療破綻の責を患者に負わせる術を発達させてしまっており、合理化することが容易だからだ。そしてもうひとつには、これも本論で記したように、ふつうであれば治療を去ったクライアントの声は聞かれることがないからだ（近年はSNSなどで可視化されるようになったが）。こうして治療者は、耳の痛い声は無視できる、それどころか心的にはなかったものにすることが可能になってしまっている。このような構造を棚上げした上での「患者から学ぶ」というスローガンは、虚しさ以外に何ももたらさない。

私はこの構造に一石を投じたかった。いつものように、素材は精神分析だが、心理臨床でもことは同じである。

本稿は、「ドロップアウトした」クライアントがその体験を述べることで、第I部で述べた「ユーザー評価を積極的に学問に導入していかねばならない」という理念を実践しようとしたものだと言える。

本論は、私の置かれたどっちつかずなポジションの特異性が生んだ産物であり、次々に産出されるようなタイプのものではないだろう。治療者としてよりも、当事者として書いたものとしてお読みいただき、そして声なき当事者たちもこうしたことを思っているのかもしれないという空想力を働かせる機会としてもらえればうれしく思う。

†註

1——山崎（二〇二四）では、もう少し詳細に述べた。

†文献

Casement, P. (1985) *On Learning from the Patient.* Routledge.（松木邦裕＝訳（一九九一）『患者から学ぶ——ウィニコットとビオンの臨床応用』、岩崎学術出版社）

Casement, P. (2002) *Learning from Our Mistakes : Beyond Dogma in Psychoanalysis and Psychotherapy.* Routledge.（松木邦裕＝監訳（二〇〇四）『あやまちから学ぶ――精神分析と心理療法での教義を超えて』、岩崎学術出版社）

Davies, J. (2009) *The Making of Psychotherapists : An Anthropological Analysis.* Routledge.（東畑開人＝監訳（二〇一八）『心理療法家の人類学――こころの専門家はいかにして作られるか』、誠信書房）

前田重治（一九八四）『自由連想法覚え書――古沢平作博士による精神分析』、岩崎学術出版社

東畑開人（二〇二三）「善き治療とは何か――あるいは、イワシの頭に癒されていいのか」、笠井清登＝責任編集／熊谷晋一郎・宮本有紀・東畑開人・熊倉陽介＝編著『こころの支援と社会モデル――トラウマインフォームドケア・組織変革・共同創造』、金剛出版［二一八―二三九頁］

山崎孝明（二〇二一）『精神分析の歩き方』、金剛出版

山崎孝明（二〇二四）「資格をめぐる権力――精神分析コミュニティに創造性の場所はあるのか」（精神分析的心理療法フォーラム一二）

第5章
当事者から学ばされる

「患者から学ぶ」というスローガンは、美しい。とても耳あたりがよい。なんだか自分の臨床がまるで善行であるかのような気になれる。

——だが、私はここに何か引っかかりを覚える。私たちは本当に、そんなに善いことをしているのだろうか。

二〇年ほど前の『精神療法』の連載「患者から学ぶ」に、精神分析家の藤山直樹による「もっとも患者は教えてくれるだろうか」と題されたエッセイがある（藤山、二〇〇二）。連載では他の多くが文字通り「患者から学」んだことについて書かれるなか、そこでは患者でも治療者でもない何か——これまた分析家のトーマス・オグデンはそれを「サード」と呼んだわけだが——によってもたらされる理解について述べられている。つまりは、「治療者は治療中に何かを学ぶことはあるが、教えてくれる主体は別に患者ではない」ということだ。当時は人口に膾炙していなかった用語を使ってみれば、治療者の「学び」は中動態的に発生した事態である、というところだろうか。

藤山は私の指導教員である。だから大学時代、図書館で過去の『精神療法』誌を漁って、そのエッセイも読んだ。そして感動した。基本線は今も変わらない。だが、臨床経験を積んでみると、藤山のエッセイだけでは今の私の抱える引っかかりは十分に説明されないように思えてくる。これはどうしたことなのだろうか。

この違和感を手掛かりにして、考えてみたい。

＊

近年、「患者」という言葉よりも「当事者」という言葉が好まれるように思う。

おそらくそれは、本来「患い、困っている人」という意味しかなかったはずの「患者」に、いつの間にやら否定的なニュアンスがこびりついてしまったからなのだろう。ありていに言えば、「患者」には「弱い」というイメージが付与されているように思う。そういった「弱者」であるところの「患者」から学ぶ、という構図には、「強者たる治療者が弱者の患者に配慮してあげないといけない」とでも表現できるような、どうにもパターナリスティックなものが潜んでいるのを感じてしまう。

一方、「当事者」という語はどうだろうか。もちろん「当事者」は千差万別だ（むろん本当は「患者」もそうである）。だが「当事者」は「主権」とか「運動」といった言葉と接続されるからか、この語はむしろ「強い」印象を与える。彼／彼女らは、治療者からの「配慮」を必要とするような存在ではない。彼／彼女らは解釈など、配慮など求めていない。自らの望むところを把握しており、それに基づき権利を主張し、勝ち取る存在である。

こう考えると「患者から学ぶ」と「当事者から学ぶ」とでは、イメージされる事態がだいぶ変わってくることがわかる。

患者と当事者、という主題系を考える上で重要なのは、治療者は「患者」の姿を目にすることはできても、「当事者」の姿を見ることはできないという点である。何を言っているのかと思われるかもしれない。患者と当事者は同一人物だろう、と。

たしかに両者は同一人物の別の側面を形容した用語である。だが、別側面を形容しているということは、両者の指すところはまったく同一ではないということでもある。

患者は治療者の前にしか存在しない。治療者との対面によって、その人ははじめて「患者」となる。風邪を引いていれば、その人は「病人」かもしれないが、受診していなければ「患者」ではない。患者は、あくまで治療者のカウンターパートとしてしか存在しない。

それに対し、「当事者」は他者との関係によって定義されるものではなく、自己定義である。治療を受けていようがいなかろうが、治療者がいようがいまいが、当事者は世に存在している。ここに決定的な違いがある。

治療者は、患者の当事者としての姿をふだん決して目にすることができない。なぜなら、治療者は治療の場において権力者だからである。「権力者は、下位者が自分のいないところでどんなふるまいをするかを、ついに知ることがない。光のあたる場所を闇の側から見ることはできるが、光のあたる場所から闇を見ることがむずかしいのと同じ道理だ」(上野、二〇一八)。目の前の「患者」が「当事者」のすべてだと考えるのは治療者の傲慢というものだろう。

だから私たち治療者は、節度を知らねばならない。私たちはあくまでも「患者」に利用・使用される存在である。当事者の問題すべてに関わることは原理的にできない。できることをするしかない。本来できないことを無理に行おうとするのは、治療者の自己満足にすぎない。

だが時折、治療において何かが破綻したとき、目の前の「患者」は「当事者」として私たちの前に姿を現すことがある。

というより、考えてみれば精神分析は、そうした事態をあえて招来するために各種の設定を設えているのかもしれない。患者と治療者は、定期的にセッションを重ねる。そこではいわゆる転移が醸成されることになる。すると、両者の間には特別な結びつきが生まれる。患者は治療者に期待することとなる。それは治療者としての機能を超えた期待だ。だから、治療者はそれを満たすことができない。こうして治療には危機が訪れる。

それは、患者と治療者というカップルが営むことになっている治療の前提が崩れかかっている事態である。だが同時に、患者の本質的な部分に触れている時間でもある。そこにいるのは、もはや患者と治療者ではない。当事者と治療者である。

このとき、私たちは治療者として脅かされる。患者と治療者という権力勾配から離れたところで、個と個として——当事者として——向き合うことが求められる。ここが分かれ目だ。ここで治療者という役割に閉じこもって身を守るか、それとも個としてそこに立ち現れるか。

患者と治療者の双方が当事者となった場合、そこに待っているのは「患者から学ぶ」という語から想像されるような、あたたかい交流ではない。フロイトが転移を爆薬に喩えたように、時には双方が傷つけ合うような事態になることも珍しくない。だが、そうした「共苦的プロセス」（上田、二〇二三）を経なければ得られない達成があることを知っている治療者は少なくないはずだ。

＊

「患者から学ぶ」というスローガンは、美しい。私は冒頭でそう述べた。だがそれは、美しすぎる。苦しみが漂白されている。これこそが私の抱いた違和感の正体だ。

患者は私たち治療者に何かを「教える」「学ばせる」ために金や時間を費やしているのではない。彼／彼女らがコストを払っているのは、自分が楽になるため、自分が成長するためだ。だから、いくら「患者から学ぶ」と綺麗事を言っても、私たちの仕事には、患者という「弱者」から、治療者という「強者」が搾取する側面があることは否定できない。この勾配は、治療者側の意識の持ちようでどうにかなる問題ではない。私たちの営みは不可避的に加害性をまとっている。

その加害性・権威性・搾取性を引き受けられない治療者もいる。そういう人にとって、「患者から学ぶ」というスローガンは、福音のように感じられるだろう。だがその甘言の美しさは、否認の上に成り立っているにすぎない。「学ぶ」という語が能動態であることも疑問である。この語法は、まるで治療者側に学ぶか学ばないかの選択権があるかのような錯覚を与えるからだ。

実際のところ、たしかに、「患者」から学ぶか学ばないかは、治療者が決められるのかもしれない。なんといっても背景には権力勾配がある。状況の定義権こそが権力である、というミシェル・フーコーを援用した信田さよ子の言が思い出される。意図的に学ばない場合の結末は、言うまでもない。考えるべきはそこではない。問題は、患者が教える気がないのと同様、いやそれ以上に、当事者は治療者に「教える」気などないだろう、ということだ。だから、治療者側が「学ぶ」などという穏当なことにはなかなかならない。当事者から突き付けられて起こる変化は、結果的に「学び」になることは多々あっても、治療者が能動的に学ぶか学ばないかを選択できるような類のものではないのだ。そこで治療者は、あくまで受動的に、「学ばされる」だけである。受身的に、強制性に変化させられるのである。変わりたくて変わるのではない。変わらせられる――それが私の実感である。だからそこには治療者側の苦痛がある。「患者から学ぶ」という美しい言葉では、それが十分に表されていないのだ。

いたずらにヒロイックになりたいわけではないが、臨床は美しいこと、楽しいこと、心温まることばかりで構成されるわけではない。経験を重ねると、好むと好まざるとにかかわらず、治療者は権威を着せられることになる。すると、「患者」とは会っていても、「当事者」には出会えなくなるのかもしれない。そうした状況を自覚しない治療者から発せられる「患者から学ぶ」はあまりにも空疎だ。当事者と出会うチャンスを確保しつづけるために、私たちは常に（患者からではなく）自らを学ばねばならないのだ、と思う。

解説

本稿は『精神療法』第四九巻第五号の「患者から学ぶ」として寄稿したものであり、前章「凡庸さにとどまること——私の考える心理療法のエッセンス」と対をなすものである。両者を読むと、私がここで言っていること——「患者（私）は治療者に何かを教えるために金や時間を費やしたのではない」——が、体験に基づいた言説であることがよくわかるだろう。前章ほどわかりやすくはないだろうが、実はここでも、「ユーザー評価を積極的に学問に導入していかねばならない」という理念を実践しようとしている。

ただし、本稿はより治療者側の目線からこの問題を扱っている。クライアント側からすれば「治療者に何かを教えるために金や時間を費やしているのではない」というのは当然のことだが、治療者側からすると、やはり自身の生きてきた歴史や価値観を根底からひっくり返されるような経験は、容易に消化できるものではない。その難しさを棚上げして「患者から学ぶべき」という理念を掲げていても、それは結局実現されない。「患者から学ぶ」ことを実現するためには、逆にその困難や痛みをきちんと取り上げることが必要であるという考えから記されたのが、本稿である。

「患者から学ぶ」には、一時的に主体性を手放すような危険な橋を渡らねばならない。私たちの仕事は、そういう危険なものなのである。今一度、その危険さを思い起こしてもらえればと思う。

†文献

藤山直樹（二〇〇二）「もっとも患者は教えてくれるだろうか」、『精神療法』二七－六［六八二－六八三頁］
上田勝久（二〇二三）『個人心理療法再考』、金剛出版
上野千鶴子（二〇一八）「アカデミズムと当事者ポジション」、熊谷晋一郎＝責任編集『当事者研究と専門知——生き延びるための知の再配置』（『臨床心理学』増刊第一〇号）、金剛出版［一一二－一一八頁］

第6章

学派たちの政治

はじめに

私のオリエンテーションは精神分析である。だが学派となると、誰に聞かれるかによって答えが変わってしまう。

精神分析の人から「あなたの学派は？」と聞かれたら、私は「強いて言えば、独立学派かな」と答えるだろう（あまり自分を何々学派、として規定していない）。ここで比較されているのは、自我心理学、クライン派、関係論、自己心理学、ラカン派……といった精神分析の「学派」である。

これが、精神分析をオリエンテーションとしていない心理職から「あなたの学派は？」と聞かれたのであれば、「精神分析です」と答えるだろう。ここで比較されているのは、認知行動療法、パーソンセンタードアプローチ、ブリーフセラピー……といった、これもまた「学派」である。

近年、公認心理師教育が心理職教育の標準となるのと歩を合わせるように、学派という概念は存在感を失いつつあるように見える。それは、のちに述べるように、学派の悪しき側面が広く理解されるようになったからだろう。いまや「精神分析の人」「CBTの人」という自認よりも、「スクールカウンセラー」「産業領域」などといったように、領域にアイデンティティを求める心理職が増えているように思う。

その意味で、私は旧世代の心理士であると言わざるをえない。『精神分析の歩き方』(山崎、二〇二一)という学派名を冠した書籍すら出版している私は明らかに「学派の人」である。

だが、実際のところ、精神分析という学派の内部での私の立ち位置は微妙なところにある。精神分析コミュニティのなかでは「あいつは精神分析じゃない」と言われ(「精神分析」を「週四回以上」という厳密な意味で使うのであれば、私はたしかに「精神分析」を受けたことも実践したこともないので、正しいことは正しい)、外では「あいつは精神分析だから」と言われる、というどっちつかずのポジションなのだ。結果、どちらの側からも批判されがちになる。どっちつかずのコウモリは、学派の排他的側面を刺激する。だから私は、「学派」というものの負の側面を嫌というほど味わっている。

友人である東畑開人はよく、「破門されてからが勝負」と言っている(彼はユング派から破門されたと感じているらしい)。だから私も精神分析から破門されれば――というか離脱すれば――いいのかもしれない。そうすれば思索も臨床も自由になるのかもしれない。にもかかわらず、現在私は日本精神分析協会の研修生であり、「学派の人」への道をひた走っている。離れればいいのに、と自分でも思う。でも離れない。なぜなのだろうか。「学派」とは、なんなのだろうか。現代においても必要なものなのだろうか。

「学派①」間の戦い

上で見たように、「学派」にはいくつかの層がある。学派について考えるため、ここでは精神分析を例に取って考えてみよう。便宜的に、精神分析というオリエンテーション内部での学派を「学派①」、外部での学派(オリエンテーション）を「学派②」とする。

誕生の力動

精神分析はフロイトによって一九〇〇年前後に創始された体系である。初期にはユングやアドラーといった人もサークル内にいたが、のちに彼らはフロイトと袂を分かった。それぞれ現在ではユング心理学／分析心理学、アドラー心理学／個人心理学と呼称され、精神分析の外部で「学派②」を形作っている。「学派②」としての精神分析のなかではじめに学派（①）という概念が明瞭に立ち現れたのは、クラインが登場したときだろう。クラインは、ジョーンズの招きによって一九二七年にロンドンを訪れたのち、天才的な臨床勘で熱狂的なフォロワーを生み出した。クラインの理論は非常に独創的で、当時「正統」とされていた精神分析、すなわちフロイトの精神分析と同じ精神分析と括るには無理があったように見える。だから本来クラインは、ユングやアドラーのように精神分析を離れ、「クライン心理学」なる「学派②」を形成してもよかったのかもしれない。少なくともそのほうが、精神分析概念を混乱させることなく、「精神分析とは何か」という現在まで続く問いの解決を困難にすることはなかっただろう。だが、彼女はその道を選ばなかった。論理的な整合性はさておき、とにもかくにも彼女は「私はフロイトを超えていない」という立場を堅持しつづけた。

こういったある種の屁理屈によって彼女が精神分析内に留まろうとしたことで、精神分析コミュニティはその内側に大きな異質性を包含することとなった。この困難な状況を打開するために、「学派」概念が必要となったのである。逆に言えば、それまでは異分子があれば破門／離脱していたがゆえに精神分析はひとつの精神分析でありつづけることが可能であったのだが、ここに至ってその方策が維持できなくなったのである。

クライン派の形成に呼応して、当時まだ存命だったフロイトと、血統的にこの上なく「正統」である娘のアンナ・フロイトが発展させていた「精神分析」はのちに自我心理学と呼ばれることとなった。「クライン派」ができたからこそ、「自我心理学」も成立したのである。

学派の形成における人間関係の影響

とはいえ、クラインはなぜ精神分析内部に留まろうとしたのだろうか。クラインの理論はフロイトを超えている部分があるのだが、フロイト理論と整合性をつけようとするあまり、一部いびつなものになってしまっていることは否めない。となれば、これは理由を合理的に推測できる類の問題ではなく、感情的な問題だということになる。異分子が内部に留まりたいと思うか、そして創始者がそれを認めるか否かによって、「学派②」内部に留まって「学派①」を形成するか、飛び出して／パージされて新たな「学派②」を形成するかが決まるのである。ユングやアドラーが精神分析とされ、逆にクラインが精神分析でないとされた世界線は十分にありえたものだっただろう。ここに「学派たちの政治」の片鱗を見ることはたやすい。

私は以前「精神分析に最大公約数は存在しない」と述べた（山崎、二〇二二）。その理由のひとつは、何が精神分析で何が精神分析でないかの決定は、ここまで見てきたように強い政治的な影響下で行われるものだからである。理論の異同で考えればグルーピングできないような種々の学派が「精神分析」という傘の下に集っている状況を、論理的に説明しようとしても無理がある。よって、「精神分析とは何か」を純理論的に、つまり政治を棚上げして考えることは不可能だ、と結論づけるしかない。

一九三九年のフロイト没後、ともに精神分析であるということになったクライン派と自我心理学は対立を深めていった。それは、どちらが実践において有益かという臨床的な水準においてでもあったが、より具体的には、まだ何色にも染まっていない訓練生をいかにして獲得し、自陣営に組み込むかという争いでもあった。

こうした状態が憂慮され、英国精神分析協会において両者の討論会、いわゆる「大論争」が行われることとなった。論争はクライン派が勝利をおさめ、イギリスではクライン派が中心を占めるようになった。一方の自我心理学は、第二次世界大戦の影響でユダヤ人分析家がアメリカに亡命したことも手伝い、彼の地で発展を遂げることになる。

その経過も非常に政治的なものだが、紙幅の関係でそれは追わない。学派の形成には人間関係が大きく関わっている、ということを押さえてもらえればよい。学派は単に理論的・臨床的な問題ではなく、治療者側の人間関係によって決まる部分がある、政治的な生きものなのだ。

ちなみに精神分析からは、すでに挙げた分析心理学や個人心理学以外にもたくさんの「学派②」が誕生している。たとえば、今や第一選択となることも多い認知行動療法の源流の一方である認知療法はベックによって創始されたものだが、彼はもともと精神分析の訓練を受け、神経症者の夢について研究していた。パーソンセンタードアプローチのロジャースも当初は精神分析の訓練を受けており、臨床経験を積むなかで自説を発展させていった。もちろんここにも「学派たちの政治」がある。

私は精神分析の「学派①」にしか明るくないが、他の「学派②」にも複数の「学派①」があることには変わりはなく（たとえば、「日本認知療法・認知行動療法学会」と「日本認知・行動療法学会」があるように）、そこで「学派たちの政治」が行われていることにも変わりはないだろう。

「学派②」間の戦い

戦いの舞台——訓練生の獲得をめぐって

前節では「学派①」間の戦いについて見たが、「学派②」間の戦いはより苛烈なものである。それは、前節で述べたような人間関係の問題に起因するものだけではなく、思想を戦わせてきた歴史でもあるからだ。

学派概念が力をもっていた一昔前は、『心理療法の交差点』（岡ほか、二〇一三）、『心理療法の交差点2』（岡ほか、二〇一六）のような「学派を超えた事例検討会」といった趣の企画がよく催されたものであった。というよりも、大学院教育における事例検討会こそがそれそのものであったという人も少なくないだろう。この形式になると、コメンターは「精神分析の教授はこの人」「認知行動療法の教授はこの人」といった形で配されることとなる。その構造は、コメンターに必要以上に「学派らしい」発言をすることを促す。「このクライアントにとってどのような介入がよいか」ではなく「わが『学派②』的にはどういった介入がよいか」を述べるようにナッジされるのである。この状況は「どの学派がより正しい／優れているか」という勝負を生みやすい。ゆえにその時間は不毛なものとなりがちである。

ここでは、精神分析における「大論争」で述べたのと相似形をなす事態が発生している。クライアントそっちのけで自陣営の正当性と優越性を示し、訓練生＝学生を獲得するための時間となっているのである。参加者は、クライアントよりも学派（を表象する○○先生）に忠誠を誓うことが、クライアントを学派的言説に合わせることが重要だ、と（誤）学習することになる。もちろんそうした学派間の議論が理論の精緻化という果実ももたらしたことは評価されて然るべきである。しかし、感情的な罵り合いに終始し、禍根を残すだけの結果に終わることが多かったのもまた事実であろう。それにより心理業界が一枚岩になれず、資格創設の障壁となったのはご存知の通りである。

自己肯定のための共有と排除

学派たちの間に学術的な議論は成立しづらく、戦いに堕しやすい。高度な学術的訓練を受けていても、そして他のトピックについてであれば冷静に議論できる人でも、学派間の議論になると、なぜかマウントの取り合いを始めてしまう。なぜなのだろうか。

それは、学派は単なる技法の集積ではなく、ある価値観を提供するものだからだ。価値観はある個人が信じているだけでは十分ではなく、他者と共有されることを求める。価値観を共有する者がいなくなれば、よくて少数者のカルト、悪くて個人の妄想となってしまう。ゆえに学派は、新たな人材の供給と、異分子の排除を求める。

また、特に力動系の治療者には顕著に意識されていることだろうが、心理職は依拠する学派の思想によって自身が癒されていることも見逃せない[★1]。その意味でも、学派は単なる技法の集積に留まるものではない（思想ではなく技法によって癒されたと感じていても、それは「技法によって癒される＝人は不要」という思想とセットである）。学派を否定されることは、自身の依拠する価値観を――宗教を、と言ってもよい――否定されることに限りなく近い。だからこそ、学派間闘争における反応は、苛烈な、感情的なものとなってしまい、なかなか学術的議論とはならないのである。

「そうした状況は日本の心理業界が成熟していないからこそ発生しているものにすぎない」という反論があるかもしれない。それには、『心理療法家の人類学』（Davies, 2009［二〇一八］）に収められている、イギリスのあるインスティチュートにおけるフィールドワークで収集された訓練生のエピソードを参照するだけで十分だろう。特にそこで描かれている、訓練生が学派の教義に対して疑念をもった際、いかにして「疑惑のマネジメント」が行われるかの実例は、誰しも見聞きしたり、実際に経験したりしたことのあるものだろう。たとえば、心理療法や組織への疑問が「抵抗」「羨望」といった用語で、訓練生の内的な「病理」とされ、外部の現実は不変のままに保全されるといったように、学派の言葉を使って、異端者は巧妙に排除され、学派の教義は維持される。それは、教会が「悪魔憑き」というキリスト教の世界観と用語を用いて異端者を排除するのと完全に同型である。

このように、学派には自陣営の正当性を示すために他陣営を批判しようとする力、信奉者を守り、異分子を排除しようとする力が内包されている。どの学派も自陣営の利益を最大化しようとするように動くし、自己肯定的で自己保身的な側面があることは否めない。それが悪しき方向に展開してしまった場合、カルト化することも避けられない（山崎、二〇二一）。この意味においても、学派は本来的に政治的なものだと言える。

統合学派・折衷派は学派問題の解か

となれば、学派という概念そのものがよくないのだ、クライアントに合わせて必要な技法を組み合わせて使うべきだ、という考えが誕生するのは当然のことだろう。それがいわゆる統合学派、折衷派と呼ばれる立場である。私はいくつかの点から統合学派には疑問を抱いている。最大の理由は、先述したように、学派の機能は技法の提供ではなく、人間観の提供にあると思っているからだ。各学派の技法は背景とする人間観と結びついているのであり、そこから引きはがして異なる学派の技法を「統合」しても、行き当たりばったりの支離滅裂な支援になりかねないことを懸念する。

もうひとつはより論理的な視点からの懸念である。興味深いのは、統合「学派」・折衷「派」と、ここでもまた「派」がつくことだ。いみじくも「日本心理療法統合学会」が存在することも、同様のことを示している。そのホームページでは「私たちが目指す心理療法の統合とは、特定の学派を否定するのでも依拠するのでもない形で、あるいは『一つの完成形』を目指すのでもなく、心理療法の発展をはかろうというものです」と紹介されている。むろんここに所属する会員は、ある学派を排除するつもりはなく、すべての学派を包摂するつもりだろう。上述の分類で言えば「学派②」ではなく、さらにメタな存在であることを目指しているようである。

だが、彼／彼女らも学会を組織化し、「派」を形成することからは逃れられない。結局のところ、それもまた「ある特定の学派を偏重することは望ましくない」という価値観を共有する、「学派②」の圏域である。であれば、やはり学派間の戦いから自由にはなれないということになる。

「三人寄れば派閥ができる」と言われるように、私たちは、それがいかに悪しきものだとしても、学派というものから逃れられないのかもしれない。

政治は悪なのか――もっと政治を

学派は悪なのか

以上見てきたように、たしかに学派はきわめて政治的なものであるし、それがゆえに戦いを繰り広げてきた。ここで改めて本稿で取り上げてきた学派の「政治性」を整理しておこう。それは、①人間関係で決まる部分があること、②訓練生の獲得を目的としていること、③自己肯定のために他学派を貶めたり異分子を排除しようとすること、である。

これらの要素は、「臨床的に有用か否か以外の要因によって、臨床における善し悪しが決定されること」と括ることができるだろう。人によってはこれを「本質的ではない要因によって臨床的な決定がなされること」と読み替えるかもしれない。そしてもしそうなのであれば、学派の政治性は悪以外の何物でもないだろう。

近年、「政治的」という形容は批難のために使われることが多い。現代において「政治的」であることが嫌悪されるのは、国政レベルにおいても、もっと小さなコミュニティ内においても、善き政治が存在していないがゆえに、政治＝悪というイメージがこびりついてしまっているからなのだろう。

もし政治的であることが単に悪なのだとするのならば、本質的に政治的なものである学派という概念は捨て去ることが望ましいのかもしれない。実際、公認心理師教育はそちらの方向に舵を切っている。

だが、アリストテレスが〝Human beings are social animal〟と言ったように、人間は本質的に社会的／政治的／ポリス的な動物である。政治の否定は、人間が人間であることの否定に等しい。治療者も俗世を離れた超人ではなく一人の人間である以上、政治から逃れることはできない。

だからこそ、いくら私たちが学派を否定し、学派を離脱しても、そこには学派がある／できる。私たちはそういう構造のなかにいるのであり、意識していようとしていまいと、学派という概念を必要としているのだ。どう足掻いても逃れられないのであれば、私たちに必要なのは、学派の政治性から逃れようとすることではなく、いかように政治することが臨床に役立つかを考えることではないだろうか。

そのために、ここでは学派概念が完全に融解した世界を想像してみよう。そこでは、心理職一人ひとりが自身の人間観に基づいて臨床を行い、臨床における善悪を個人で判断することになる。心理職間で何を改善とするかの共通理解は存在しないし、目指される治癒像も千差万別だ。基盤がないのだから、たとえば不登校の子どもに対して積極的に働きかけるほうがよいのか見守ったほうがよいのかといったごく日常的な介入についても、その是非を議論することは不可能になる。こうした状況の先にはどのような未来が見えるだろうか。

人によっては、多様な思想の並立というダイバーシティ環境を夢想されるかもしれない。だが私の予想は違う。おそらくそこで起こるのは、バーチャル空間において国境が無効化された結果、ＧＡＦＡが世界を席巻したように、強者の、しかも単一の思想が業界のほとんどを覆いつくすという事態だ。つまりそれは、世間一般の価値観に心理職や心理臨床が飲み込まれることを意味する。そこで営まれる臨床に、多様性は存在しない。みながクライアントを画一の「あるべき姿」に象るように方向づけられることになる。

もちろんそういった網にはかからず、独自の活動を続ける者、そしてそれに追随する者も現れるかもしれない。だがそれはあくまで外れ値として扱われ、大勢に影響を及ぼさないだろう。むしろそういった治療者は「野の医者」（東畑、二〇一五）として扱われ、専門職セクターからは排除されるかもしれない。

学派が存在しないのであれば、常に「自分の頭で考える」ということになる。その標語はすでに現状の心理臨床界でも好まれているが、この姿勢は陰謀論に結びつきやすいことに注意が必要である。「自分の頭で考える」ことが重要なのは論を俟たないが、実際にはそれは「自分の頭だけで考える」こととよく誤解される。正確には「これまでの知見を十分に学んだ上で、自分の頭でも考える」ことが必要なのだ。この前半部分が抜け落ちると、「自分だけが世の中の真実／正解をわかっている」という陰謀論まではすぐである。学派がなくなることはこれまで先達の積み上げてきた蓄積が受け継がれなくなることに等しいので、こうした状況を招来する危険性も考えねばならないだろう。

こう考えてくると、学派の存在は、臨床における安全弁の役割を果たしてもいるといえ、絶対悪として切り捨てればよい類のものではないことがわかるだろう。

誰と政治するのか

私たちの仕事は、絶対の答えがあるようなものではなく、価値観を扱うものであり、本質的に不安定なものである。私たちは、その不安定さを受け入れ、その時点での最良を実現するために政治しなければならない。

ここで思い起こすべきは、治療者も超人ではなく一人の人間である以上、政治する——仲間を求める——ことからは逃れられない、という点である。となれば、むしろ公的に学派を――価値観を同じくする治療者仲間を――もたないほうが、「仲間」を求めて、クライアントに改宗を迫るという愚を犯してしまう危険性を高めるのではないだろうか。

私たちは臨床において、常にクライアントを相手に政治をしてしまう危険にさらされている（山崎、二〇二四）。だがそれは治療ではなく、布教である。そうならないために、私たちは治療者間で十分に政治しなければならない。政治は、学派間、すなわち治療者間でこそ行うべきものである。そこで十分に政治を行えるからこそ、私たちはクライアントに対して政治を行わずに、臨床を行うことができる。だからこそ私たちは、「意識していようとしていまいと、学派という概念を必要としている」のだとも言える。

この意味において、心理臨床界には、ある程度のサイズの複数のコミュニティ――つまり学派――が存在することが必要なのである。臨床は、複数の中規模コミュニティが並立するなかで、常に比較検討の目に晒されながら行われるのが望ましい。すべての人が同じ思想をもつ全体主義でもなく、すべての人が個人の思想をもつ島宇宙でもなく、適度なサイズを保つ機能こそが、負の側面をもちながらも学派が存在しつづけている理由なのだろう。

学派は、たしかにカルト化する危険性をはらんでいる。だがしかし、全体主義に対抗する盾となり、そして陰謀論をふせぐための箍《たが》となるという、正の側面も持ち合わせている。ゆえに、学派は、ただ「政治的だから」という理由で潔癖に廃棄すればよいものではないのだ。

私たちに必要なのは、互いの殲滅を目指した「学派たちの戦い」ではなく、異文化が共存するための「学派たちの政治」である、と言えるだろう。

学派が政治するために

最後に、いかにすれば学派たちが善く政治できるかについての私見を述べ、稿を終えたいと思う。

端的に言ってそれは、リチャード・ローティ（Rorty, 1989［二〇〇二］）言うところの「リベラル・アイロニスト」のスタンス――私的に特定の哲学や宗教を信じるのは自由だが、それを他人に強制することはないという態度――を保つことである。この場合の「リベラル」は「強制しない」ことを表している。しかし本来、哲学や宗教は普遍を志向するものであり、公的な存在であるはずなので、ここには矛盾がある。ゆえに「アイロニスト」なのである。この、私と公の分裂について意識的になることが、私たちに求められることだ。

学派の中核は人間観である。人間観はすなわち哲学や宗教に近い。治療者がそれを私的に信じるのは構わない。治療者間で政治するのもよい。そこはまだ私的な領域だ。だが、公的な空間に住まうクライアントに布教をしてはならない。[★2]

「学派たちの政治」こそが、臨床の複数性を担保し、治癒像の多様性を担保してきたという善き側面を、私たちは見落としてしまっているように思う。私たちがなすべきは、学派の政治性、そして学派たちの政治の批判ではなく、それを前提とし、学問の対象とし、それによって臨床の質を向上させることだろう。

おわりに

もちろんこの原稿も政治的な力動――学派間の対立ではなく、そもそも学派があったほうがいいという派と、そんなものはないほうがいいという派との対立――から逃れられているわけではない。私たちにできることは、そうした政治性を否認することなく、悪しき影響を最小限にし、善き影響を最大限にしようとすることだけだろう。

ゆえに私は、リベラル・アイロニストの姿勢を保ちながら、破門されずに、やはり「学派の人」の道を歩みつづけたいと思う。そして他学派との学問を通じた「政治」を行いたいと思う。それが臨床の質を向上させるため、そしてクライアントの安全を守るために、私たちに求められることだろう。

解説

本稿は『こころの科学』増刊号「心理臨床と政治」に寄稿したものである。

第I部でも、私は学派的言説をかなり批判的に扱ってきた。そのなかでも「学派的言説を諸悪の根源と思っているかのような印象を与えたかもしれない。だがそうではない」と述べたが、なかなかそのようには見えなかったかもしれない。実際、なぜ学派（的言説）が必要なのかについては、うまく語れないでいる期間が長かった。

というのも、ここまでの五つの章で扱ってきたように、学派的言説はクライアント／患者／当事者を害してきたことも、そしてそういう自己批判が不足していたことも、また事実だからだ。だから、まずは学派（的言説）の有害性について、きちんと主張する必要があった。それはそう難しい作業ではなかった。昨今の加害‐被害のスキームを取り入れれば、学派（的言説）の抑圧性や有害性は容易に論証できるからだ。

だが繰り返すが、私は学派（的言説）が不要だと思っているわけではまったくない。前著では「カルト」という強い言葉を使ってまで学派の負の側面を喧伝したわけだが、それは「学派は基礎として必要なのに、このままではそれが悪として切り捨てられてしまう」という危機感からの行動であった。

今や「なぜ学派が必要か」を論証することのほうが逆に難しい。だからこの原稿を執筆するのはかなり骨が折れた。第Ⅰ部で触れたように、現在の心理職教育に占める学派的言説の割合は、私が教育を受けた頃よりも相当に縮小されている。それは、学派的言説の有害性を縮減することでもあるが、同時に学派的言説の有用性を縮減してしまうことでもある。学派的言説と領域の知、どちらもが臨床には必要であると述べたことを思い起こしてほしい。

本稿があらためて、なにがしかの学派的言説に浸る重要性を（特にキャリアの浅い読者に）伝えるものとなっていることを祈るばかりである。

†註

1――山崎（二〇二一）で示したように、いわゆる「実証的」なタイプの学派は、価値観を内包していることを自覚しづらいが、価値観フリーの学派は存在しない。ゆえにこれはすべての心理職に当てはまることである。

2――たしかに、心理援助は、メタに見れば治療者の人間観とクライアントの人間観の交渉である（東畑、二〇一七）。しかし、交渉と布教は、似ているようで決定的に違う。交渉というからには、治療者側にも変化の可能性があるが、布教にはそれがない。

†文献

Davies, J. (2009) *The Making of Psychotherapists : An Anthropological Analysis.* Routledge.（東畑開人＝監訳（二〇一八）『心理療法家の人類学――こころの専門家はいかにして作られるか』、誠信書房）
岡昌之・生田倫子・妙木浩之＝編（二〇一三）『心理療法の交差点――精神分析・認知行動療法・家族療法・ナラティヴセラピー』、新

曜社
岡昌之・生田倫子・妙木浩之＝編（二〇一六）『心理療法の交差点2――短期力動療法・ユング派心理療法・スキーマ療法・ブリーフセラピー』、新曜社
Rorty, R. (1989) *Contingency, Irony, and Solidarity.* Cambridge University Press.（齋藤純一・山岡龍一・大川正彦＝訳（二〇〇二）『偶然性・アイロニー・連帯――リベラル・ユートピアの可能性』、岩波書店）
東畑開人（二〇一五）『野の医者は笑う――心の治療とは何か？』、誠信書房（文庫版―文藝春秋［文春文庫］（二〇二三））
東畑開人（二〇一七）『日本のありふれた心理療法――ローカルな日常臨床のための心理学と医療人類学』、誠信書房
山崎孝明（二〇二一）『精神分析の歩き方』、金剛出版
山崎孝明（二〇二二）「精神分析の活用法」、『臨床心理学』二二―五［五三九―五四四頁］（本書第7章）
山崎孝明（二〇二四）「心理療法とイデオロギー」（金子書房ｎｏｔｅ（note.kanekoshobo.co.jp/n/n0408fe7819b［二〇二四年七月二四日閲覧］））

第Ⅲ部

コモングラウンドを創出する

第Ⅲ部は四本の論文からなる。すべて『臨床心理学』誌に掲載されたものである。私は前著を「観光」をキーワードに執筆したのだが、この『臨床心理学』誌での一連の執筆もその延長線上にある。というのも、『臨床心理学』誌の宛先は、精神分析の内部にとどまらず、その「外」にもあるからだ。

ゆえにそこで、微に入り細を穿つような内輪ネタを炸裂させても仕方がない。内部の人からすれば眉を顰《ひそ》めたくなるような大胆な簡略化を厭わず、エッセンスを伝えることが重要になる。そうすることで「わかり合うのではなく、見知ること」が私の目指すところだ。見知ることができれば、議論のコモングラウンドが生まれることとなる。細部の議論はその後にはじめて可能になると考えている。

第7章「精神分析の活用法」では、精神分析の「つまみ食い」を推奨している。そう言うことに葛藤がなかったわけではないが、前著から続く「観光客」の受け入れ態勢があることを示したかった。これはのちに二〇二三年に共著で出版された『精神分析的サポーティブセラピー（POST）入門』につながる論考である。

第8章「治療構造論を更新する――認識論から主体化へ」では、私の考える日本力動学派の最大の貢献のひとつである治療構造論が、いまだ現役であることを示すことを試みた。第9章「子どもを巡るケアの声――スクールカウンセリングにおけるふたつの視点」は、領域を前面に押し出し、そのなかに精神分析の知を混入させるという方略を取った。これらは精神分析が「見知られる」ことを目標としたものである。

第10章『「ちょうどいい距離感」をいっしょに探る――自立という名の孤独、ストーキング、そしてパートナーシップ』に至っては、冒頭からエヴァをもってきている。学術書ではない書籍も引用したり、検討の対象にしている。より広い層にリーチすることを目指したものだ。

このように、第Ⅲ部は「見知られる」ことを目標に、「自己紹介」の機能を果たすことが期待される原稿を集めた。おのおのの論文の内容はさておき、背景にはそのような思想が通底している。

私のバックボーンは精神分析であるし、どれも（勝手に）「精神分析」を背負って書いたものだ。私はそこで、押しつけがましくないこと、精神分析至上主義ではないこと、を何よりも大切にした。

しかしそれでも、そこには精神分析のエッセンスが滲み出ていることだろう。読者がそれと気づかぬうちに精神分析に触れ、それが入口となり、実り豊かな議論を展開することのできるコモングラウンドを創出することに資することができれば、と願っている。

第7章 精神分析の活用法

はじめに

ありふれた臨床家がそうであるように、本書の読者の多くは精神分析を極めたいと思っているわけではないだろう。それよりも日々の実践をよくしたいと願い、その点において精神分析を「役立てたい」と思っているのではないだろうか。本章はそうしたニーズに最大限に応えようとするものである。

なぜ精神分析を「活用」するのか――ロマンチシズムとリアリズムの融合

善き権威がまだ信じられていた時代、精神分析はユング心理学と並んで心理臨床界の基礎であった。だが今や当事者の時代である。インフォームドコンセントとアカウンタビリティの時代である。そうした時代にあって、「無意識」を想定し、体験を強調する、インフォームもアカウントもしづらい精神分析の旗色が悪いことは否めない。心理職に求められることも変化してきている。ゆっくりと時間をかけてクライアントの内的世界を探求するといったことではなく、眼前の問題・課題を解決する援助が求められるようになったのだ。臨床心理士の標準的テキストと公認心理師のそれとを見比べてもらえれば、力動的なものに割かれているページ数の差は歴然としている。

変化はクライアント／ユーザーや社会の側にとどまらない。治療者／援助職側の変化にも目を向ける必要がある。

私は二〇〇八年に大学院修士課程に入学した。そのとき、私の母校では力動的な考えが主流であった。ふつうに生活していては触れることのない、クライアントの深奥な世界に触れる——そうしたロマンチックな考えがあったことは否めない。

だがすでにこの時期、心理臨床界においては実証的な考えが勢力を拡大していた。そこではそうしたロマンチシズムは嫌悪され、リアリスティックな利益が追求された。

誤解を招かないよう明言しておくが、私はそれが間違っているとか、「浅い」などと言いたいわけではない。ふたつの違う立場があり、この二〇年でその力関係は逆転したように見える、ということを言いたいだけだ。

こうした流れのなかで、心理職は「仕事」になっていった。ドライになったとも言えるし、プラクティカルになったとも言えるかもしれない。では以前は何だったのかと言えば、治療者側の「自己実現」という側面が強かったのではないか、と自戒を込めて推測する。それがよい結果を生んだこともあっただろうが、治療者の自己実現にクライアントをつきあわせ、ともすれば搾取する側面があったのも否定できないだろう。

だが、この点についても近年は事情が変わってきている。一時期までは治療者がクライアントを「つきあわせる」ことが問題視されていたわけだが、今や症状や困りごとにのみ焦点を当て、ユーザーという「人」に関わらなさすぎること、「つきあわない」ことが問題になっている。

これは、どちらのほうがよく、どちらのほうが悪いというような単純な問題ではない。ロマンチシズムにもリアリズムにも、メリットとデメリットがある。言えるのは、どちらかだけでは臨床に不具合が生じる、ということだけだ。

臨床心理士草創期、振り子は力動的なもののほうに振れていた。公認心理師草創期である今、その振り子は実証的なもののほうに振れている。繰り返すが、私には実証的なものを批判する意図はない。しかし同時に、力動的なものが不要であるとも思わない。だから、もう少し振り子を力動的なもののほうに振らせたい、と思っている。

ロマンチシズムとリアリズムの融合——精神分析を「活用」する目的は、そこにある。

活用再考

……と大きく出てはみたものの、自分は精神分析をどのように活用しているのかと考えると、まったく筆が進まず困ってしまった。

個人療法を行っている際にはもちろんのこと、スクールカウンセラーとして働いていても、リワークを行っていても、私の臨床のベースには精神分析がある。だから私は精神分析を活用しているはずである。それは間違いない。にもかかわらず、書けないのだ。

どうしたものかと考えるうちに、どうもここにこそ、精神分析の活用されない理由があるのではないかと思い至った。活用法の描写の困難にはおそらくふたつの要因がある。

イデオロギーとしての活用

まずひとつは、精神分析の本質が技法ではなく理解や態度にある、ということである。たとえば、認知再構成法、エンプティチェア、ミラクルクエスチョンといった技法があれば、それを切り出して活用してください、と言いやすい。だが精神分析にはそのようなものがない。基本的には、誰が来ても、どんな人が来ても、やることは同じだ。クライアントに自由連想を求め、治療者はクライアントを聞き、解釈する。そこにおいて技法の占める割合は小さい。

こう考えると、私が精神分析を活用していると感じているのは、私がそれらの現場で精神分析的な技法を用いているからではなく、精神分析的な理解をしているからではないかと思えてくる。ここで問題になるのは、その精神分析的な理解は職業人としての私を超え、個人としての私の価値観にも多大に影響を与えている、より正確に言えば形作っている、という点である。自分と分離した道具であればそれを活用するという感覚をもてるが、もはや自身の血肉となっているような思想については活用しているという感覚をもつことが難しい。

だがしかし、逆説的だが、この価値観の提供という機能こそが、精神分析の「活用」法なのだ。心理臨床は価値中立的だということになっている。むろん精神分析もそういうことになっている。だがそれは神話にすぎない（山崎、二〇二四）。価値観なしに臨床はできない。私たちの仕事から、クライアントを治療者の想定する治癒像に象るという要素を漂白することはできないのだ。「クライアントの主体化を促しているだけで、私は手を加えていない」と言って自らの責任と加害性を否認することは容易だが、それは欺瞞にすぎない。

そこで精神分析である。精神分析は、過度にイデオロギッシュであるとか、ドグマティックであるいう批判を多く受けてきた。それはつまり、価値中立的でないことに対する批判である。冒頭に述べたような近年の社会的潮流の変化により、そうした批判の声はより大きくなっているように思う。

私自身、精神分析がイデオロギッシュであることはまったく否定しない。というより、「価値観なしに臨床はできない」という事実に鑑みれば、それは否定されるべきことではない。むしろ、自身の価値観に無自覚で、無意識にそれをクライアントに押しつけてしまうことのほうが危惧されるべきである。私は前著で、すべての心理療法には独自の価値観があること、そしてそれを認識しやすいオリエンテーションとそうでないオリエンテーションがあることを指摘した（山崎、二〇二一）。後者は、その当時の社会一般の価値観、すなわち「常識」に沿った価値観をもったオリエンテーションである。現在で言えば、「科学的」な思考に親和性があるオリエンテーションがそれにあたる。

精神分析は非科学的である、という批判がよく寄せられる。フロイトはそれに対抗し、精神分析を科学に近づけようと努力した。だが私は、それは精神分析の可能性を狭める方向に向かわせかねないと思う。精神分析は科学的でない。そのような批判を受けたら、私は胸を張って「もちろんそうだよ」と答えたいと思う。

このあたりをレトリックを積み上げてそれらしく書くことは可能である（たとえば、精神分析は人文科学であり、その意味で「科学的」なのだ、というように）。だがここではそういった修辞は取り払って、ストレートに言おう。精神分析は、科学的ではない。そしてそれを「善い」ことでもあると考えている。

なぜか。それは、精神分析が対象とする人間が科学的＝合理的ではないからだ。人間を全体として取り扱おうとしたとき、私たちは非科学的＝非合理的な領域に手を出さざるをえない。だから精神分析は「非科学的」なのである。精神分析を貫く人間観は「人はままならない存在である」というものだ。私は前著（山崎、二〇二一）でそれを自己責任論の呪縛からの一部離脱を可能にするという意味で「やさしい」思想と表現したが、この人間観を身につけることで、患者と相対した際の羅針盤が得られる。これこそが、私の精神分析の活用法だ。

だがいかんせん、このイデオロギーとしての活用の仕方は求められるコミットメントが大きいし、一朝一夕に身につくものではない。ゆえに、なかなか精神分析は活用されてこなかったという面があるだろう。

つまみ食いとしての活用

私が精神分析の活用法についてうまく書けなかったいまひとつの理由は、精神分析の最大公約数を述べられないことにある。

精神分析にはいくつかの学派がある。学派によって考えはかなり違うし、部分的には真逆のことを言う場合もある。さらに言えば、学派を同じくしている治療者間でそうした事態が生起することさえある。穿った見方をすれば、みな自分が善いと思うことを、これこそが「分析的」なのだ、と言っているように感じることすらある。こうした状況では、その言葉を使うすべての人が同意するであろう「精神分析」を想定し、そこから特徴を抽出して活用してください、という形式で書こうとすると、上澄みの上澄みにしか言及できないという結果に陥る。当初私が試みていたのはそうしたことだった。

だが考えるうちに、私も実は精神分析を活用している、というより、すべての精神分析的臨床家は精神分析を活用していると言っても過言ではない、ということに気づいた。しかも、それは上で述べたようなイデオロギーとしての活用とは別の仕方によって、である。

精神分析には、最大公約数がない。「精神分析的」は、恣意的なものである。にもかかわらず、個々人にとっては「私の『分析的』」がある。それは私にとっても同様で、私には私の思う「分析的」がある。この一見ねじれたように見える状況を、どう理解すればよいのだろうか。

私にはとてもよくわかるように感じられる精神分析理論もあれば、まったくピンとこない精神分析理論もある。後者の立場に立てば同じ物事が別様に理解できるにもかかわらず、私は前者に基づいて物事を思考している。だから、私は精神分析のすべてではなく、一部のみを取り入れて「私の『分析的』」をつくっていることになる。言ってみれば、私は精神分析を「つまみ食い」しているのだ。これを、「活用」と言わずしてなんと言おうか。

これは、私に限ったことではない。精神分析家であってもそうなのだ。みなフロイトを、そしてその後の精神分析の発展をつまみ食いしている。そもそもフロイト自身の言っていることが変化と矛盾に満ちている。みな、自分の気に入ったフロイトを、そしてその精神分析を受け継ぎ、発展させているのだ。

以下で語ることも私の「分析的」にすぎない。他の分析的臨床家の考える「分析的」とは異なっていることもあると思う。読者には、その共通項などは考えず、気に入ったところ、使えそうなところを使ってほしい。あなたにも、精神分析をつまみ食いしてほしいのだ。

私の活用法

上で述べたように、私は自身を支えるイデオロギーとして精神分析を活用している。イデオロギーとして考えた際、私が精神分析の最大の特徴だと思うのは、治癒過程を（というよりも人間存在そのものを）直線的に捉えていないことである。

多くの治療法は、問題をフォーミュレートし、それに対して強度の差はあれ適切な介入をし、クライアントをある状態に導こうとする。だが、精神分析はそうした常識的な方法が無力であるときがあることを知っている。ウィニコット（Winnicott, 1963）が言うように、「治療者は失敗することによって成功する」。むろん失敗すればよいというものではない。人生には不可避の傷つきがあることを前提とし、それを持ちこたえ、生き延びることにこそ成長の芽がある、ということだ。精神分析の治療論には、傷つきとそこからの立ち直りが含まれている。

＊

就職活動がうまくいかずに抑鬱的になって受診した同い年の彼とは、私が勤める病院のデイケアで出会った。た。彼は人当たりのいい好青年で、大学卒業まで外的な適応を保ってきていたが、友人と呼べる人は一人もいなかった。デイケアでも、周囲から好感をもたれているのに、どうしてもそれが信じられずに来院するのが苦しくなり、休みがちになった。主治医は私に面接を依頼した。

同時期に実施した知能検査で、彼のＩＱは軽度知的障害の範囲に入ることが明らかとなった。にもかかわらず、彼はずっと通常学級で、なんの支援の力も借りず、自らの努力でここまでやってきたのだった。どれだけの苦労があったか、私には想像もつかなかった。

面接——それは心理面接というよりも、「教育」と言ったほうが適切だったかもしれない——にも、彼は非常にまじめに取り組んだ。こちらが指示するまでもなく、前回の面接で考えたこと、私に聞きたいことをノートにまとめ、私の助言を求めた。私の助言は何かすばらしいものではなく、まったく一般的なものであったのだが、その一言一言が彼には新鮮なようだった。その様子を見て、この人は今までどれだけ人に関わってきてもらっていなかったのだろうか、彼の内面は幼年期で止まっているのではないだろうか、と私は思った。

聞けば、教師の父が彼に関わるのは勉強の時だけであり、母はやんちゃだが優秀でもある弟のほうばかり見ていて、おとなしく一人で遊ぶ彼はほとんど注意を向けられないで育ったということだった。父も母も、彼を「バカ」だと言って憚らなかったという彼の話を聞き、私は実の親とは異なる「よき親」として関わることが成長を促すと考え、いわゆる「精神分析的」な「直面化」や「解釈」をすることはほとんどせず、面接を続けた。

そうして築かれた彼と私の良好な関係は数年間続いた。その間、彼は書店でアルバイトを始め、のちには障害者雇用で就職もした。面接室内でも彼の成長が感じられた。反抗期を迎えた男の子のように、私の助言に異議を唱えたり、反発するようになったのだ。それが幼年期から思春期への成長を示していることはわかっていたし、喜ばしいことなのもわかっていた。ふだんなら私はそれを喜べるはずだった。だがなぜか、彼に限ってはそう思えなかった。私はどうしても、彼に「正解」を押しつけ、論破し、説得したい気持ちになっていた。「わかっていないくせに」という思いが、自分でもコントロールするのに苦労するほどの強度で私を襲っていたのだった。

それがいわゆる「転移」であって、父親が幼少期の彼に対して抱いていたであろう思いであることはわかった。だがそんな理解は私がそうした思いを飼いならすのにほとんど役に立たなかった。「わかっていないくせに」というのは、過去に父親の思っていたことを私が感じているのではなく、まぎれもなく今、私自身が感じていることだと体験された。もちろん、父親がしたように「なんでこんなこともわからないんだ」「お前はバカだ」と口にすることはなかったが、私が内心そう思うこともあることは、彼にも伝わっているだろうと私は感じていた。それが「反復」であることもわかっていたが、わかっていてもどうしようもなかった。

彼は私への信頼を失ってはいないようだったが、面接室の空気がギスギスしたものになることもあった。時を経るにつれ、その頻度は増していった。そしてある日、彼はついにこう言った。

「先生みたいな頭のいい人には、僕の気持ちなんかわからないよ」

私は「そんなことはないよ」「君はいろんな人に好かれてるし、いいところもたくさんあるじゃないか」と言いかけた。本当は、何度も何度も心のなかで「わかっていないくせに」と思ってきているのにもかかわらず。彼は続けた。

「先生は結婚して奥さんもいるし、こうやって臨床心理士として立派な仕事もしているし、友だちだっているでしょう？　でも僕には何もないんだよ。先生のように頭がよければ、違う人生があったのかもしれないってよく思うよ。でも、ないんだよ」

そうなのだ。私に彼の気持ちがわかるはずなどなかった。それなのに「転移」や「反復」といった概念を弄して私はわかった気になっていた。彼は、わかってもらえないこと、頭が悪いことの苦しみを、ずっと認めてもらえなかったのだ。これこそが父親が犯していた失敗で、父親とは違う「よき親」たろうとしてきた私も、父親と同じ「失敗」をしていたのだ――ここは勝負どころだと思った私は、言った。

「たしかに、僕にはわからないかもしれない」

それは、彼が頭がよくない、ということを私が認めていることになる発言だった。実際私はそう思っていたし、彼もそれに気づいていた。でも私たちは、それを表立って話せないできて、ここではじめてそれを口にしたのだ。彼の表情には、悲しみが浮かんでいた。だが彼は続けて「ようやく認めてくれたね」と言って、安心した表情を浮かべた。

彼には、私が彼の知的能力をどう思っていたかはもちろんわかっていた。そして私の気遣いもわかっていた。だから数年の間、あえてそれを口にしなかった。でも、彼は私に、父親とは違うものも感じ取っていた。それがゆえに、彼は私に勝負をかけたのだ。そしてどうやら彼と私は、その勝負に勝ったようだった。

*

「先生にはわからない」――そう言われたとき、私は一瞬、自分を偽りそうになった。事実を認めることが彼を傷つけることになる、と思ったからだ。だが、続く彼の言葉を聞き、私は考えを改めた。事実など彼はもうとっくに知っている。それに傷ついてきてもいる。ここで私が事実を認めないことこそ、そうした彼の傷つきを否認することだし、彼の主体性を軽んじることなのだ、と。

この判断を支えていたのは、「転移」「反復」という概念装置ではなく、その根本にある「傷つきを生き延びることにこそ生産性がある」、という精神分析のイデオロギーであった。

私たちの「援助」には必ず加害性が含まれている。そもそも「援助する／援助される」という関係性自体が加害的だ。だから、関わることは必然的に傷つきを生む。それを最小限にしようという方向性もある。だが、私の考える精神分析はそちらには進まない。人が共に生きることは、傷つき、傷つけられることを含み込んでいる。その前提に立ち、関わりつづけることを選択するのだ。

理解が導く介入

この事例に、特段「精神分析」を感じなかったという方もいるかもしれない。そうであれば、あなたは思っているより精神分析に親和性があるのかもしれない。もう精神分析を活用する土壌はできているのかもしれない。

これまでも精神分析の知を心理臨床界に紹介しようとする試みがなされてこなかったわけではない。だが、そこで重点が置かれているのは、「精神分析の観点からは事態をこう理解できる」というところであったという印象を受ける。するとこう思う読者も多いだろう。「それはわかりました。では、実際にどうしたらいいんですか?」。

私たちは社会の価値観の転覆を目指す活動家ではない。目前のクライアントの幸福を願う臨床家である。そうであるからには、事態をどのように理解できるのかではなく、どのように理解を使えばよりよい臨床ができるのか、ということこそが焦点になる。ゆえに本章では、事態をどのように理解できるかではなく、理解から導かれる対応・介入に焦点を当てることとした。

おわりに

精神分析にまつわるすべてが、読者に「活用」できるとは思わない。「活用」するためには、インテンシブな訓練を経て精神分析的な自己を確立することが必要なものもあるだろう。だが、精神分析的な理解、視点、知識といったものは、「活用」するにあたってのハードルはそれほど高くないし、それだけでも役に立つことがままある。そのあたりについては、『精神分析的サポーティブセラピー（ＰＯＳＴ）入門』の序章「ＰＯＳＴ『再』入門」（山崎、二〇二三）で、「使いやすい」精神分析と「使いづらい」精神分析、という形で詳述しているので、「つまみ食い」に興味をもたれた方はご一読されたい。

本章をきっかけに、多くの臨床家に精神分析が「活用」され、ユーザーに益をもたらすことを願っている。

解説

本稿は、上田勝久とともに編集した『臨床心理学』第二二巻第五号の特集「臨床に活きる精神分析」巻頭論文である。

本文中でも記したが、当初、本当に筆が進まずに困った。だがおかげで、これまで悩みつつも十分に考え切れていなかったことについて改めて考える機会となった。それは、「分析的」とは何か、という問いだ。

前著でも、いろいろな「分析的」がある、と書いていたものの、私はどこかで「真の」分析的を探し求めていたらしい。しかし、本稿を執筆するなかで、それは幻であり、私は私の「分析的」を作っていくしかないのだ、と吹っ切れた気がした。

むろん、それは「なんでもあり」というわけではない。あまたの「分析的」を学び、基礎を身につけた上で取り組むべきことではある。精神分析の業界では、よく「再創造」「再発見」ということが言われる。「学んで、忘れる」とかいった箴言もこの類だ。

あとから自分のたどった足跡を顧みれば、ご多分に漏れず、私もそうしたルートをたどっているのだろうとわかる。だが、最中は常にもがいていた。あえてその経過を残しておくこと、そして過去を否定するのではなく、過去があったからこそ今があると思うこと。それが「再創造」「再発見」の内実だと思うのだが、私の書いたものからそうしたものを読み取っていただけるとうれしく思う。

*

本論文では、精神分析の治療者に価値観を提供してくれるイデオロギーとしての活用、そして「つまみ食い」としての活用、について述べた。

後者については議論の分かれるところだろう。「つまみ食い」などできない、精神分析を活用しようとするなら訓練セラピー、スーパービジョン、セミナーの三本柱が必須だ、という考えもあるだろう。たしかに「逆転移の利用」といった、投影同一化を鍵概念とした臨床の場合、それらのいわゆるアイティンゴンモデルが必須であると私も思う。しかし、活用の仕方には濃淡がある、とも思う。インテンシブな訓練を受けずとも、精神分析の知は広く役に立つ。ライトに使えるものと、取り扱い注意のものとを仕分け、前者を拡散していくことが重要だと私は思う。

むろん、ライトなものを入口にしてより深く分析の世界へ分け入ってくれれば望外の喜びだが、そもそも「つまみ食い」が許されるのだと知ってもらうことが、もっとも大事なことだと思う。

†文献

Winnicott, D.W.（1963）Dependence in infant care, in child care, and in the psychoanalytic setting. *International Journal of Psychoanalysis* 44 ; 339-344.

山崎孝明（二〇二一）『精神分析の歩き方』、金剛出版

山崎孝明（二〇二三）「ＰＯＳＴ『再』入門」、岩倉拓・関真粧美・山口貴史・山崎孝明／東畑開人（二〇二三）『精神分析的サポーティブセラピー（ＰＯＳＴ）入門』、金剛出版［三―三一頁］

山崎孝明（二〇二四）「心理療法とイデオロギー」（金子書房ｎｏｔｅ（note.kanekoshobo.co.jp/n/n04408fe7819b［二〇二四年七月二四日閲覧］））

第8章

治療構造論を更新する
認識論から主体化へ

はじめに――治療構造論は現役なのか

読者は「治療構造論」(小此木、一九九〇a、一九九〇b、二〇〇三など)という語にどんなイメージを抱いているだろうか。いや、そもそも知っているのだろうか。

妙木(二〇一八)は、「歴史を共にしている人たちですら、治療構造論のことを『しっかりと構造化して毎週心理療法をやる』理論だと思っている人もいる」ると指摘しているが、歴史を共にしていない人はいわんや、というものだろう。

もし治療構造論が「しっかりと構造化して毎週心理療法をやる」理論でしかないのだとしたら、「週一回五〇分」という枠組みを維持するのが難しくなり、隔週や三〇分という枠組みでの仕事が求められることもまれではなくなっている昨今、それは旧時代の画餅にすぎないと思われても仕方ないだろう。

むろん、治療構造論は単なる「しっかりと構造化して毎週心理療法をやる」理論というわけではなく、認識論として今でもその力を失っていない。特に治療者も構造の一部であるとする「内的構造」という概念は精神分析特有のものと思われがちであるが、他学派にも有用だろう。

だが私が思うに、治療構造論のポテンシャルは、力動学派のなかでもいまだ最大限には引き出されていない。これまでの治療構造論では構造が面接過程に及ぼす効果について論じられてきたが、本章ではさらに、構造が患者に及ぼす効果、すなわち治療構造そのものが治療者の価値観を伝え、クライアントに変容をもたらす効果について述べる。構造は主体を象る、というのが本章の仮説である。

認識論と主体化を結びつける――それによって、治療構造論の更新を試みよう。

治療構造論とは何か

端的に言って、治療構造論は、「面接構造（器）が治療過程（中身）に与える効果を考える」ものである。そうは言っても、病院には病院の、学校には学校の、企業には企業のルールがあり、変えられない構造が存在する。いくら「週一回五〇分」が理想的だと言っても、現実的でない構造の効果を考えても意味がないではないか。そう思われるかもしれない。

しかし実際には、治療構造論は、ある理想の構造が想定されており、それに近づけようという理論ではない。仮に「週一回五〇分」が理想だとして、その構造が成立すれば用済みになるようなものではない。むしろ、その慣習的設定こそ、治療構造論的吟味がもっとも必要な対象であると言っても過言ではない。

治療構造論は、たとえば週一回会うとはどういうことなのか、それは月一回や年一回、また週四回とはどう違うのか、五〇分会うとはどういうことなのか、三〇分や九〇分とどう違うのか、はたまた自由連想を求めることと「今週はいかがでしたか」と言って話題を限局することはどう違うのか、といった構造のもたらす効果をメタ的に考える認識論なのである。こうした認識は、治療者がクライアントにもっとも適切と考える構造を設定する基盤となるため、技法論につながるものでもある。

ゆえに、治療構造論は精神分析内でしか通用しない概念だというわけではない。認知行動療法（以下、CBT）の治療構造があり、危機介入には危機介入の治療構造がある。どの治療構造が優れていて、どの治療構造が劣っているかを論じるのではなく、おのおのの治療構造がもつ意味を、機能を、効果を考えよ、というのが治療構造論なのである。

治療構造論を使う

そう言われても抽象的に思われるかもしれないので、以下では具体的に認識論としての治療構造論の使い方を見てみよう。

精神分析では「頭に思い浮かんだことをすべて話してください」という指示がなされ、クライアントには自由連想が求められる。精神分析において、セッションの中身は無構造なのである。にもかかわらず、器にあたる頻度や時間については、毎週金曜一〇時からの五〇分、といった具合にかなりリジッドに構造化される。

この、中身は構造化されておらず、器は構造化された設定を、治療構造論的視点から見てみよう。この治療構造には、どのような効果があるだろうか。

自由連想法設定では「余計なこと」を言ってしまいやすい。日常では言わないようなこと、ふだんは考えないようなことを言いやすい設定である。五〇分という時間設定もそうだ。用意してきた話で五〇分を埋め尽くすのはなかなか難しい。頻度が固定されていること、オンデマンドでないことの意味もここにある。「話すことがあるからセラピーに行く」のではなく、「話すことがない」ときでも、いやそういうときにも行くからこそ、ふだんは顔を覗かせない何かが出現する。その何かはクライアントを脅かすかもしれないが、それまでの平衡を崩し、再編の端緒となるかもしれない。

このように、精神分析の設定は、「余計なこと」を語らせるような機能をもっている。

次に、CBTの治療構造を考えてみよう。

CBTでは、セッションの時間を効率的に使用するために、「面接をダラダラと漫然と続けないで、一回のセッションにも、それから全体の流れにも、起承転結のあるストーリーを持たせ」る（伊藤、二〇〇五）。

面接の冒頭に今日のアジェンダを決める。その際、患者がフリートークの時間を望めば、「フリートークは二〇分から三五分の一五分間」というように枠を決める。そこではセッションの中身が相当に構造化されている。しかし逆に頻度、時間、料金……といった器を構造化することはそれほど重視されていないようである。頻度はクライアントのニーズに合わせて柔軟に対応することが推奨されているし、時間も五〇分でなければならないと規定されている文献も寡聞にして知らない。

この、中身は構造化され、器は構造化されていない設定には、どのような効果があるだろうか。

すべてに明確な「意味」があるこの設定は、そこで「意味のあること」を話すように方向づける。「余計なこと」は言わず、目的に向かって最短距離を走ることが目指される。話すことのないときセラピーに行って沈黙で過ごしても「意味」がないので、話すことがあるとき、困っていることがあるときに予約を取る。そうすることで、限りある時間を最大限有効に使うことができる。

ここで、もっとも重視されているのは効率である。[★1] CBTの設定は、効率的なふるまいを促す効果があると言える。

＊

精神分析における「構造化」と、CBTにおける「構造化」は、同じ言葉を使っていても、その内容と目的が異なることに気づかれるだろう。精神分析におけるそれは、「クライアント理解」のためにある。対してCBTにおけるそれは、「効率化」のためにある。

このように、それぞれの治療法にはそれぞれの目的があり、それに資すると考えられる中身が想定され、それに合わせた器がそれぞれに設えられている。繰り返しになるが、ここで注意すべきは、治療構造論は治療構造に優劣をつけようとするものではないことである。それが治療構造論が認識論たるゆえんである。★2

治療者も構造の一部である――内的構造

どのような形であれ、頻度や時間などの「器」、すなわち「外的構造」がない心理療法は存在しない。ゆえに、治療構造論自体はすべての心理療法に適用できる認識論である。

しかし、治療構造論にはたしかに精神分析に特有の側面も存在する。それが「内的構造」という概念であり、匿名性や中立性、禁欲原則といった、治療者がどうふるまうべきかについて述べたものである。

わざわざ「内的構造」という概念装置が導入されているように、精神分析では「いかに治療者がよく機能するか」について言及されることが多い（たとえば、小此木（一九九〇a）、上田（二〇二〇））。他学派の文献においては、クライアントの問題をいかに解決するか、ニーズをいかに満たすかに主眼が置かれており、こうした記述にはあまりお目にかからない。この視点は精神分析特有のもののようである。

たとえばCBTはAIで行われることが現実的なものになっているように、治療者が治療構造の変数とならず、定数となることが望まれている。そこには「治療者がいかによく機能するか」という問いはない。詳細なマニュアルがある以上、「できて当たり前」でしかないからだ。そこでは、「いかに治療者がよく機能するか」という問いは、「クライアントよりも治療者を優先すること」とイコールだとみなされ、否定的に捉えられやすい。

だが、事はそう単純ではない。治療者も人間である。プロなら個人的な得手不得手は超越し、クライアントのニーズに応えられるようにすべきだという立場があることも了解できる。その立場に立てば、治療者がよく機能できないのは治療者個人の能力／努力不足のせいということになり、治療過程に影響を及ぼす変数をひとつ減らすこともできる。そうすれば、そこで起こっていることを考えやすくなる。エビデンスベースドプラクティスとの相性もよいだろう。そのモデルのひとつの理念形としての価値には私も同意するところである。しかし同時に、それは、人間の限界を否認した非現実的なものであるとも感じる。

治療者が変数であるということになると、エビデンスベースドプラクティスの思想とは齟齬が生じるためになかなか論じがたいかもしれない。しかし、治療はクライアントと治療者の共築物であるという視点に立つならば、パートナーの片割れとしての治療者がいかによく機能するかは、棚上げできない問題のはずであろう。

ゆえに精神分析では治療者を、治療結果を左右するひとつの重要な変数とみなし、「内的構造」、すなわち治療者の態度が治療過程やクライアントに与える影響を重視する。これは治療者を構造の一部、いわば治療における「道具」とする考え方だと言える。

「道具」であるからには、そのよしあしによって治療成果が変わってくるのは当然のことである。CBTにおいて多様な技法＝道具の扱いに習熟するのが求められるのと同じように、私たちは治療者という「道具」の扱いに習熟せねばならないだろう。

＊

ところで、先ほど「治療者は道具である」という視点は、精神分析に特有であると述べた。しかし、心理臨床学の外部に視点を転じると、どうやらそれは普遍的なものと言えそうだ。

東畑（二〇一七）は、医療人類学者アーサー・クラインマンのヘルスケアシステム理論を援用し、すべての心理療法は治療者の説明モデルと患者の説明モデルとの交渉であると看破した。説明モデルとは、ある病気についての「①病因論、②症状のはじまりとその様態、③病態生理、④病気の経過、⑤治療法」が含まれるモデルのことである。なぜ病気になり、その病気はいかなるメカニズムで成立しており、いかなる治療法で対処され、いかなる予後が想定されるのかについて一貫した理解を提供するものだ。

詳しくは成書にあたってほしいが、ごく単純化して言えば、心理療法にはさまざまな学派が存在するものの、その営みの構造をメタに捉えれば、畢竟、治療者とクライアントの価値観の交渉である、ということである。治療者は、自身の説明モデルにクライアントの説明モデルを近づけることで治癒をもたらそうとする。それはつまり、治療者の考える治癒像にクライアントを近づけようとする営みである。一方クライアントは、逆に治療者の説明モデルを拒否したり（その結果、中断に至ることもある）、治療者の説明モデルに改変を迫ったりしながら、治療者の説明モデルを部分的に（場合によっては全面的に）取り入れ、主体を変化させてゆく。

一見、CBTの治療者には価値観がないかのように見えるし、治療者自身もそう思っているかもしれない。しかし、治療を行う以上、治療者が説明モデルをもっていないということはありえない（アセスメントとフォーミュレーションをしないCBTの治療者はいないことがその証左である）。

もちろん、療法ごとに適切な内的構造は異なるし、精神分析で理想とされる内的構造がどの療法においてもよいと言いたいのではない。しかし、この「治療者は道具である」という「内的構造」の視点自体は、（それを理論の中核に据えないとしても）どの療法においても保持すべきものであるとは言えるだろう。

治療構造論を更新する――構造は主体を象る

最後に、治療構造にはそれ自体のもたらす主体化があることについて論じよう。

説明モデルの交渉は、言語的にせよ非言語的にせよ、クライアント－治療者間のやりとりでなされるものと思われがちである。だがそれは、（治療者自身も気づいていないかもしれないが）構造を通じても行われる。

精神分析の構造は、精神分析の価値観を伝え、精神分析的主体を象る。CBTの構造は、同様にしてCBT的主体を象るのである。

どういうことだろうか。紙幅の関係で、以下では精神分析の構造が精神分析的主体を象ることについてのみ扱うが、事情はCBTでも変わらない。

精神分析の「オープンエンド&自由連想」という構造は、「余計なことを言ってしまう」ために設えられていることはすでに述べた。その構造には、「余計なこと」、つまり、ふだん考えないようにしているひどいことだったり、なんとなく気づいているけれども目を逸らしている愛情だったり、いずれにせよ「非合理」と一蹴されるようなことこそが重要である、という価値観が反映されている。患者は、構造が非言語的に伝える治療者の価値観に晒されつづけ、その方向への主体化の圧力を受けることとなる。構造は決して中立的ではないのだ。

＊

その女性と私は、どうしても家の金を使い込んでしまうという主訴で、毎週五〇分、自由連想設定の精神分析的心理療法を開始した。ただ、使い込んでも経済的に困窮するというわけではなく、どうも夫への不満がその背景にあるようだった。はたから見れば仲のよい夫婦に見えていたが、彼女がお金を使い込んでも夫は気づかず、それが彼女をより寂しくさせているように見えたが、彼女自身は微塵もそう感じていないようだった。

治療を開始すると、彼女は日常生活について、趣味について、仕事について、なめらかに語った。成育歴上の問題もあり、たしかに自分の気持ちを蔑ろにするところがあるようだったが、私が解釈を重ねるなかでそれも緩和してきたようだった。

しかし、面接室の外では、二カ月に一度ほどの頻度で、使ってはいけないはずのお金に手をつけ、本物か偽物かわからないようなブランド品をメルカリで買いあさり、数十万単位で金を使い込んでしまうことは変わらなかった。彼女は別人のように不機嫌な様子で「またやってしまった」とその事実を報告し、「終わったことは話しても意味がない」「そのとき何を考えていたかはまったく思い出せない」と言うばかりで、またスムーズな連想に戻っていくのだった。

何度目かの使い込みが報告されたあるセッションで、彼女は「ここに来ていてもお金を使い込んでしまうことは変わらない。来ても意味がない。話すこともない。だからもうやめる」と吐き捨てるように言って、終了時間前に帰ってしまった。その日のうちに入電があり、「話すこともないから来週は行かない」と語ったが、私は来週も変わらず待っていると伝えた。

その翌回、彼女は姿を現したものの、五〇分間、一言も発することはなかった。全身に力が入り、怒りを抑えていることは明々白々であった。

さらにその翌回、時間通りに現れた彼女は、何事もなかったかのように連想を開始した。私が「あなたはここでも、私と表面上のよい関係を維持するために、自分の気持ちを蔑ろにして、なかったことにしていますね。しかし、そうすることであなたは寂しくなる」と解釈すると、彼女はみるみる顔を紅潮させ「そうですよ！　いい関係を築こうとしちゃいけないって言うんですか？　じゃあ、あなたを責めつづければいいんですか？　そうしたら私はお金を使わなくなるとでも言うんですか！　ふざけないでよ！」とまくし立てた。

ハッと我に返った彼女は「こういうことになりたくなかったから、いろいろ話して時間を埋めていたのに……」と嘆いた。それと同時に、私が反撃してこないことにひどく驚くのだった。

このできごとをきっかけに、彼女は主訴のもつ意味を理解していった。使い込みの裏には「寂しい」とか「頭にくる」といった気持ちがあったのだが、それは「必要のない」「無意味」なもので、「抹殺するべき」ものであると思っている自分に気づいていったのだった。その後、使い込みに焦点を当てて話し合うことはなかったが、いつの間にかそれはなくなり、より直接的に彼女の感じる寂しさについて、そして喜びについて、自由に話し合うことが増えていった。

終結にあたり、彼女はこう言った。「あのとき、先生が来週も待っていると言ったことの意味が、今ならわかります。どんな私も、私なんですよね」――

＊

私はこの面接で、「あなたが蔑ろにしている気持ちこそが大事なものだ」と彼女に言語的には伝えてはいない。しかし、面接開始時から心のなかにそうした価値観を潜ませていたのは事実である。だからこそ、「話すことがないから来ない」と言った彼女に、「私は来週も変わらず待っている」と伝えた。

一般的には、「非合理」はコントロールされるべきということになっている。しかし、精神分析はそう考えない。それとうまくつきあえること、折り合えることを目指す。だから、まずは治療場面において、日常生活では抑制されている「余計なこと」が顕現するような構造をあえて提供する。「余計なこと」が露呈してくるようになると、必然的にクライアントと治療者との間で面倒なことが起こる。だが、そうしたごたごたを超えていくこと、面倒なことを共にこなしていくことこそが、人を変化させる。そうやって他者から影響を受けながら生成変化していく主体こそが、精神分析が「善い」と考えている人間像である。そうした主体を象るために、精神分析の構造が設定される。

彼女はそうした構造のなかで「余計なこと」を漏らしてしまい、それが治療の転換点になった。それまで抹殺すべきであると思っていた感情こそが自分を駆動していることを実感し、それを、すなわち自分を大切にするようになったのだ。その姿は、治療者である私が思い描いていた、彼女のひとつの治癒像であった。

この変化は、私の解釈によってもたらされたのではない。「余計なこと」の露呈を促す「話すことがなくても来る」構造こそが、この変化をもたらしたのだった。

おわりに——治療構造論は現役である

読者は、治療構造論はもはや一線を退いた過去の遺物と思っていたかもしれない。だが本章で示したように、それは今でも現役である。ただし、すべての臨床概念がそうであるように、不断の更新が必要なものでもある。そのための今後の課題として、特にクライアントの生きる社会への視座が不足していることは銘記しておきたい。すなわち、従来の治療構造論においては、治療者の生きる社会とクライアントの生きる社会との間に齟齬があることが十分に検討されていないのである。

これは精神分析に限ったことではないが、本章で述べてきたように、私たちはどうしてもある種の治癒像を想定しながら患者に関わらざるをえない。そうでなければ治療にならないからだ。だからそれ自体は問題ではない。問題は、治療が成功裡に行き、その治療者の想定した治癒像が実現されたときにこそ立ち現れる。

どういうことだろうか。「成功」したのだから、それでいいはずではないか。そう言われるかもしれない。しかし、ここには問われるべき問いが残っている。「その『成功』は、患者に本当に治癒を——より直截に言えば幸せを——もたらしたのか」である。

東畑（二〇二〇）が、「うまくいった精神分析が人を不幸にし、成功したCBTによって人が傷つくのは、『治療そのものが社会的に規定される』視座が見失われたときである」と指摘するように、あるひとつの人間像が、いつでもどこでも優れていたり、適応的であったりするわけではない。にもかかわらず、私たちは、それを忘れ、自身の想定する治癒像が普遍的なものと勘違いし、クライアントに押しつけがちなのである。

たとえば精神分析では「自立」や「言語化」が善きものとされる。それが達成されることが「治癒」だとされる。そうした人間像は、たしかにある文化、日本で言えば都市部では適応的なものかもしれない。しかし、共同体が強力に存続している地域では、そうした「目覚めた人」は爪はじきにされることは想像にかたくない。私はここで、爪はじきにされることが不幸だと決めてかかっているのではない。それはクライアントの決めることである。しかし私たちは、爪はじきになどされたくなかったと「成功」後にクライアントが思う可能性については、想定しておかねばならないだろう。そして、そう想定した上で、精神分析をそのクライアントに提供するかを考えなければならない。爪はじきになったとしても、治療者の考える治癒像を達成することが患者にとっての幸せなのだ、それを幸せだと感じられないのであればクライアントの住む社会が間違っているのだ、などと決めつけることは、「進んだ」治療者が「劣った」患者を「啓蒙」する、という図式に他ならない（富樫、二〇二一）。

治療者とクライアントの生きる社会が同じものである保証はどこにもない。ゆえに、治療者が理想的であると想定する治癒像が、クライアントの生きる社会においてもそうである保証もどこにもない。私たちは、アプリオリにクライアントの治癒像を決定しておくのではなく、クライアントの生きる社会において望ましいとされている治癒像にも注意を払わねばならないのである。

解説

本稿は、『臨床心理学』第二一巻第三号「問いからはじまる面接構造論」に寄稿したものである。

『臨床心理学』に寄稿する際には、精神分析を「外」の人に伝えることに主眼を置くことが多いが、本稿は伝達にとどまらず、治療構造論という歴史ある概念のアップデートを試みたものである。

論文というものを書きはじめた当初、私は投稿先に日本精神分析学会を据えていて、そこでは「週一回」ということに焦点づけてきた（髙野・山崎、二〇二四）。精神分析の世界では、範型はむろん週四・五回の精神分析である。だが私が実践しているのは、週一回の精神分析的心理療法である。当時、日本精神分析学会では精神分析の理論や技法論を週一回の精神分析的心理療法に「平行移動」できるのか、という議論が勃興していた。その嚆矢は精神分析家である藤山直樹の会長講演であった。

藤山は何度も「優劣ではない」と明言していたが、しかし違いを突き付けられた側である精神分析的心理療法家側は、私を含め、それをどうしても「優劣」と捉えてしまうところがあった。それを超えるため、「健全な自信」を獲得するためには、どうしても治療構造論的視点が必要だったのだ。

このように、認識論としての治療構造論は、私の掲げる「今やっていることを正当に評価する」ための非常に有力な道具となりうる。だからこそ、学派を超え、すべての臨床家に身につけてもらいたいと思っている。

それくらいに治療構造論という概念を重視していたわけだが、せっかく依頼をいただいたのに、もうすでに言われていることを書いても面白くない。なのでなんとか新しいことを、と頭を悩ませて書いたのが本稿である。

私の書くものはこれまで議論されていたことを「治療者は無色透明の存在ではない」という視座から問い直すものが多いが、本稿もその観点から新しい光が当てられている。ある治療構造を選択しようとする治療者はもちろんのこと、治療構造が価値観をもっている、というか内包しているというのが主旨だが、これは書く前には考えていなかったことだった。依頼論文の強制性がよいほうに作用したのだろう。

†註

1——効率という語からはコストパフォーマンスという語が連想されるかもしれないが、ここでいう効率は、治療目標に対する合理性のことである。

2——実践的には、患者のニーズに合わせて適切な治療法を提供すべきであることは論を俟たない。

†文献

伊藤絵美（二〇〇五）『認知療法・認知行動療法カウンセリング——初級ワークショップ』、星和書店
妙木浩之（二〇一八）「治療構造論——古くて新しい臨床の道具」、『臨床心理学』一八－三［二五七－二六三頁］
小此木啓吾（一九九〇ａ）「治療構造論序説」、岩崎徹也ほか＝編『治療構造論』、岩崎学術出版社［一－四六頁］
小此木啓吾（一九九〇ｂ）「治療構造論の展開とその背景」、『精神分析研究』三四－一［五－二〇頁］

小此木啓吾（二〇〇三）「治療構造論の実際」、小此木啓吾＝編著『精神分析のすすめ――わが国におけるその成り立ちと展望』、創元社［一一七－一五〇頁］
髙野晶・山崎孝明＝編（二〇二四）『週1回精神分析的サイコセラピー』、遠見書房［近刊］
富樫公一（二〇二一）『当事者としての治療者――差別と支配への恐れと欲望』、岩崎学術出版社
東畑開人（二〇一七）「日本のありふれた心理療法のための理論」、『日本のありふれた心理療法――ローカルな日常臨床のための心理学と医療人類学』、誠信書房［一九－八八頁］
東畑開人（二〇二〇）「平成のありふれた心理療法――社会論的転回序説」、森岡正芳＝編『治療は文化である――治癒と臨床の民族誌』（『臨床心理学』増刊第一二号）、金剛出版［八－二六頁］
上田勝久（二〇二〇）「セッションの頻度をめぐって（個人心理療法再考・第六回）」、『精神療法』四六－六［八五五－八六二頁］（再録－上田勝久（二〇二三）『個人心理療法再考』、金剛出版）

第9章 子どもを巡るケアの声

スクールカウンセリングにおけるふたつの視点

はじめに

スクールカウンセリングは、ケアである。

当然だと思う人もいれば、何を言っているのだと思う人もいることだろう。セラピーモデルを範型として生成された臨床心理士がケアモデルへ参入する際の苦闘は『居るのはつらいよ』（東畑、二〇一九）に鮮やかに描かれている。しかし、公認心理師が誕生した近年、心理職に求められるのはセラピーではなくケアであるという現状認識は共有されつつあるのではないだろうか。

『臨床心理学』誌でも、二〇一六年から二〇一九年の増刊号は依存症臨床と当事者研究をテーマにしており、それらを貫くのはケアの視点であった。いまや心理臨床はケア抜きでは語れない。そう言っても過言ではない。振り返ってみれば、臨床の現場では無数のケアが行われてきた。それは昨今の（こう言ってよければ）ケアブームの以前からそうであった。ただ、心理職はあえてそこに焦点を当てることはしてこなかったように思う。

ケアとは何かと改めて問うと、「医師が治せる患者は少ない。しかし看護できない患者はいない」（中井・山口、二〇〇二）と言われるように、ケアの守備範囲は広い。視点によって、あれもケアだしこれもケアだし、ということになる。よって議論のためには定義が欠かせない。

本稿では、東畑（二〇一九）の「ケアとは傷つけないことである」というテーゼを採用したいと思う。そのためには、周囲が変わることが求められる。ケアの対概念はセラピーである。「セラピーとは傷つきに向き合うことである」と定義される。すなわち、クライアント自身の変容が求められる。

東畑自身も両者は成分であると指摘しているように、むろん両者は完全に独立したものではない。だが、本稿のテーマを考える上でこの二分法は非常に役立つので、おつきあいいただきたいと思う。

臨床の現場から

先ほど、「スクールカウンセリングは、ケアである」と述べた。それがどういうことなのか、まずはスクールカウンセリングの実際を紹介することとしよう。といっても、小中高の差、公立私立の別、地域性などの変数により、その内実が相当に異なることは強調しておく必要がある。以下で語られるのは、ある都内の私立進学校でのスクールカウンセラー（以下、ＳＣ）経験を下敷きにしたものであり、その特異性に影響されたものであることを断っておく。

SCはコンサル業である

一般的に心理職、カウンセラーは、クライアントと一対一の面接をするのが仕事だというイメージがあるのではないだろうか。実際、一世代前はそうした仕事に従事する心理職が多かったことは事実であろう。しかし現在、心理職に求められているのは個人に向き合うというよりも全体を管理するマネージャー的な動きである。コンサルタントと言ったほうがより適切だろうか。

ＳＣのように集団全体がクライアントである場合は如実にそうなる。目の前のクライアントとの一対一の面接に取り組むことももちろんあるが、業務割合としてはそう多くはない。それよりも、学校や保護者という生徒を取り巻く環境の力をいかに引き出せるかに注力することとなる。使えるリソースを見出し、さらに言えば賦活する。後で述べるような現実的制約のなかで最大限の効果を求めると、ＳＣの動きはそういったものになる。

この意味で、スクールカウンセリングは、生徒に変化を求めるセラピーではなく、生徒を取り囲む環境を調整するケアを主たるモデルとしていると言える。

ただし、ケアという語感からはあたたかなものが連想されるかもしれないが、実際には子どもを取り囲む環境との絶えざる交渉、もっと言えば戦いであるという点は強調されてよいだろう。

学校という機関は、「正論」がまかり通りやすいところがある。異論もあるだろうが、やはりステレオタイプには、教員の仕事は「正しいことを教えること」が特徴的だ。その「正しいこと」は、マジョリティにとってはそうだろう。そして、そのマジョリティにとっての正しさによってこそ追いつめられるマイノリティがいることは、往々にして忘れられてしまう。

だが、視線を学校側に向けてみれば、別に教員が悪意をもっていたり、サボったりしているわけではないことはよくわかる。大量の書類仕事に追われ、それでも授業研究をし、生徒同士のいさかいの仲介をし、放課後には部活動の顧問としても働き、毎日夜遅くまで残業している。教員にも学校にも、余力がないのだ。そうした事情は多くの親についても同様で、ここにもやはり余力がない。だから学校に期待する。そういった循環がある。

そうした事情もわかっているから、ＳＣは引き裂かれる。どちらの事情もわかる。構造的問題があることもわかっている。でも目の前には困っている人がいて、その人に何かしなければならない――

家族は治外法権

上記のように、私が勤めているのは都内私立進学校である。ゆえに貧困の問題に関わることはほとんどない。それでも教育虐待、ヤングケアラー、DV、と名指すことのできる事象が子どもや親の口から語られることは日常茶飯事である。学校現場はケアが必要な事態に満ち溢れているのである。

だがそういった問題は、子どもの口から日常的に接触している教員に直接語られることは少ない。「問題行動」を起こして、カウンセリングルーム送りになり、そこでも自ら話すことはなく、SCから家庭での様子を聞いていってはじめて語られる、というのが典型的なパタンだ。私からすればそれはケアされるべき事態だが、本人たちはそう感じていないことも多い。「『当事者である』ことと、『当事者になる』こととは違う」（上野、二〇一一）のである。いわゆる虐待ではないため通告に踏み切ることも少ないし、してもあまり有効なことがない。むろん、保護者の同意が必要になる外部機関につなぐことも容易ではない。

本人の了承を得てそういった話を教員とシェアしても、それによって教員の生徒を見る目は変わるかもしれないが、教員が直接その問題に関わろうとすることはなかなかない。いじめなど校内でのできごとであれば手の出しようがあるし、それを業務の範囲外だと思う教員はいないだろう。だが、こうした学校外でのできごとについては、そもそもそれを取り扱うのは自分の業務ではないと思っている教員も多いし、取り扱いたいと思っても「余計なことはしないでくれ」と管理職に制されることもあるかもしれない。「問題行動」の裏に、そういった家庭内での背景があったとしても、そこに光を届かせることはきわめて難しいし、届いたところで学校内で対処するのは難しいのが現状だと言える。こうして、ケアの必要性は看過されることとなる。

そうした力動の結果（原因でもある）、令和になっても家族は法が及ばない「無法地帯」である（信田、二〇二一）

ことに変わりはない。児童相談所でも警察でもない学校は、家庭に強権的に介入することはできない。そんななかSCは、学校という場にいながら間隙を縫って家庭内に入り込むことのできる位置にある。換言すれば、ケアの必要性をいちはやく見出すことができる立場にある。

実際、親が「子どもの問題」として相談に来て、「家族の問題」が発覚するのはよくあることである。

*

「この子の態度が悪いので母親を怒らせるんです」といって父親に連れてこられた彼は、はっきりした目鼻立ちの、芯の強さを感じさせる男の子だった。三者で面談をしたところ、彼は私に敵対的というわけではなかったが、自ら話す気はなさそうだった。やれやれ、といった感じで父は状況を話しはじめた。

スクールカウンセリングを利用したが、特に学校で問題があるわけではない。友人関係も良好だし、部活も熱心にやっている。問題は家庭でのことで、母はもともと彼を溺愛しており、小学校の間はむしろ蜜月関係であった。だが、中学に入り彼の成績が落ちはじめると（それでも学年平均ほどであったのだが）、母はそれを詰《なじ》り、成績優秀な妹をあからさまに贔屓《ひいき》するようになった。彼の部活動中に学校に乱入し「勉強をしなさい」と連れ帰ったかと思えば、試合にやってきて周囲がドン引きするほどに彼を褒め称えるようなこともあった。最近は「お前は人間のクズだ」「死んでしまえ」などと彼を罵倒することが多いのだが、反抗期もあってか、彼のほうにも挑発してそれを引き出すようなところがある。母親はいまさら変わりようがないので、この子がもう少し母親の言うことを聞くようになってほしいのだが——といった話であった。

挑発的、ということについて聞くと、「叩かれた後に、睨みつけるとか」とのことだった。平手打ちは日常茶飯事で、時に足も出るのだ、と疲れた表情で父は語った。「そんな態度を取ったら、母親が激昂するのはわかっているはずなのに」。それが父の言い分だった。彼はひたすら黙って話を聞いていた。一通り話を聞き終えたところで、私は「ということのようだけど、どう？」と彼に話を振った。彼は特に反論も主張もする気もないようだった。

私は父のほうに向き直って言った。「お父さん。これは彼が変わるべきことなんでしょうか。彼はすでに相当に我慢していると思いますが。お父さんの語り口では、彼が加害者で、お母さんが被害者ということになっていましたが、あえて言うのであれば、被害者は彼ではないでしょうか」。

父は雷に打たれたような表情で私を見つめていた。だがすぐに構造を理解し、混乱しつつも反省の念を述べた。その隣で彼は何も言わず、表情も変えなかった。その日はそれで時間となり、父は父だけの面接を希望した。

その後、多忙ゆえに年に数回といった頻度であったが、数年にわたって父と私は面接を重ねた。そのなかで、父自身が妻を怖れ心を殺して婚姻生活を続けていたこと、そうした自分のスタイルに子どもたちを巻き込んでいたことが理解され、夫婦での話し合いが試みられた。だが、事態は好転せず、本人への罵倒が強度を増す結果となってしまった。父は自ら子どもたちを引き取る腹を決め、母に離婚を求めた。母は激怒したが、とりあえずは別居が成立した。もともと優秀であった彼は後れを取り戻すかのように勉学に励み、無事に第一志望の大学に合格したことを担任から聞いた。

中学生のときに一度だけ会った彼を、次に見かけたのは高校の卒業式であった。彼は私のことを覚えていないだろうし、それがいいと思い、あえて声はかけず、今後の幸せを祈り、見送った。

翌年度、出勤してみると、郵便物のなかに手紙があった。彼からだった。なかには簡素な無地の一筆箋が一枚入っていた。

「中学のときカウンセリングルームに来て、先生が父に言ってくれたことがなければ今の僕はなかったと思います。ありがとうございました」

現実的制約のなかで

ここで提示したケースのように、それほどの面接回数を重ねることなく事態が好転することばかりであればこれほどよいことはないが、むろん実際にはそうではない。よって、ＳＣがケアの必要性を見出したとしても、学校内では十分に応えることができないという事態が発生する。

教師は上述のような立場だし、ＳＣのキャパも限られている。多くのＳＣは、週に一度か二週に一度、七時間前後勤務している。一学年一〇〇人として、三学年で三〇〇人。多くの現場でＳＣの枠はフルに埋まっており、毎週の面接など到底設定できないとよく聞くが、無理もない。必要性がわかっていても、特定の家庭にエネルギーを注力するには限界がある。

さらに事態を難しくさせるのは、学校では個々の生徒の成長も目指されるが、同時に学校全体としての機能遂行も求められることである。むろん両者が同時に達成されることが理想だが、現実はそう甘くない。

この利益相反が生じる場面の最たるものが、やはり「問題行動」を起こす生徒の処遇であろう。集団として考えれば、問題行動は沈静化したい。しかもなるべくコストはかけたくない。となると、問題行動を起こした生徒個人にその責を負わせ、「あなたは感情コントロールに問題があるから、ＳＣの先生のところに行って、感情コントロールの方法を身につけましょう。予約は取っておいたからね」ということになりかねない。戯画化してはいるものの、これでは本質的には、精神障害者を「狂人」として精神病院に幽閉していた時代と変わらない。

ここで私たち心理職はどうすべきか。ひとつには、上記のような構造を理解してもらうよう、教員や管理職に働きかける、というものがある。これは生徒個人に重点を置いて周囲に変化を求める動き、すなわちケアである。今ひとつには、もろもろのキャパシティを考えた結果、この構造自体を問うのではなく、それはそれとして受け入れ、感情コントロールができるように本人を支援するというものがある。これは、生徒本人に変化を求める動き、すなわちセラピーである。ここではセラピーは本人への支援であると同時に、学校の規律管理に重点を置いた動きともなっている。

集団にも重きを置く後者のような考えを公に発信すると、心理職としての矜持はどこにあるのだ、と激しい批判に遭うかもしれない。だが、現実は理想論で片づけられるような単純なものではない。こうした状況への現実的な解をひとつ示すとするなら、積極的に外部機関にリファーするというものになるだろう。学校内で問題解決を目指すのではなく、ケアやセラピーへと接続するハブとしてSCが機能するのだ。

そういう役割ならスクールソーシャルワーカー（以下、SSW）がいるではないか――そういったツッコミが聞こえてきそうである。たしかに、SSWのほうが優れたハブとなる場面は多く存在するだろう。特に福祉的な援助が必要な場合にはそうだ。しかし、こと心理面に限っては、やはりSCのほうがよいハブとして機能することができると言ってよいだろう。そしてここにこそ、ケアとは異なるセラピーの専門家としての心理職の独自性がある。次節では、事例をもとにそれを考えてみよう。

ケアモデルとセラピーモデルの邂逅――ケアの重層化に向けて

「問題」はどこにあるのか

彼女は、在籍高校のSCの紹介で私の勤務する自費相談室を訪れた。紹介状には、父からの教育虐待や暴力、母からのネグレクトの経緯が記されていた。SC主導の環境調整、すなわちケアの結果、彼女は親族の家に住まわせてもらうことになり、抑鬱感や不安感は薄らいだが、一度自分のことを振り返って考えておきたい、というのが主訴だった。

高校生の彼女の語り口は丁寧で、かといって慇懃でもなく、まるで成熟した大人のようだった。紹介状の内容を共有すると、悪いのは父でも母でもなく自分だという思いが拭えないのだと彼女はこぼした。両親が共に官僚である彼女は、「東大以外は大学ではない」と言って育てられ、期待に応えられない際には父は彼女の能力不足を詰《なじ》った。彼女はそうした価値観をひとつも疑わずに成長してきた。彼女の「洗脳」に疑問が生じたのは、ネット記事でDVの特集を目にしたときのことだった。「うちは、もしかして、これじゃないの……？」。

それで世界が一変する、といったドラマのようなことは起こるはずもなく、DVなのかもしれない、いやでもそうではなく、やはり父の言う通り自分の出来が悪いだけなのかもしれない、と彼女は煩悶しつづけた。そうした悩みを抱えて訪れたSCに、「悪いのはあなたじゃない」と何度も言ってもらい、それが支えになった、SCがいなければ自分が悪いという考えに押し切られていただろう、と淡々とした彼女がそこだけは熱をこめて語ったのが印象的であった。

SCの支えもあり、葛藤が徐々に「DVだ」というほうに傾きはじめ、家を離れることが実現した。だがそれでも、全快というわけにはいかなかった。親戚は、なぜ安全な環境が提供されているのによくならないのか、と訝《いぶか》った。そして何より、彼女自身がそう思っていた。やはり自分に欠陥があるからなのではないか――？　これまで数えきれないほどに浴びせられた罵倒を、彼女は内面化してしまっていたのだった。

そういった事情をSCに相談したところ、外部でのセラピーを勧められたのだと彼女は説明した。彼女の話を聞くに、心の中のことは、心の外側の環境を変えても変わらなかったということのようであった。そう見立てた私は、「傷つきに向き合う」セラピーが彼女には必要だと、SCと同じく判断し、その過程に入っていった。

彼女の問題は、心の「外」ではなく、心の「中」にあった。実在する外的な脅威から離れても、彼女の中には彼女を批難してくる声が存在しつづけていた。それはセラピー開始当初、父親の声として知覚されていたが、実は彼女自身が思っている以上に、そうした価値観は彼女の基盤となっていることが明らかになっていった。彼女は自分が忌み嫌う父親と同様の価値観を備えていること（学歴の低い人を下に見てしまうなど）を嫌悪し、抑鬱は悪化した。だがそれでも、繰り返しそうしたことを話すなかで、自分の中にある父親的要素と自分とを区別できるようになっていった。それは「自分になっていく」過程であった。また、これまで父親に比べればまだよくしてくれていると思っていた母親も、実は無思考に父親に追従しているのみで、自分のことを考えてのふるまいではなかったのだ、ということに気づき、痛みを伴いながらも受け入れられるようになっていった。

そうした内的な作業を行いつつ、浪人時代を経て、彼女は地方の私立大に合格した。それは父親的世界からの脱却であったが、彼女はそれを手放しで喜べたわけではなかった。だが、その新たな地で葛藤しながらも、これまでにない楽しみも体験している、と彼女は笑って報告した。

「個人的なことは、個人的なことでもある」

このケースは、ケアの限界を示している。彼女には、免責の経験もあったし、安全な環境も提供されていた。にもかかわらず、彼女は十分な回復を見ることはなかった。誰に責任があろうが、自分の歴史を背負えるのは自分だけなのである。それを可能にするためには、「傷つきに向き合う」必要がある。時期が来れば自助グループで「棚卸し」を行うことが重視されるのも、こうした必要性に応じたものであろう。

「個人的なことは政治的なこと」であったり、「個人的なことは社会的なこと」（貴戸、二〇二一）であったりする。こうしたケアを導く観点はむろん重要なものである。だが、やはり、「個人的なことは個人的なこと」である領域もまた存在する。

ケアにも思想がある。「あなたは変わらなくていい」という思想だ。だが、これは特に子どもの場合に顕著だと思うが、子どもが「変わりたい」「成長したい」とき、「あなたは変わらなくていい」と伝えることは、「変わりたいというあなたを変えなさい」という矛盾したメッセージを送ることになることは指摘しておくべきだろう。ケアも万能ではないのだ。

こうしたときに出番となるのが、セラピーである。セラピーという選択肢をインフォームすることは、当事者主権の概念に基づけば、余計なお世話かもしれない。だが、当事者がセラピーを、傷と向き合うことを望むのであれば、それに応じられる体制が整っていることが望ましいだろう。

「個人的なこと」を、学校内という「社会的」な設定で行われるスクールカウンセリングで扱うべきかは意見の分かれるところだろう。私としては、私費施設に代表されるような、クライアントとセラピストが個と個として契約するパーソナルな場で行われるべきことだと考えている。[★1] しかし、学校という社会的な場で、そうした「個人的なこと」、すなわち「心」を扱うことの重要性を知悉し、セラピーという選択肢をもち、その必要性を判断し、必要ならばつなげることができるハブが存在することは、生徒一人ひとりの、そして学校全体の益になることは間違いないだろう。そしてそれは、やはり心理職であるSCにしかできないことなのである。

おわりに

本章は心理職が心理臨床におけるケアを語るひとつの試みであった。

ケアは開かれている。セラピーはある程度心理職の専売特許と言ってもよいだろうが、ケアは違う。だから、多様な人が、多様にケアを語る。そこにおいて、心理職の述べるケアこそが真のケアだなどと言うつもりは毛頭ない。だが、心理職も長くケアに携わっており、経験は膨大に蓄積されている。そうであれば、その経験を知見という形にまで練り上げ、従来のケア論に統合することができれば、ケアはより豊かに、重層的になるだろう。

解説

本稿は、『臨床心理学』第二二巻第六号「ケアの声を聴く」に寄稿したものである。近年のケアブームは政治的にも正しく、なかなか批判的に検討することが難しい。

たしかにケアは援助のなかで優先順位として最上位に位置づけられるべきものだし、汎用性も高い。そして、にもかかわらず十分に社会に行き渡っていない。だからケアの必要性が社会に訴えられなければならない。私もそれは当然のことだと思う。

だが、依頼を受けた際にいただいた特集目次案を見たところ、どうも私しかセラピー推しの人はいないように見受けられた。こうなると、これはケアの不十分な点を指摘することを書くべきだろう、と考えた。

『子どもの精神分析的セラピストになること』にて自主シンポジウム記録への紙上コメントを求められたときにもそうだったのだが（山崎、二〇二一）、私はどうも肯定一色になりそうなときに水を差したくなってしまう性分らしい。肯定だろうと否定だろうと、とにかく「一色」になることに危険性を感じるからだ。

こう言うと、お前は周囲の状況によって意見を変えているのか、と言われそうだが、むろんそういうことではない。私は、論の強調点を変えているだけである。

たとえば本稿で言えば、他の原稿はケア推しのものだろうと推測されたため、私はセラピー推しの原稿を書いた。ケアは害をなすことを最小限にしようとする。だがそれはあくまで理念であり、人と人が関わる以上、そこに害が生まれる可能性をゼロにはできない。その、数少ない可能性のほうに焦点づけて執筆したのである。これが、他の方の原稿がセラピー推しのものばかりだろうと予測されれば、私はおそらく「日本社会にはケアが足りていない」というほうを強調していたと思う。
「一色」になることへの警戒は、私が「治癒は複数である」という信念をもっているがゆえに生じるものである。どれだけ「善い」ものでも、時と場合によっては害となることは避けられない。私たちは、それでもクライアントと関わっていかねばならない。そういう仕事なのだと思う。

†註

1――現実には高額な面接料金を払えない人もたくさんいるし、そもそも子どもには支払い能力がない。ここでは金銭の介在は一義的な意味を有していない。とはいえ、学校に限らず、たとえば医療のなかで行われる面接でも、教育相談所で行われる面接でも、料金の一部または全部の出どころがクライアントとは別のところにあることは意識されて然るべきであろう。そうした設定でクライアントがどこまで自由に話せるのか、そして治療者がどこまで自由に聞けるのか。つまり、スポンサーの意向をどこまで無視できるのか。大っぴらに議論されることは少ないが、ここにはそういった問題が存在している。「どんな環境でも、クライアントの話を虚心坦懐に聞けるのが専門家である」という理念はわかるが、それは現実とは遊離した空論にすぎない。
たとえば「個人的なこと」のなかには、本当に親を殺したいとか、実は違法薬物を使っているとか、パパ活をしているとか、「社会的」に許されないようなことも多々ある。こうした思いを学校という「社会的」な場でどこまで扱えるのかを現実的に考えてみた場合、どうしてもその思いをただ聞くのではなく、具体的な対応をすることになりがちだと思われる。というのも、手をこまねいていて何か決定的なことが起こった際、SCも、学校も、責任を問われることになるからだ。学校で「なんでも言っていいよ」と言われても、実際は必ずしもそうではないことくらい、むろんクライアントはわかっている。だからこそ、「個人的なこと」は双方が（特に治療者が）責任から解放されている「個人的」（＝クライアントとセラピストが個と個として契約するパーソナル）な場で扱われることが望ましいのである。

†文献

貴戸理恵（二〇二二）『個人的なことは社会的なこと』、青土社
中井久夫・山口直彦（二〇〇一）『看護のための精神医学』、医学書院
信田さよ子（二〇二一）『家族と国家は共謀する――サバイバルからレジスタンスへ』、KADOKAWA［角川新書］
東畑開人（二〇一九）『居るのはつらいよ――ケアとセラピーについての覚書』、医学書院
上野千鶴子（二〇一一）『ケアの社会学――当事者主権の福祉社会へ』、太田出版
山崎孝明（二〇二一）「シンポジウム全体へのコメント②『よさ』の語り方――『外』へ向けて」、木部則雄・平井正三＝監修（二〇二一）『子どもの精神分析的セラピストになること――実践と訓練をめぐる情動経験の物語』、金剛出版［二一一－二二〇頁］

第10章
「ちょうどいい距離感」をいっしょに探る
自立という名の孤立、ストーキング、そしてパートナーシップ

リツコ「ヤマアラシのジレンマって話、知ってる?」
ミサト「ヤマアラシ? あの、トゲトゲの?」
リツコ「ヤマアラシの場合、相手に自分のぬくもりを伝えようと思っても、身を寄せれば寄せるほど身体中のトゲでお互いを傷つけてしまう。人間にも同じことが言えるわ。今のシンジ君は、心のどこかで、痛みにおびえて臆病になっているんでしょうね」
ミサト「ま、そのうち気づくわよ。大人になるってことは、近づいたり離れたりを繰り返して、お互いがあまり傷つかずにすむ距離を見つけだす、ってことに」

はじめに――ヤマアラシのジレンマ

「新世紀エヴァンゲリオン」というアニメからの一節である。「ちょうどいい距離感」についての原稿を、という依頼をいただいたとき、真っ先に思い浮かんだのがこのシーンだった。

近づきすぎれば互いに傷つけ合うが、離れすぎれば寒くて死んでしまう。でも「ちょうどいい距離」は前もってわかるわけではない。だから「近づいたり離れたりを繰り返して、お互いがあまり傷つかずにすむ距離を見つけだ」さねばならない――これがヤマアラシのジレンマだ。

エヴァの登場人物はみな傷ついている。最愛の妻を亡くし、人類を巻き込んで再会を果たそうとする中年のゲンドウ。ゲンドウに認められたくて仕方がない息子のシンジ。亡くなった母に認めてもらうためにエリート街道を進みエヴァパイロットになったアスカ。クローンであるにもかかわらず「感情」を抱き、涙を知るようになるレイ。シンジ、アスカ、レイは一四歳の少年少女だ。三〇歳手前のリツコとミサトも、親との関係に葛藤を抱え、現在進行形でそれに苦しんでいる。

冒頭のリツコとミサトの会話はエヴァという作品全体の通奏低音となっている。登場人物たちは、「近づいたり離れたりを繰り返」す。結果、「お互いがあまり傷つかずにすむ距離を見つけだす」ことができたのかは、作品を観てほしい。

このエピソードがテレビで放映されたのは一九九五年のことだ。もう四半世紀以上も前のことになる。当時エヴァは社会現象になり、「心理学化する社会」(斎藤、二〇〇三)、「心の時代」(崎山、二〇〇五)の象徴となった。精神分析家エリクソン(Erikson, 1959［一九七三］)の「アイデンティティ」という語が日常語として定着し、「自分探し」が大流行した。だがそのバブルも、オウム事件を契機に弾けた。そんな時代だった。「近づいたり離れたりを繰り返して」「大人になる」――当時は、そうした成長譚が有効性をもっていたのだ。

時を経て二〇二一年、エヴァは「シン・エヴァンゲリオン劇場版」となって完結した。★1 そこで中心となっていたのは、旧エヴァで描かれたような、互いが互いを傷つけ合い、それでもともに生きていく、というような人間模様ではない。そこにあったのは、理解による成仏の物語であった。★2 新エヴァは、一部の古参ファンからの強烈な批判を浴びたものの、興行収入一〇〇億円超えで二〇二一年の日本映画トップの成績を収め、おおむね好評をもって迎えられた。

旧エヴァから新エヴァへのテーマの変更を、そしてそれが双方ともその時代に受け入れられたことを、どう理解したらよいのだろうか。

二五年で変わったもの

現代の感覚から見た旧エヴァ

新エヴァを観るにあたり二〇二一年にはじめて一九九五年の旧エヴァを観た二〇代の知人は、「旧エヴァは、そもそもシンジ君をあんな環境に放り込むな、環境調整しろ、という直感が最初に来るんですが、これは『心のケア』という技術や考え方が社会に浸透した結果ですね」と言っていた。

そうなのだ。令和の視点からすると、旧エヴァはありえない話に満ちている。そもそも別に暮らしていた一四歳の子どもが急に父親に呼びつけられ、説明もなく兵器に乗って敵と戦えと命令されるなどという物語の始まりは虐待以外のなにものでもない。ゲンドウとシンジが親子であることは無視して上司と部下だと考えても、パワハラ以外のなにものでもない。

たしかにシンジは過酷な環境に置かれ、試練を乗り越えていくことで成長したのかもしれない。だがそんなものは結果論であって、親や上司は子どもや部下にもっとスモールステップで成功体験を積ませて徐々に難易度を上げていくとか、適切に褒め、評価し、休息を与え、安心感を与えるべきだ、というのが現代の感覚だろう。人間関係においても、組織マネジメントにおいても、もっとも重要なのは心理的安全性だ、というのはもはや常識になりつつある。そうした環境を用意することこそが個人や組織のベストパフォーマンスをもっとも効率よく引き出すのであり、叱咤や過酷な環境から這い上がるのを求めることが非倫理的であるのは当然のこと、非効率的でもある。それが共通理解となっている。

この変化について別の表現をするなら、この四半世紀、人類は傷つきへの感度を上げることに成功したと言うことができる。たとえば、躾と名指されていたもののなかに虐待が発見され、からかいとされていたもののなかにハラスメントと暴力が見出された。マイクロアグレッション、アンコンシャスバイアスといった言葉を耳にしたこともあるだろう。傷つきが検出されやすくなったのはむろんよいことである。

「成長には傷つきが必須である」という神話への態度

同様に、現在の若者にとっては、ヤマアラシのジレンマも「なんでこんな無駄に傷つくことしてるの?」と思わせるだけなのかもしれない。

いや、それは別に若者に限ったことではない。「無駄は省くべし」という論は、若者以外からも主張されている。むしろ、そういった大人の主張を若者が取り入れている、というのが正確だろう。

典型例を二人挙げよう。一人目はひろゆきこと西村博之である。彼は著書『1%の努力』(ひろゆき、二〇二〇)のなかで、「人生に意味はない」「世の中すべて『ネタ』」だと言い切り、「楽しい」こと、人生というゲームに勝つことを追求している。そのために彼が勧めるのは「最小の努力、最短で結果を出すこと」である。

もう一人は、ホリエモンこと堀江貴文である。彼のキーワードは「無駄がないかを常に問いかける」ことで実現されるという「最適化」だ。

彼らの主張は、「無駄なことはするな」という点で共通していると言える。★3

本章の文脈において注目すべきは、『本音で生きる——一秒も後悔しない強い生き方』(堀江、二〇一五)のなかで、堀江が人間関係についても言及していることである。「安定を求めることはリスクだ」と言い、安定した仕事や人間関係はむしろ「しがらみ」を生じさせると説く。そこにあるのは、常によりよい選択をできるように身軽であることこそ善であり、自分を縛りつけるものや関係性はすべて悪であるという価値観である。

こうした流れのなかで、「傷つき」もまた「無駄」なものとされる。堀江は、家族に代表される「関係の固定化」はリスクであると明言している。「その場に留まり続けることは、同じ状態でい続けることではなく、劣化していくということ」であり、「人間関係については、その時、その時で、必要に応じて変えていけばいい」という。

たしかに、固定化された人間関係は面倒くささをはらんでいる。「毒親」「親ガチャ」という言葉はもっとも濃密な人間関係である家族の負の側面をダイレクトに反映している。それはわかりやすい。

だが、一般的に「幸福」と言われることもリスクになりうることは見逃されやすい。パートナーや子ども、親友といった、自分より大切なものをもったとき、はじめて自分のなかに「失いたくない」という気持ち、執着心があることに気づいた、という話は臨床でよく耳にする。そしてその大切なものは、不慮の事故で突然失われたりするのかもしれないのだ。そんなことになれば、「こんな気持ち、知らなければよかった」と思うのは目に見えている。ならばはじめから、大事なものを作らなければいい。それが「最適解」だ――

そうした欲望に応える形で、人間関係における傷つきを予防し、安全性を増す技術も日々進歩している。既読システムがあれば相手がメッセージを読んだか読んでいないかがわかるし（それはそれで新たな不安を生みもするのだが）、気に入らなければミュートをすれば目には入らない。ブロックすれば金輪際関わらないで済む。マッチングアプリの流行も、「無理解に晒され傷つく可能性を前もって最小限にする装置」という観点から見ることが可能だろう。

こうした「傷つき回避至上主義」とでも言える考えに同意する人は（特に若年層には）多いのではないだろうか。

実際、クリニックや学校で高校生・大学生と会っていても、「近づいたり離れたりを繰り返して、お互いがあまり傷つかずにすむ距離を見つけだす」という話はほとんど聞かない。それよりも、傷つけないこと／傷つかないことが最優先にされ、一定以上の距離を保ちつづけることが至上命題になっていることが多いように思える。

今、ヤマアラシのジレンマは、ジレンマを生き抜くことではなく、ジレンマ自体を回避するという形で対処されているのである。その先に何があるのだろうか。次節では、臨床経験から言えることを述べることとしよう。

傷つき回避至上主義の弊害

すべての傷つきは悪なのか

私は、週の半分は成人のクライアントと仕事をしている。そこでお会いする方々のひとつの典型として、ヤマアラシのジレンマを回避しつづけてきたがゆえに、（年齢的に）大人になってから私たち心理臨床家の元を訪れることになった人たちがいる。

そうした経験から、私は、すべての傷つきは無駄であり悪であるという思想は、個人の生き方としてはむろん尊重するが、社会全体がその風潮になることをよしとはしない。その思想は、人を気づかぬうちに別の危険に晒すと考えるからだ。

「傷つけない／傷つかないのであれば、何も問題ないではないか」と思われるかもしれない。果たして、距離を保ちつづけることの何が問題なのだろうか。

私はここに、ふたつの問題を見ている。ひとつは知りえない「最適解」を知ったつもりになることの弊害、もうひとつは無菌室で育つことによる弊害である。

「最適解」を知ったつもりになることの弊害――自立という名の孤立

ひとつめの問題は、安全性を追求することにより、ヤマアラシのジレンマの先にある「深い」関係性のはらむ生産性、創造性が開花する可能性が失われることである。

傷つきは「無駄」であり、前もって排除することが正解である――このような考えは、特に「効率」を好む層に支持されている。といっても、それはもはや「層」と表現するのは正しくなく、それがマジョリティなのかもしれない。

ここにあるのは、傷つきの徹底した排除である。他者の傷つきを排除する（傷つけないように気を遣う、そもそも会わない、相手の傷つきを無視する）ことでもあるし、自身の傷つきを排除する（傷つけられたことを否認する、傷つけたことによる自分の罪悪感や後悔を無視する）ことでもある。それが「最適解」であり、そうした生き方は（堀江の著書名にあるように）「強い生き方」として称揚される。

だが、本当にそうなのだろうか。私が述べようとしているのは、「強い生き方」とされているものは、実は「傷つきに弱い生き方」なのではないか、ということだ。

傷つけない／傷つかない生き方は、たしかにスマートである。彼／彼女ら自身、そうした生き方をよしとして年を重ねる。だが、ある時点で唐突に自分のなかには何もないと気づき、「さびしい」という感情に襲われてどうしようもなくなったり、なんだか慢性的な空虚感があったりして鬱っぽくなったりして、相談室の扉を叩く。そしてこう言う。「こんなはずじゃなかった」――そういう例は枚挙に暇がない。

だから、「最適解」という言葉は実は傷つきの回避を合理化しているもので、長い目で見たときに思わぬ結果を生むかもしれない、ということは指摘しておきたい。それが意識されているのならまだよい。私が懸念するのは、高校生・大学生が、「最適解」という主張を鵜呑みにし、実際に体験することなしにそれが「最適解」だと思ってしまうことである。

実際に傷ついて、自分事として「これはもう避けたい」と思う人に、「それでも傷つきが必要だ」などと言えるはずがない。だから、たしかに「無駄」な傷つきは存在する。

しかし生産的な傷つきが存在することもまた事実である。そしてどのような傷つきが無駄になるのか、逆に生産的になるのかはケースバイケースでしかなく、前もってはわからない。にもかかわらず、「傷つきはすべて悪であり避けるのが正解」と一刀両断にする主張が支持を集めている。

知らないものは、そこに存在していても見えない。知らないものは、失っても気づくことができない。いまや、「傷つき」による成長、満足が見失われている。それは、過去「虐待」「DV」という言葉がなかったがゆえに暴力が可視化されなかったこと、本来あるべき安全が失われていると気づかれなかったことと相似形をなしている。

無菌室で育つことの弊害――ストーキング、DV

もうひとつの問題は、傷つきを避けるために「近づいたり離れたりを繰り返して、お互いがあまり傷つかずにすむ距離を見つけだす」ことをしないで育つがゆえに起こる事態である。

私たちは、そうした経験を実際にすることを通じて、相手には相手の考えがあり、好みがあり、権利があることを体感的に学ぶ。傷つきを避けることは、そのような他者の他者性を認識する機会を損失することでもある。それは、無菌室で暮らすことによって適切な免疫が備わらない状況にたとえることができよう。

上述のように、近年、傷つきを回避するための技術は爆発的に向上している。とはいえ、いくら技術が進化しようとも、人間の動物的側面は変わらない。性や愛が絡めば水準が下がり、攻撃性も増す。そういったものをずっと遠ざける／から遠ざかることしか教わっていなければ、性愛や攻撃性に飲み込まれそうになったとき、太刀打ちできない。

免疫がない状態で、いきなり性や愛といった強烈な感覚や情緒に晒された場合、人によってはストーキングやＤＶ（家庭内暴力にせよ、いわゆるデートＤＶと呼ばれるものにせよ）に発展する。これらは、ヤマアラシのジレンマで言えば「近づきすぎている」状態である。「自他の境界がない」と言われることもあるように、それらは、他者の他者性に触れていないことから起こるものだと言えるだろう。

多くの人は、そんなことは自分には関係ないと思われるかもしれない。だが実は、いわゆる「正義厨」とか「正義中毒」と言われる、自分の考えが「正しい」のだから、相手はそれを受け入れるべきだ、と思っている人の心のなかで生じているのは同様のメカニズムだ。そうした人の数はストーカーやＤＶの件数より圧倒的に多い。両者は、他者が自分と異なる考えをもつ存在であることを否定している点において共通している。

そもそも、ヤマアラシのジレンマは誰とでも生きられるわけではない。傷つく／傷つけることを徹底的に回避しようとすることで他者性に触れづらくなっている現在、それが忘れられがちなのかもしれない。実際には当然のことながら、相手にも選択の権利がある。相手が望まないのであれば、追いかけてもただただ相手は離れていくわけであって、そこにジレンマは生じようがない。相手をひたすら追いかけて逃げられない状態に追い込んで近づく、といった状態に陥った場合、もはや他者の他者性は認められておらず、ジレンマは存在していない。そこにあるのはストーキングやＤＶの萌芽である。

「ちょうどいい距離感」をいっしょに探る
——パートナーシップ

旧エヴァから四半世紀を経て、世の中はたしかに変わった。だが、検出されやすくなった傷つきに対応するための新たな方法は、いまだ開発されていない。

現行の対処法は、「面倒になりそうなことには手を出さないようにしよう」（潜在加害側）か「私を傷つける可能性のあるものは世の中から消せ」（被害側）といったものだ。前者は傍観者的だし、後者は過激だ。ゆえに世の中はなかなか変わることはない。それが私たちの現在地だ。私たちは今、行き詰まっている。

では、どうしたらいいのか。その答えは、これまで人類の生きてきた歴史のなかにある。

ヤマアラシのジレンマはエヴァ発の用語ではない。一九世紀に活躍した哲学者アルトゥール・ショーペンハウアーの寓話が起源だと言われている。とすればそれは、少なくとも二〇〇年ほどの歴史がある葛藤なのである（実際には、命名されていなくとももっと古くからあったことは間違いないだろう）。人類は、ヤマアラシのジレンマを解消するのではなく、「近づいたり離れたりを繰り返して、お互いがあまり傷つかずにすむ距離を見つけだす」ことによって、それを生きてきたのだ。

だから、なんのことはない。「私たちは、どれだけ技術が発展しようと、傷つき／傷つけられながらでしか、ちょうどいい距離を見出すことはできない」——これが「答え」だ。傷つきをゼロにするという方向性には限界がある。

でもそんなことを言うと、若者からは「そこまでしてそんな関係要らないんですけど」と言われかねない（臨床をしていると実際言われる）。そうなのかもしれない。だが、先ほども述べたように、年を重ねてから自分が見ないようにしてきた気持ちに直面せざるをえなくなる人がいることは事実だ。

だから私は、「これからの時代を生きる高校生・大学生」には、「自分のことをわかったつもりにならないように」と言いたい。今現在の「最適解」が、二〇年後、三〇年後にも「最適解」でありつづける保証はない。常に将来のことを考えて生きるというのもそれはそれで不健康だが、今しか見ていないというのもまた同様に不健康だ。

今、「自分は人との接触なんか求めてない。そんなものは煩わしいだけで、なにひとついいことがない」と思っているかもしれない。その気持ちは本当だろう。そうなると、ヤマアラシのジレンマの回避こそが「最適解」だと思うことだろう。

だが人間は、「近づきたい」と「離れたい」のように矛盾する気持ちを同時にもつことのできる生物でもある。そういうとき、「自分は本当はどう思っているんだろう」と自問するかもしれない。どちらかが本当の気持ちだと決められたほうが、スッキリ生きられる。だからそうしたくなる気持ちはわかる。でも、その相反する気持ちは、どちらかだけが本当ということはない。どちらもが本当の気持ちなのだ。

もちろん、気持ちはどちらも本当だとはいえ、行動は「近づく」か「離れる」かのひとつしか取れない。だからこそ、どちらの気持ちもそこそこ満足させられるように、「ちょうどいい距離をいっしょに探る」、ヤマアラシのジレンマを誰かといっしょに生きることこそが、私たちの生を豊かにしてくれる。

距離を取って近づかないのも、近づきすぎるのも、他者と交流していないという点でどちらもヤマアラシのジレンマを生きられていない。ヤマアラシのジレンマを生きることによって異質な他者との共存が可能となり、パートナーシップ[★4]を獲得することこそ、傷つきへの処方箋なのだ。

おわりに

「傷つきを超えた先に何かがある」という言説は、一歩間違えば加害になりうる。もう十分すぎるほどに傷ついた人を、さらに傷つけるかもしれない。そういう人に必要なのは、言うまでもなくさらなる傷つきではなく、ケアである。だから、「傷つきを超えた先に何かがある」というフレーズは公には言われなくなる。同様の理由で、「定型発達」という概念は現代的には用いづらい。今やエリクソンのライフサイクル論は規範的に過ぎるかもしれない。だが、「知らないものは見えない」のだから、「傷つきを超えた先に何かがある」ことを経験的に知っている誰かが、大人が、言わねばならないこともあるだろう。

世の中が変わっても、「適切な傷つき」「生産的な傷つき」というものが実際にあり、それはヤマアラシのジレンマを生きることによってこそ可能になる——それが私が「大人」として伝えたいことである。

解説

本稿は、『臨床心理学』第二三巻第三号「これからの時代を生きる高校生・大学生の処方箋」に寄稿したものである。

本文にも記したが、依頼テーマを目にして、私はヤマアラシのジレンマについて書くしかない、と思った。今現在、高校生・大学生がエヴァをどれだけ知っているかは、はなはだ心許なかったが、読者は高校生・大学生を支援する立場の大人だろう、そうであれば一定以上にエヴァはインパクトを及ぼしているはずだ、と思ったからだ。「外」に向けて書く、興味をもってもらうための仕掛けのひとつだ（単純に私がエヴァのオタクだという話でもあるのだが）。

時代とともに、何を学問的に扱うかの境界は変化する。昨今、アニメや漫画、ゲームはその内側に位置づけられているように思うが、それもひと昔前には考えられなかったことだ。

だが実は、本稿のミソは、ひろゆきやホリエモンについて言及していることだ。彼らが学術雑誌では扱われないようなタイプの著者であることは重々承知している。そしてだからこそ、あえてここで彼らを取り上げた。というのも、子どもや青年と臨床をしていれば、「ひろゆきはこう言っていた」という発言を実際に聞くことが、無視できないようなオーダーで存在するからだ。

本文でも彼らを批判の対象にしているように、私自身、彼らの主張に同意するわけではない。だが、彼らの主張、やり方（「論破」）が一定以上の人気を獲得している以上、それをただ無視しているわけにも、指を咥えて見ているわけにもいかないだろう。にもかかわらず実際には、私たちはそういった存在を「相手にする価値がない」ものとして扱ってこなかっただろうか。たしかに、彼らの主張を学問の範囲内で扱おうとするのは微妙かもしれない。品位を貶めるかもしれない。でも、そうやって上澄みの世界で戯れているだけでよいのだろうか。

結局のところ、これは媒体が『臨床心理学』という準学術雑誌で、私が本稿を（学者としてではなく）臨床家として書いているから可能だったのだろう。私も『心理臨床学研究』に投稿するならば、彼らを取り上げることはしなかったように思う。

第14章「論文発表までの道のり」でも「宛先が大事」と書いているが、こうやって媒体によって書く内容を使い分けることも、重要なことだと思う。何度でも繰り返すが、学者も臨床家も、学者的文章も臨床家的文章も、どちらもが必要なのだと私は考えている。

†註

1――正確には旧エヴァは旧エヴァで完結しており、新エヴァは別作品だということになっている。だが、多くの鑑賞者は、両者を独立した作品とは捉えていないと思われるので、このような表記をした。

2――これも、穿った見方をすれば、ヤングケアラーであるところのシンジによる、虐待父ゲンドウの赦しの物語と言えなくもない。

3――こうした批判を想定してか、彼らはご丁寧に「何が無駄であるかはやってみなければわからない」とも言っている。ただ、それはあくまで自分にとっての好き嫌いを判断するためのものにすぎない。彼らが共通して重視する「自分の頭で考える」というスローガンからもわかるように、「答えは自分が知っている」というスタンスなのだと言える。基本的にはそれは正しい。だが、自分よりも他者のほうがわかることもある、という可能性について、あまりにも開かれていない。

4――ここでは恋愛関係、婚姻関係に限ったものではなく、もっと広義のものを指している。

†文献

Erikson, E.H.（1959）*Identity and the Life Cycle.* International Universities Press.（小此木啓吾＝訳（一九七三）『自我同一性――アイデンティティとライフ・サイクル』、誠信書房）

ひろゆき（二〇二〇）『1％の努力』、ダイヤモンド社

堀江貴文（二〇一五）『本音で生きる――一秒も後悔しない強い生き方』、SBクリエイティブ

斎藤環（二〇〇三）『心理学化する社会――なぜ、トラウマと癒しが求められるのか』、PHPエディターズグループ

崎山治男（二〇〇五）『「心の時代」と自己――感情社会学の視座』、勁草書房

第IV部

実践を定位する

第Ⅳ部は、第Ⅰ部で述べたところの「内部からの更新」にあたる。そこで私は方法論として「治療構造論」と「臨床エスノグラフィー」というふたつを挙げた。

第11章「治療構造の一選択肢としてのオンライン面接」は、まさに治療構造論的観点でもって、ふだんの臨床を深掘りしたものである。繰り返しになるが、治療構造論は「しっかりと構造化して毎週心理療法をやる理論」ではない。おのおのの治療構造が治療過程に与える効果を考えるものである。ここでは精神分析の世界において「窮余の策」「代替手段」として扱われがちなオンライン面接という治療構造が、治療過程にどのような効果を及ぼすかをフラットに考えることを試みた。治療構造論は決して個室臨床でのみ利用できるものではない。その射程はより広く、集団理解などにも応用できるものである。ゆえに、すべての心理職に役立つものだ。第11章は、治療構造論をどのように活かすかの実例としても読んでいただければと思う。

第12章「異文化交渉の場としてのスクールカウンセリング」は、もう一方の臨床エスノグラフィーを用いたものである。臨床エスノグラフィーについては方法論としていまだ確立されているとは言い難いので、プロトタイプとして捉えてもらいたい。このタイプの文章が「論文」として扱われることにより、「領域の知」が集積されることとなるだろう。その嚆矢の役割を果たせればと思う。

第11章 治療構造の一選択肢としてのオンライン面接

問題と目的

力動的心理療法におけるオンライン面接

二〇二〇年初頭からのCOVID－19（以下、コロナ）の感染拡大、そしてそれによる「三密」回避の呼びかけや緊急事態宣言は、心理臨床界にも大きな変化をもたらした。

その最たるものが、対面をその基本設定としていたところに導入されたオンライン面接である。この数年で本邦でもオンライン面接は爆発的な広がりを見せ、知見が蓄積されつつある。そのなかでわかってきたのは、オンライン面接に支障を感じるセラピストとそうでないセラピストがいる、ということである。

たとえば、認知行動療法家の岡村（二〇二二）は「情報の聞き取り自体は対面・オンラインともに大きな変化はない」「ホームワークを出すことがあるが、やりとり自体は対面・オンラインに違いはない」「コラムなどを用いた認知を検討する介入を行う場合には差異はさほどみられない」と述べており、オンライン面接に大きな困難を感じていないようである。

一方、精神分析家の十川（二〇二〇）は「オンライン分析はあくまで治療関係の突然の断絶に対する患者の不安を軽減するだけのものである。それは精神分析ではなく、精神分析と幾つかの類似点を持つカウンセリングの一形態に過ぎない」と断じている。杉原・宮田（二〇一八、二〇一九）のように、力動学派においてもオンライン面接を積極的に活用しているものも存在するが、それが中心的な位置を占めていないのは、杉原（二〇二一）自身が述べているところである。

コロナ禍において、オンライン面接を行った力動的心理療法家は少なくないが、それまで頑なに拒否していたのにもかかわらず、急激に態度を変更したことについて批判的な目を向ける分析家も少なくない（十川、二〇二〇／北山、二〇二一）。また、オンライン面接には意味があるものの、あくまで代替手段、暫定的な手段である、というスタンスを取る者も多い（ガヴィニオほか、二〇二〇）。

しかしいずれにせよ、コロナ禍という現実を前にして、力動学派のセラピストによってもオンライン面接は津々浦々で実施され、実践が重ねられ、それに基づき知見が蓄積されつつあるのが現状である。

それらの報告のうち、現時点では、東畑（二〇二〇）の試論が力動学派の考えるオンライン面接の可能性と限界をもっとも包括的に述べている。

そこではまず、「できること」として情報交換とプレゼンスの提示が挙げられている。

情報交換とは、心理学的な情報のやりとり、すなわち「サイコロジカルトーク」のことである。特に低頻度面接で行われることの多い、クライアントのセルフマネジメントを補い現実検討を助けるようなケースはオンラインでも十分に機能するという。また、プレゼンスとは、面接においてそこに他者が存在し関わりが生じている実感のことを指し、オンラインでも提示しうるとしている。

逆に限界として、「情報未満のものが濾過されてしまう」ことが指摘される。情報未満のものとは、具体的には粘膜的なコミュニケーションと身体的な危険である。

東畑は、オンライン面接でクライアントが泣くのをこらえていることに気づけなかったという体験から、怒りや不満、不安、そして安心を身体的・粘膜的次元でやりとりすること、すなわち空気や雰囲気を感知することの困難さを指摘している。

身体的な危険のほうはより明白である。リモートである以上、性的侵犯や殴打や殺傷が生じる可能性は皆無である。それは利点にもなるのだが、そうした危険性があるにもかかわらず実際には起こらないという危険と安全の揺れ動きによって他者への信頼が形作られることが、力動的心理療法の根幹にある仕掛けであった以上、それは欠点ともなりうる。

これらをまとめて東畑は、オンライン面接ではセラピーを駆動する「不潔さ」が濾過されてしまうと表現している。情報交換とプレゼンスだけでは、力動的心理療法が可能にはならないのである。

私も力動的心理療法をオリエンテーションとするものであり、この東畑の試論に基本的には同意する。その上で本論で問いたいのは、力動的心理療法において、オンライン面接は「代替手段」「窮余の策」でしかないのだろうか、という点である。

力動的心理療法では設定の境界機能が重視されるが、その設定には治療者と患者の身体が同席していることが含まれている。ゆえにクライアントと治療者が同席しないオンライン設定は「根本的な変更」である。それにもかかわらずよい結果を生むこともあり、それがなぜ起こるのかは「興味深い問い」であるとされている（Lemma, 2017）。

治療構造論という視点

この問いを考えるにあたり、「治療構造論」という視座を導入したい。治療構造論は、小此木（一九九〇）が提唱した、日本の力動的心理療法の心理臨床界への最大の貢献のひとつであるが、「しっかりと構造化して毎週心理療法をやる理論」だという誤解を受けることが多い（妙木、二〇一八）。その結果、はじめに決めた構造を遵守することこそ善であり、その変更はすべて逸脱であり悪であるという見方が広まってしまったことは否めない。しかし実際には治療構造論は、面接構造が治療過程に与える効果を考えるという認識論、そしてその認識に基づき「構造を処方する」という技法論から構成されるものである（栗原、二〇一九）。どのような構造がよく、どのような構造がよくないということではなく、各構造の特質を摑み、その上でクライアントにとって最適な構造を処方するという思想なのである。

ここまで見てきたように、力動的心理療法において、オンライン面接の不十分さについての知見は蓄積されつつある。しかし、「オンライン面接という構造が治療過程に与える効果はどのようなものか」という、治療構造論的な観点からの考察は見当たらない。これは、常に理論よりも先を行くという臨床の特質上やむを得ないものである。コロナ禍以前、わが国の多くの臨床家にとって、オンライン面接は受動的に採用する選択肢であった。しかし今や私たちは、この問いを考えるに足る経験を蓄積してきていると言ってよいだろう。

私はこのたび、コロナ禍とは無関係に、治療関係に対する一介入として、セラピストが主体的にオンライン面接という構造を提案した力動的心理療法の事例を経験した。この経験をもとに、オンライン面接の治療構造論的意味を考えたい。

臨床素材

事例の概要

クライアントAは、由緒ある家柄の「エリート」で「都会育ち」の父、そうした世界とはほとんど関わりのなかった「田舎育ち」の母との間の第二子として生まれた。父には基本的にはずっと怒られ怒鳴られていたし、「一度も褒められたことがない」と彼は強調した。

就学前には問題なかったが、小学校に入ってから適応が難しくなり、小児科で「発達障害のグレーゾーン」の診断を受けた。それでもなんとか通学は維持していたが、小学校高学年での転校から事態が悪化し通学できない日が増えた。これにはもちろん学校が変わったことも関係していたが、転居先である父方の実家での父方家族との同居生活による学業プレッシャーを強く感じるようになったことも大きく影響していた。

この頃、彼が学校で家庭での父とのできごとを話したところ、行政の介入があり、父親の態度はずいぶんと変わった。しかし、彼としてはそれは「機械的に、言われたからやっているだけ」だと感じられていた。父は、激高することこそなくなったものの、迂遠なやり方で父の思う「正解」に子どもたちが自らたどり着くように仕向けてくるのだということだった。一方の母は、むしろ父よりも怒ることは多かったが、彼には「直情型でわかりやすい」と体験されていたし、関係は良好なようだった。

こうした状況で、彼は児童精神科に紹介された。当初は投薬治療のみであったが、「感情のコントロールがうまくいかず、少しのことで激しやすい。自己肯定感が低く、すぐにネガティブな考え方になってしまい、自分を責める。ちょっとした注意やアドバイスも怒られていると感じパニックになる」との主訴で主治医より心理療法を勧められ、私と会うことになった。数回のアセスメント面接を経て、父との関係に端を発する、彼を責め立てる対象に囲まれた心的世界の変容が必要と判断し、隔週五〇分対面での力動的心理療法に導入することとした。

第一期――個人面接(#1－#36〈一年半〉)

面接を開始すると、日によって、イライラしていて今すぐにでも帰らせてくれと要望する回と、穏やかだが多くの時間を寝て過ごす回のいずれかが訪れるようになった。

話ができる状態のとき、話題の中心は父のことであった。そもそも帰りたいのは、父のいない間にゲームをし、ストレスを減らすことで明日に備えるためであることも判明した。彼は、「お父さんは自分のなかにある〝お父さん〟という部分を使っているだけ。本当のお父さんには会ったことがない」などと父への強固な不信を語る一方、「お父さんと僕は性格が似ている」「お父さんがもっと子育てに関わってくれていたら違ったと思う」とも語った。ただ、彼のなかでは父への恐怖ばかりが強く意識されており、そうした相反する思いはアンビバレンスとして保持されてはいないようだった。「暴れてしまう不安」や、「僕がいなくなれば、家族みんな幸せなんだ」といった悲愴な思いが語られることもあったが、それは断片的なものでしかなかった。

#12でも見るからにイライラして入室してきた彼は、開口一番「帰らせてよ」と訴えた。〈早く帰ってゲームをして自分で気持ちを落ち着けなきゃってことだよね〉と応じたが、彼は同じ言葉を繰り返すばかりだった。イライラは募り、彼は「帰らないと死んじゃう、カウンセリングは僕をイライラさせるだけなんだ」と語気を強めた。〈でも五〇分まではいてもらうから、この時間をどう使って君の気持ちを落ち着かせるかを考えよう〉「ふざけんなよ、死ねって言うのかよ」〈五〇分までここにいろということは、君には死ねって言われているのと同じなんだね〉「そうだよ。もしくは、誰かが死ぬかだ」〈君が誰かを殺してしまいそうだ、ということだね〉「そうだよ」といったやりとりが続き、彼は「ゲームさえしていれば、僕はいつも笑顔でいられるんだ」と話した。〈いつも笑顔

でいないといけないんだね〉と言うと、彼は「そうだよ、そうじゃないとお父さんに怒られる」と応じた。このやりとりを経て彼は急速に落ち着いたが、そのまま深い眠りに入ってしまった。それは私をシャットアウトするためというより、エネルギーを使い果たして電源が落ちてしまったという印象を与えるものだった。眠る彼の側で、彼にとって心理療法は実りがないわけではないが、いかんせん負荷が大きすぎるようだ、と私は考えていた。

面接室外では、「中学受験に失敗したら家族全員からバカにされるし、ゲームも取り上げられる。そんなことになるくらいなら死んだほうがマシだ」と語っていた彼は、私立中学に合格することができず、公立に通うこととなった。当初は不合格の傷つきを否認しており、それに私が触れようとするとやはり彼は眠りに入った。これはシャットアウトという意味合いが強いもので、そうした際、私は締め出された悲しみや怒りよりも、そうせざるをえない彼の苦しみを追体験するかのように苦しくなり、彼の心に触れようとする心理療法という営み自体が彼にとって刺激が強すぎるのだろうと感じた。しかし、数回後には鬱々とした気分と不合格を結びつける解釈を受け入れるようなこともあり、私は彼にとって適切な心理療法の形がどのようなものなのかはかりかねていた。

時を同じくして、父が職場での不適応から休職に入り、家にいることが多くなった。同じ屋根の下で過ごしているものの、父は基本的には自室に籠っていた。それでも彼は、「いつも何かやれと言ってくる」と体験されている父に対応するために新たな趣味を始めたりしており、彼の心のなかで父が占める割合は依然膨大なもののようであった。ただし、その内容は恐怖一辺倒というわけではなく、「実はお父さんが家のなかで一番子どもなんじゃないかと思う」「ただ嫌いだとか怖いだけじゃない。尊敬はしている」と語ったりするようにもなった。さらには、父親が家で筋トレを始めたことを報告し、「それは僕もうれしい」と語るのだった。とにもかくにも、彼の世界は父を中心にして回っているようだった。

中学入学後、彼は不登校になり、適応指導教室にのみ通うようになった。「学校に行けないのは自分でも不安」と思いつつも、「周りから悪口というか、何言われるかわかんないというか。それで自分がパニクって、人に危害を加えることになるのが怖い」とのことだった。

そうしたなか、#33にて寝ている彼を起こし、〈ずっとこれをやってるよね。最近どういうモチベーションで来てるの？〉と尋ねたことがあった。彼は「それは僕のまずいところを直すためでしょう」と言い、すぐに怒ってしまうところ、少し周りが騒いでいるだけでもキレてしまうところを直そうと思っている、と語り、穏やかに面接は終了した。しかし翌回の#34では怯えた様子で二〇分ほど入室できず、入室してからも「人が怖い。すべてが怖い」と言って寝るばかりであった。#35では時間途中で面接室を飛び出し、待合で母と過ごし、時間内に戻ってくることはなかった。#36には彼は来られず、母のみがやってきた。「カウンセリングが怖いと言っている」とのことで、それは#33でのやりとりがあまりに侵入的であったことの結果であると思われた。母と私で相談し、翌回から母子同席で面接することとした。

第二期——母子同席面接（#37－#48（六カ月））

以後、三者で面接する回が続いた。イライラしたり寝たりすることは続いたが、母という第三者を挟むことにより、彼は第一期よりも私への思いを口にすることができるようになっていった。それはたとえば、私の目の前で「（セラピストに）思っていることを言ったらキレられるに決まってる」と母に向けて言ったりするという形であった。私も父親と同様に不寛容であるに違いないと感じていて怖いのだろうと解釈した際には、これまでのようにただ同意するのではなく、「そこがまだわからない。でもいずれにせよ信用できない」と微妙に軟化しているようだった。

この時期、彼は「プライバシー」を強く主張するようになった。それは特に彼が嫌な思いをしたできごとについて尋ねた際によく起こったが、日常の些細なことを尋ねても同様のいらだちが返ってくることがあった。それは彼の心的領域を侵していることからくる拒絶感のようだった。私は、私や心理療法文化にとっての「ふつう」の距離感は、彼には侵襲的なのであり、距離を調節する必要性があると強く感じるようになった。その方法として面接時間や面接頻度を減らすことも検討したが、彼の場合は空間を同じくしていることが問題に思われたため、それでは彼に必要な距離を創出することにはならないだろうと考えた。そして、互いの身体が別の空間にいながらも「会う」ことのできるオンライン面接がもっとも有効な選択肢なのではないか、と考えるようになっていった。

そうしたなかで私の印象に残ったのは、彼が同級生を殴ってしまった際、「僕は人と関わるとこうなる」と語ったことだった。私が〈だったら関わらないほうがいい、と。前から人が怖いとも、自分が人を殴ってしまうかもしれないのが怖いとも言っていたよね〉と言うと、彼は深くうなずいた。そうした思いは、父にも向けられていることが明らかになった。母は彼に、父に思っていることを直接話すことを勧めるのだが、彼はそれに「そんなことをしたら、最悪会社に行かないとかになりかねない。へこんでまた引きこもりかねない」と応じた。それは単に彼の杞憂ではなく、母も「それはありえるからね……」と言う類のものであった。この思いは私にも向けられており、#47では〈キレられるというのと同時に、僕のことをすごく傷つけて、お父さんのように部屋に引きこもらせてしまうんじゃないかというのも心配しているよね〉との解釈に、彼は当然といった雰囲気で同意した。

#48では、あるできごとについての私の質問に対し、彼が「プライバシー」を主張して激昂した。そして彼が言った言葉が、「とにかく僕はこの距離では話せない」であった。私はそこで、〈この距離だと、自分が殴られるか、自分が相手を殴ってしまうんじゃないかって不安になって、まともに考えられないんだと思うんだよね。そういう意味で、オンライン面接を試してみる価値があるんじゃないか〉と以前から選択肢として考えていたオンライン面接を提案することにした。彼はしばし考え、「うん、いいんじゃないかな」と答え、翌回からオンラインで面接を行うこととした。

第三期――オンライン母子同席面接（＃49－＃52（二カ月））

オンラインで面接を行うようになると、彼は私と落ち着いて話すことができるようになった。「僕は人をバカにしていないと、自分より下だと思えるやつを見つけようとしていないと、もたないんだと思う。だって自分はすごくダメだから」「お父さんがどうこうというのではなく、自分の問題が大きいと思う」といったことが語られるようになったし、〈自分で自分に手を焼いているんだね〉という解釈に、「ああ、それはしっくりくるな」という反応を返すようになった。

一方、オンラインで面接を行うようになり、その場が彼の家庭のリビングとなったことで、ふだんの母との諍いが私の眼前で繰り広げられるようにもなった。＃52では、オンライン設定になってからは顔を見せていなかった、私とやりとりするなかでいらだち、激昂する彼が現れた。その姿は面接室での面接時と同様のもので、オンラインになって「距離」が発生することで脅かされる度合いは低減したものの、それがゼロになるわけではないようだった。フレームアウトしていった彼を定位置に戻させようとする母と、それに抵抗する彼の会話が、母のみが映る画面から聞こえてくる時間が訪れた。彼ははじめ私のことを非難していたが、そのうちに、「もう俺は何やったってしょうがないんだ、終わってるんだ」といったことを言い募った。母は「そんなことはない、あんたは努力もしてないでしょ」と応じ、彼は言葉にならない言葉を発していた。画面には姿が映らないが、追い詰められて頭をかきむしる彼が見えるかのような錯覚に陥っていると、彼は「僕をこんな風にしたのはみんなじゃないか！　なのに僕だけ変われっていうのかよ！　僕だけ悪いのかよ！」と叫んだ。その叫びを聞いた私は具象的に胸が痛くなり、彼の傷つきを思った。同時に、これが茶飯事なのであろう母も相当にしんどいだろうとも感じられた。彼は「お父さんに死んでほしい、出て行ってほしい、消えてほしい、顔を合わせたくない、食事も一緒に食べたくない」とまくしたてた。「食事は私だって家族一緒に食べたい」と応じる母に、彼は「何も楽しくない、むしろ苦痛だ、お父さんは話をしようとか言うけれど受け入れる話題は決まっている、あんな食卓の何が楽しいんだ」と反論した。母は「気にしなければいい」「無視すればいい」というスタンスで、彼は「そんなの無理だ」「常に監視されているように感じている」「護身用具が欲しい」と応戦した。無言の時間となった。

　私は、フレーム外の彼に向かって、〈聞こえるかわかんないんだけど。君にとってここで話すことは、話せと言うけど話していい内容は決まっている、お父さんと食卓を囲むことと同じように体験されているんじゃないかな。それは嫌だよね〉と話しかけてみた。すると母の呼びかけもあって彼はフレーム内に帰ってきて「お父さんほどではないけどね」と答えた。だいぶ落ち着きを取り戻している様子であった。〈しかし、お父さんの件は、物理的に護身するって話じゃないと思うんだよ。常に監視されてるように感じるっていうのも、実際のお父さんがどうこうって話じゃなくて、心のなかのお父さんの問題だよね。だから心のなかで護身用具を持てるようになる必要があるよね〉と解釈すると、彼は「僕も、そう思う」と力を込めて言った。今なら転移関係に触れることができるだろうと考えた私は、〈やはり僕にも、お父さんに対して思っているように、どうしようもないと思われているのだろうと思ってるのかな〉と解釈した。彼は、「お父さんに対してほどじゃないけどね。でも、面倒なやつだとは思ってるだろうと思うよ」と応じた。〈そうか。今日、聞きながら、つらい気持ちになってた。たぶんお母さんもそうだと思う。でも、君が一番つらいだろうね。だから、面倒だとかは思ってなかったかな。どう思う？　お父さんのように、表面的にはそう言ってるけど、って感じかな〉と尋ねると、「やっぱりこれも、お父さんほどではないって感じ」と答え、沈黙となった。私はさらに、〈君に効果がないから辞めたいって言われるとさ、こっちは焦るのよ。効果出さなきゃって。でも、この焦りっていうのも、君が感じているものなんだと思う。君が一番、自分はどうしようもないからって焦ってるんだろうね。もうそれを通り越して自分に絶望してるかもしれないけど〉と解釈した。すると彼は大きくため息をつき、「うん……」と応じた。張りつめていた空気が一気にゆるみ、ちょうど時間となった。

第四期――オンライン個人面接（#53－）

#53、今日も三者で面接するつもりで臨むと、画面上には彼しか映っていなかった。場所もリビングではなく、自室であった。〈あれ、今日一人？〉と驚きつつ尋ねると、「はい。で、失礼なんですけど、ゲームしながらでいいですか？　僕だってできれば一人で話せたほうがいいと思ってるんですよ。でも、何もなしでは厳しいから、どうしようかってお母さんと話して、ゲームしながらならいけるんじゃない？　って話になって」と彼は説明した。ゲームをしながらというのはいかがなものかと思いもしたが、彼の面接への積極的な気持ちを潰すようなことはしないほうがよいだろうと判断し、私はその申し出を受け入れた。その回、私が画面共有を提案したところ、彼は「いやあ、それはちょっと……」と断ったが、「プライバシー」を持ち出すことはなかった。終わり際、この構造について彼は「今日だってゲームなんてしないでできればいいんだけど。ただ、結果として、こうやって落ち着いて話せているから悪くないのかな」と述べた。

その後、話題の中心は父親ではなくゲームのことになっていった。以前は「プライバシー」の壁に阻まれて知りえなかった彼の世界が、オンラインという設定の力を得て、ゆっくりと語られるようになった。その最たるものが、ゲームにおいて多くの子は前線で戦うことを好むのだが、自分は「後方支援」を好んでいる、というものであった。それは彼がゲームの操作を得意としておらず戦闘には向いていないという悔しさや、前線で働く「エリート」の父親の後方支援をしたいという思いがこもっているものと理解された。そうした話を経て、#58で彼は「見ますか？」と言って、自ら画面共有を申し出た。私は、〝プレイを、自分のプライバシーを見せるなど問題外〟といった雰囲気であった過去のセッションを思い出し、彼の変化を感じながら、〈もちろん〉と応じた。実際に画面共有してみると、たしかに彼のプレイはうまいものではなかった。しかし何より彼は楽しそうに実況しながらプレイしており、私ははじめて彼が面接中に生き生きと遊んでいる姿を、彼らしさを目にしているように思った。
その後、彼はゲームのなかで前線に躍り出るなど新しい展開を見せ、登校を再開した。それを報告する際、彼は茶目っ気たっぷりに「カウンセリングのおかげかな」と軽口をたたくのだった。その後、彼と私は彼自身の内的世界に取り組む長い時間を過ごしていった。

考　察

自我境界と治療構造の境界

本事例を治療構造論的に理解する際、考えるべきは境界である。それは、クライアントの自我境界の問題であり、それに影響を与える治療構造の境界調節機能の問題でもある。彼は、「ちょっとした注意やアドバイスも怒られていると感じパニックになる」ことを主訴としていたし、実際、第一期においては面接内でもたびたびパニックに陥っていた。これは彼が「皮膚のコンテイン機能」(Bick, 1968) に脆弱さを抱えていたことを示している。それゆえ、彼は皮膚に包まれた内的空間、すなわち心を心として保持しておくことが難しく、情緒的に考えることができなかった。本事例における三度にわたる設定変更は、彼のこの「皮膚のコンテイン機能」の脆弱さをいかにして補うかをめぐって行われたものと理解できる。

ビック (Bick, 1968) によれば、「パーソナリティがもっとも原始的形態にあるとき、その諸部分のなかに自らを束ねる力はなく、それゆえそれら自体には受動的に体験されるような方法、つまり皮膚の境界としての機能によって、まとめられなければならない」。自己は、外的対象とのかかわりから皮膚のコンテイン機能を取り入れることにより、内的・外的空間の空想が可能になるまで取り入れを行うことはできない。取り入れがなければ必然的に投影同一化の機能は減退することなく継続し、それに伴いあらゆる同一性の混乱が表面化するという。

第一期、彼は個人心理療法という設定とセラピストのコンテイン機能により、これまで恐怖によって十分に考えられずにきた父へのアンビバレントな思い、特に陽性の感情や考えに触れることが可能になった。だが、それは新奇な刺激として彼を襲い、もともと脆弱な「皮膚のコンテイン機能」を弱化させ、自我がバラバラになってしまった。パニックは、その表現であったと理解することができよう。面接時、私はそうした新しい体験が彼にとって負荷が大きすぎるがゆえに眠りに落ちてしまうのだろうと考えていたが、これは自我の解体を免れるための方略であったと考えるほうがより正確だろう。

#33の私の直接的な介入により、耐えうる限界を超え、「カウンセリングが怖い」と言って、彼は私と同じ空間にいることができなくなった。この介入は性急なものであり、改善の余地がなかったとは言えないだろう。しかし、父親と向き合えずに母親を介在させることで安定を図るという図式は彼の対象関係が反映された転移的布置であり、第二期に母子同席面接という形になるのは避けえないものであったとも考えられる。

第二期は母という第三者が導入され、いわば緩衝材として機能することとなった。それにより、彼は間接的にではあるが私への思いを言葉にできるようなった。この時期、彼ははじめて「プライバシー」を主張するようになったが、そうした不満の感覚は第一期からもっていたものの、独力では言語という形にまとめあげることのできなかったものなのであろう。母という緩衝材のもと自我がまとまりを見せ、「内部」という空間感覚がはっきりしたがゆえに、「侵入」という感覚を抱けるようになった。こうして陰性の情緒が面接室に持ち込まれるようになったが、それに伴い彼は私を破壊してしまうという不安に苛まれるようになった。これも、不安を保持することができるだけの心的空間が成立したために、不安に苛まれることが可能になったと理解できよう。しかしその結果、彼は第一期とは異なる理由で私と空間を共有することが難しくなった。この破壊の不安は、母という緩衝材の存在ではコンテインされえないものであり、「距離」がなければ彼が考えられなくなってしまうことは明らかだった。そう考えた私は、具体的に距離を生むオンライン面接を導入した。

第三期、オンラインという絶対的な距離に守られることで、彼は過度に危険を感じて自我を解体させてしまうことなく自身の悲痛な思いを言語化し、私に開示することができた。その叫びはオンラインという距離を超え、私の胸を具象的に痛めた。その意味で彼が私を部分的に棄損したことはたしかで、彼の「セラピストを破壊してしまう」という空想は故なしのものではなかったことを示している。こうしたセラピスト側の体験は第二期までには存在しなかったもので、オンラインという私にダイレクトには負の要素が届かない距離がある設定であるからこそ、彼は私を破壊してしまうと怖れることなく心の裡を語ることができたのではないかと思われる。さらには、そこで私が適度なインパクトに調整された彼の心痛を取り扱うことができたために、彼はより自己を表現してもよいと思えたのだろう。

それがさらなる構造変化、すなわち彼主体でもたらされた第四期のオンライン個人面接へとつながった。この構造変化を彼が主導したこと自体、彼の世界にセラピストを招き入れようとしていると理解することが可能であろう。さらには、彼はオンラインという守られた空間で、それまで踏み込まれることを強く拒否していた内面、「プライバシー」について開示することが可能になり、彼らしさを表現するに至ったと理解できる。

オンライン面接という治療構造の性質──臨場性をめぐって

以上のように、自我境界と治療構造の境界は連動する。この両者をつなぐ概念が、人と人が出会うこと、その場に居合わせること、ライブであること、face-to-faceで話すことをまとめて表す「臨場性」（斎藤、二〇二一）である。

第一期は心理療法のクラシカルな設定である個人面接の形で行われた。それはセラピストである私にとっては至極当然の設定であったが、彼にとっては非常に負荷の大きいものであった。これを、私がなじんでいる心理療法文化に足を踏み入れるよう彼に強要したと見ることもできるだろう。

関（二〇二〇）は、「オンラインを体験してみて、はじめて『セラピストが側にいる』という実在性に圧倒される人がいること、その人たちは比較的リモートではくつろいでいる、という発見があった」と述べ、「それは『生身の人間の存在の暴力性』をあらわしているのかもしれない」と示唆している。これは私も同様で、第一期の時点で、私は自身の実在性がいかに彼を脅かしているのかについて十分な理解をもてていなかった。今にして思えば、頻発した睡眠は、新たな理解という内側からの刺激だけでなく、セラピストの実在性という外側からの刺激を遮断するための反応として考えるのが妥当だろう。

第二期、母という緩衝材を得たことによって彼はまとまりをもち、私への陰性感情を保持できるようになった。それは同時に、具象的にセラピストを殴ってしまうという不安を喚起した。斎藤（二〇二一）は、臨場性には常に「暴力」があることを指摘している。斎藤は「どれほど慈愛に満ちた、優しげな他者であっても、私の自我境界を超えて接近してくる他者は恐ろしい。それは私がその他者に好意を持っているか否かとは無関係だ。むしろ、好きだからこそ恐ろしい、ということもある」と述べているが、これはまさに彼の心的世界を表している。彼は、私のことを（そして父のことを）好きでもあった。だからこそ、私にどう思われるかがとても気になったし、私を殴って棄損してしまうのではないかと強く怖れてもいた。臨場性溢れる対面設定では、彼はこの不安を抱え、考えることはできなかった。私は、この不安は解釈で乗り切れるものではなく、同じ部屋で身体を共有している間、臨場している間は、彼はこの不安を考えることができないだろうと判断した。

そして導入されたオンライン面接の最大の特徴は、互いの身体が場を共有していないこと、すなわち臨場性が欠如していることであった。これにより、彼は自分の陰性感情が具象的に暴力という形に結実し、セラピストを殴ってしまうという不安を感じずに済むこととなった。ここまでは予想されていたことであったが、こうした環境が彼に陰性感情の言語化を促し、それが空間を超え、私の胸を痛めたのは想定以上のことであった。これまでオンライン面接には臨場性はないと言われてきたが、それはあまりに単純な議論であり、臨場性を錯覚させる力はあると言ったほうが正確だということになろう。

オンライン面接の処方時――心的距離の観点から

こうしたオンライン面接の性質を踏まえ、最後にオンライン面接をどのようなときに処方（栗原、二〇一九）すべきかについて考えたい。

臨場性が暴力なのであれば、そんなものは存在しなければよいという結論になりかねない。しかし、特に力動的な心理療法家たちは、心理療法において臨場性が重要であることを強調しつづけている。

臨場性の暴力性を指摘している斎藤（二〇二一）自身、臨場性は暴力なので悪である、と一面的に断罪しているわけではない。斎藤は、「人と人が出会うとき、それがどれほど平和的な出会いであっても、自我は他者からの侵襲を受け、大なり小なり個的領域が侵される。（中略）そこで生じてしまう〝不可避の侵襲〟を私は『暴力』と呼ぶ」と述べているように、「暴力」を全否定しているわけではなく、むしろ欲望の活性化をもっとも促進するのは「臨場する他者からの、ほどほどの暴力」であると強調している。

しかし、斎藤を含め、私たちが見過ごしてきたのは、臨場性がなくともやはり暴力性は存在する、ということではないだろうか。たしかにオンライン空間では臨場性がない分、暴力性は格段に低い。しかし、それが皆無になるかと言えばそんなことはない。臨場性がなくとも、共感が発生したり、投影同一化が発生する。恐怖も発生する。具象的に胸を痛めたりもする。やはりそこには「暴力」が存在するのである。それは錯覚かもしれないが、錯覚だからといって私たちの心に影響しないわけではない。こう考えると、欲望の活性化、すなわち生き生きとした生への志向をもっとも促進するとされる「ほどほどの暴力」に、臨場することは必須ではない、と言えるのではないだろうか。というのも、当然のことながら、「ほどほど」は人によって異なるからである。

橋本（二〇二〇）は、「密接」を避け、「適切な距離」「ほどよい距離（good enough distance）」、すなわち「適接」な距離感を保つことが、他者を傷つけず、他者からも傷つけられないコロナ時代のひとつの人間関係のあり方かもしれないと述べている。橋本はそれを時代依存的なものとして、また物理的距離について述べているが、この観点はより普遍的な射程を備えており、心的距離を考える上でも参考になる。

この〝good enough distance〟という概念は、むろんウィニコット（Winnicott, 1971）の「ほどよい母親（good enough mother）」を下敷きとしたものであろう。ほどよい母親は、乳児が外在性と非外傷的に遭遇することができる空間、すなわち可能性空間を提供する。そこで遊べるようになることが、乳児の発達にとって、クライアントの治癒にとって重要であるというのがウィニコット理論の核になる。ただ、よく指摘されるように、ウィニコットの理論は詩的で喚起的であるものの、実際の運用はどのようにすべきなのかは明示されていない。そうした事情もあり、この「ほどよい」「適接」こそが鍵となるにもかかわらず、個々のクライアントによって異なるその領域を、セラピスト側が一方的に想定し（というよりも自身が提供できる対面という方法の正当性を合理化し）、それに基づき治療構造を決定してきたという歴史があるのではないだろうか。むろん物理的距離と心的距離は同一のものではないが、心的距離を調整するひとつの要因として、専門的な介入要素のひとつとして物理的距離を捉える必要があるだろう。

私は「適接」という概念の有用性には賛同する。しかし同時に、すべての人に共通する「適接」はないことを強調したいと思う。対面面接が「適接」な人もいれば、オンライン面接が「適接」な人もいる。より正確に言えば、同じ人のなかでも何を「適接」と感じるかは常に一定ではない。また、「適接」の範囲はピンポイントではなく幅をもったものであることにも注意が必要である。ほどよい母親は、乳児にほどよい欲求不満をもたらすとされるように、私たちはただただクライアントを傷つけないことだけを目的にすればよいわけではない。発達・成長にはほどよい刺激、すなわち「ほどほどの暴力」が必要である。

それが心理的なものであろうと生得的なものであろうと、対人恐怖的な心性をもつクライアントは、これまで考えられてきた「健常」からは想定できないほどの暴力性への感受性をもつものと考える必要があろう。そうした差異を無視し、すべてのクライアントを十把一絡げにセラピストの考えるあるべき治癒像、あるべき治療構造に押し込もうとすることによってもたらされるものは、本事例の第一期で示されたように、むろんほどよい刺激などではないし、暴力性ではなく文字通りの暴力に他ならない。

オンライン面接という治療構造には、臨場性の欠如という特徴がある。この特徴は力動的心理療法において、純粋に欠点として考えられがちであった。しかし、本稿で述べてきたように、それは一概に「悪い」ものなのではなく、あるクライアントにとっては「適接」な「よい」ものともなりうる。本事例のように、臨場性が欠如したところではじめて遊べる、考えられるようになるクライアントも存在する。

これらの考察からは、オンライン面接は近年まで技術的な問題、そしてセラピスト側の抵抗によって私たちの処方の選択肢とならなかったが、いわゆる過敏なクライアントには、「代替手段」としてではなく、積極的な処方として考えられるべき一選択肢であると言えるだろう。

解説

本稿は『心理臨床学研究』第四〇号第六巻に掲載されたものである。私がはじめて『心理臨床学研究』に投稿した論文になる。

第14章でも述べるように、投稿先は重要だ。私は本稿を、日本精神分析学会会員だけでなく、日本心理臨床学会会員に読んでほしかった。というのも、コロナ禍以来、オンライン面接は広く行われるようになったわけだが、それは決して精神分析コミュニティに限った話ではないからだ。

「オンラインになっても不便は感じない」という声はよく聞かれる。私もそう感じるときがある。だが、治療者である私にとってそうだとして、クライアントにとってそうではないかもしれない。そういった問題意識をもって、私は本稿を執筆した。

メタで見れば、「オンライン面接という治療構造の効果を考える」という本稿は、「オンラインは対面の劣化版である」とでもいうようなドグマから距離を取り、目の前の実践をありのままに記述しようとする試みであったと言える。

心理臨床の世界では、「限界」は言及されやすいのだが、なぜか「可能性」にはなかなか言及されない。ここには、序論で述べたような力動が働いている。「正統」側は常に保守的なのだ。それ自体は悪いことではないが、私たちが臨床を行っている以上、「正統」を訂正していかねばならないというのは、ここまで幾度も述べてきた通りだ。

私が「自己肯定」と言っているのは、こうした作業の末に獲得されるものである。検証なしに「自分のやっていることは善いことだ」と思うことではない。それでは「訂正不可能」になってしまう。

自身の実践の「善さ」を論理的に説明できること、アカウンタビリティを果たすこと――そのためのもっとも効果的な方法が、執筆であると思う。そしてその結果生まれた論文は、「正統」を訂正し、同僚を勇気づけることとなる。ぜひともみなさんにも執筆に取り組んでいただければと思う。

†文献

Bick, E.（1968）The experience of the skin in early object-relation. *International Journal of Psycho-Analysis* 49 ; 484-486.

ガヴィニオ重利子・河邉眞千子・西村理晃・平井正三・松本拓真・吉岡彩子・吉沢伸一（二〇二〇）「新型コロナウィルス感染症下における子どもと家族の心理臨床ガイドライン（第二版）」（https://sacp.jp/covid-19-guidline/［二〇二一年一二月一五日閲覧］）

橋本和明（二〇二〇）「親密圏の行方と心理臨床の可能性」、『臨床心理学』二〇－四［四九七－五〇〇頁］

北山修（二〇二一）「劇的観点から心を扱うこと――コロナ禍の『どさくさ』に紛れて」、北山修・荻本快＝編『コロナと精神分析的臨床――「会うこと」の喪失と回復』、木立の文庫［一－三一頁］

栗原和彦（二〇一九）『臨床家のための実践的治療構造論』、遠見書房

Lemma, A.（2017）*The Digital Age on the Couch.* Routledge.

妙木浩之（二〇一八）「治療構造論――古くて新しい臨床の道具」、『臨床心理学』一八－三［二五七－二六三頁］

岡村優希（二〇二一）「オンラインＣＢＴと対面ＣＢＴの異同」、『臨床心理学』二一－三［三二六－三三〇頁］

小此木啓吾（一九九〇）「治療構造論の展開とその背景」、『精神分析研究』三四－一［五－二〇頁］

斎藤環（二〇二一）『コロナ・アンビバレンスの憂鬱――健やかにひきこもるために』、晶文社

関真粧美（二〇二〇）「リモートセラピーでの発見――実践してわかったこと」（あざみ野精神分析研究会）（https://note.com/azamino_analysis/n/ne1d1d0cf9b63［二〇二一年一二月一五日閲覧］）

杉原保史（二〇二一）「遠隔心理学の可能性と限界」、『精神療法』四七－二［一九一－一九五頁］

杉原保史・宮田智基（二〇一八）『ＳＮＳカウンセリング入門――ＬＩＮＥによるいじめ・自殺予防相談の実際』、北大路書房

杉原保史・宮田智基（二〇一九）『ＳＮＳカウンセリング・ハンドブック』、誠信書房

十川幸司（二〇二〇）「コロナ禍のなかの精神分析」、『Ｉ.Ｒ.Ｓ.――ジャック・ラカン研究』一九［二－八頁］

東畑開人（二〇二〇）「コロナの時代の愛――つながりを再考する」、『臨床心理学』二〇－四［四六九－四七六頁］

Winnicott, D.W.（1971）*Playing and Reality.* Tavistock Publications.

第12章 異文化交渉の場としてのスクールカウンセリング

はじめに

今やスクールカウンセラー（以下、ＳＣ）は、心理職と社会の接点として、もっとも「ありふれた」ものである。親を介さずに遭遇する／会うことができるし、いわゆる臨床化していない子ども、その瀬戸際にいる子どもにも接触することがあるからだ。その意味ではありふれているだけでなく、「最前線」と言ってもいい。

これからは、人生の最初に出会う心理職がＳＣであるという人も増えていくことになるだろう。第一印象がその後の印象を大きく左右するのは個人と個人の出会いと同様だ。ＳＣによい印象をもつ人が多ければ、社会から心理職は使えると思われるし、そうでなければ逆の評価を受ける。そういった意味で、ＳＣの責任は重大なものである。

また、心理職側から見ても、臨床心理士という民間資格が市民権を得るにあたって、ＳＣという制度が果たした役割は大きかった。だが、そこに問題がなかったわけではない。心理職教育のなかで、ＳＣとしていかに機能するか、ＳＣとは何かといった問題が十分に扱われてきたかというと、首を傾げざるをえない。制度という箱が先に定着したものの、中身が伴っていたとは言い難いのが現実である。その末路が、「財務省も国の事業の改善点を探る調査でSCの資質向上の必要性を指摘」（産経新聞、二〇二二）し、臨床心理士の管轄省である文部科学省も「課題解決に向けて保護者らに助言をするよう、都道府県教委と政令市教委に求めていた」（産経新聞、二〇二二）という事態だ。

臨床心理士は、SCとしてよく機能できなかった——ここから始めよう。

SCエスノグラフィー①

私がはじめてSCとして採用された小学校に勤務したのは、修士課程修了後すぐの、二〇一〇年のことだった。勤務初日、副校長からひととおり説明を受け、カウンセリングルームでひとりになり、一息ついた。学校内は自由に歩いてもらって構わないと言われている。授業を観察して、そこから有益な助言をするのがSCの仕事だということは知っている。でも、一年生の平均はこう、二年生はこう、とかいうこともわかっていない私が観察に行ったところで、何がわかるだろうか。そう思うと、なかなか足が向かなかった。

私から出向かなくても、中休みや昼休みは子どもたちがカウンセリングルームにやってきた。前任のSCがそうしていたらしく、子どもたちは当然のように紙粘土をねだり、行列を作った。たぶん、理想的なSCは、ここでわちゃわちゃ過ごしている子どもたちのなかから「心配な子」を一瞬のうちにピックアップし、あとで先生たちと一緒に対応を協議したりするのだろうな……。そう思いながら、ひたすら紙粘土を小さくちぎり、配って時間が過ぎた。休み時間の終わりを告げるチャイムが鳴るたび、「俺、紙粘土おじさんだな。『専門家』が聞いてあきれるわ」と自嘲した。

そうした状況は時間が経っても変わらない。望ましい働きができていないのはわかっている。でもじゃあどうしたら、少しはSCとして役に立てるのか？ 教員にはなく、自分にしかない強みはなんだ？ そう自問した。答えは私がオリエンテーションとする精神分析が教えてくれた。

「無意識だ」

思わずそう口にしていた。無意識の力動を読む。自分にはこれしかない。じゃあその力を知ってもらうにはどうしたらいい？ 個人療法だ。個人療法をさせてもらって、先生方には見えない力動を読み取れることを示すことさえできれば――

とはいえ、ただ座しているだけの何ができるかわからないSCに仕事はやってこない。ものの本にも「雑談をして関係を構築することが第一歩」と書いてある。仕方ない。カウンセリングルームで食べてもよいと言われてそうしていた給食を、職員室で食べることにした。だがいかんせん、同じテーブルを囲んでいても、話題についていけない。先生方は文化を共有しているのに、こちらはしていないのだから当たり前だ。先生方も私の扱いに困っているようで、あえて話を振ってくれるような先生もいたが、空気のように扱う先生もいた。まさしくイルツラだった。出勤時間は遅めだというのに、朝もなかなか起きられなくなった。毎週火曜日の朝、学生時代には味わわなかった、「登校したくない」という気持ちで満たされることになった。

とにかく体をカウンセリングルームに運んでいくことだけを目標に、なんとか出勤は維持していた。するとある日、私の働きかけとは関係なく、心理職の仕事に興味をもつ先生が、ある生徒の面接をしてほしいと訪ねてきた。複雑な家庭の子だった。たしかに、「心理向き」の子だと感じた。千載一遇のチャンスだ。ここを逃したら、もう未来はない。二つ返事で引き受けた。

でも、うまくいかなかった。それは私が「精神分析」をやろうとしたからだ。「なんでも話していいよ」。私がそう言っても、その子は何も話すことはなかった。むろんうまくいかなかったのは私の力不足によるところが大きい。でも、少なくともそのとき、彼に必要なのは「精神分析」ではなかったのだ。私は担任と相談し、彼がもっと自由に遊べるように部屋を設えた。それは、当時私が軽んじていた「日本式プレイセラピー」に適した部屋だった。私とその子は、そこでフリスビーを投げ合った。修士を出て一年目の私に細かなことはわからなかったが、でも、フリスビーをしながら、なにげなく大事な話がされることくらいはわかった。「俺の仕事って、精神分析って、なんなんだろう」——

そういう疑問が湧いた頃には、三学期も終わろうとしていた。翌年には、希望通り精神科病院と自費カウンセリングルームでの採用が決まっていた。私は更新を希望せず、逃げるようにして小学校を去った。特段送別されることもなく定刻通りに退勤した最終日、もう二度とSCをやることはない、と心に誓いながら、私はバスに揺られていた。

＊

入職時、私は自分の属する心理職文化にこだわり、それをそのまま学校文化に持ち込もうとしていた。私は大学院で、個人療法こそ心理職の中心的な業務であり、そこにこそクライアントの心の宇宙があり、心理職のアイデンティティがある、というエートスを学び取っていた。だから、選んでそうしていたというよりも、単にそのやり方しか知らなかったというほうが実情に即した表現だろう。ゆえに、なぜうまくいかないのかも十分に考えることはできなかった。

それに加え、ここには自身の心理職アイデンティティが未確立であるという問題も存在していた。私は誰よりも自分に対して、自身が心理職であるということを証明せねばならないという衝迫に駆られていた。いきおい私は、自分のアイデンティティを保証してくれると思っていた個人療法にこだわることとなった。むろんそれは学校文化のなかで求められていることではなかったし、何より私のアイデンティティを確たるものにしてくれることもなかった。

SCエスノグラフィー②

小学校を退職した私は、その後、単科精神科やリワークなど、いろいろな臨床経験を重ねていった。多くの場合、そうした職場では個人心理療法は求められていなかった。だが同時に、週一回は自費カウンセリングルームで個人心理療法を実践できていたことも大きかった。その週一回の臨床で、私は自分の思い描いていた心理職アイデンティティを手放さないで済んだからだ。

多様な体験を積むなかで、私のなかでなんとなく心理職とはこういうものだ、というイメージが改定されていった。それは、「心理学的にものを見る人」というものであった。どこでも精神分析的心理療法の実践をするわけにはいかない。だが、どこででも精神分析的見方をすることはできる。多様な経験をし、それを仲間と語り合うことで、私は自分の心理職アイデンティティを構築していった。

そんなある日、私の携帯に知らない番号から電話があった。誰だろうと思って電話を取ると、電話口の相手はこう言った。「お前の母校のSCの○○だよ。お前、うちのSC興味ない？　俺、そろそろ定年だからさ」。

修士修了時、職のなかった私は、在学中にSCがいなかったので母校に営業に行ったのだが、私が高校を卒業してからの間に、SCが赴任していた。その際、電話番号を交換し、「何か仕事があったら連絡するよ」と言われていたのだが、私はそれをすっかり忘れていたのだった。経験を積んだ今なら、心理職として学校で機能できるかもしれない——そう思った私は、その打診を受けることとした。

私を誘ってくれたSCは、まさに河合隼雄時代を生きた、力動系の心理士だった。校舎ではない離れにあるカウンセリングルームで、別空間を提供する。そうしたことを目指している方だった。だから連携ということはほとんどされていなかった。

私が卒業してから一〇年以上経っていて、さすがにSCの存在を知らない教員はいなかったが、話したことはおろか見たこともないという人がたくさんいる、だからあまり使い方はわかっていないと思う、と養護教員から聞かされた。まずは認知されないといけない。そう思って私は、教員向けに「SCだより」を書いたりした。

だがそれでも、私はやはり「心」を大事に思う心理職である。まるでカウンセリングルームが矯正機関であるかのように、「カウンセリングを受けることを進学の条件としたのでよろしく」とか、「アンガーマネジメントをやってください」とか言われた際には、「心」が軽視されているように感じ、強く意見したりもした。ただ、SCとして働けば働くほど、心理職のできることは微々たるものだという思いを強くしていった。これは自虐でも卑下でもない。子どもにとって、毎日接触する担任や顧問、ともに暮らす家族といったものが、多くても週に一度しか会わないような心理職より影響力がある、という当たり前のことに気づいたにすぎない。これは、成人と密室でのみ会いつづけていた頃には実感としてはわかっていなかったことだった。

私が生徒として在籍していた頃との変化も感じられた。とにかく、教師が生徒の家庭の問題に口を出すことが憚られるようなのだ。生徒には心理的な面も含めて教育することは可能だとしても、親に対して「指導」するということはなかなか難しいようだった。そもそも、親の職業なども「個人情報」というマジックワードでブラックボックスのなかに入れられているような状況だった。そこはSCだからこそ扱える領域のようだった。

私は、校長をはじめとした管理職とも、そしておのおのの先生方とも、双方の仕事は何か、特に重なる部分と重ならない部分はどこか、そして学校とは何か、教育とは何か、心理職とは何か、といったことをよく話した。そうした活動をするなかで、「学校という文化のなかで活動する心理職」として働くことが可能になっていった。

男子進学校という私の勤務校の特質も大きく影響しているが、ＳＣを利用する生徒は少ない。訪れるクライアントの多くは親だったり、教員だ。もちろんそこで私が精神分析を行うことはない。行うのは、精神分析的な知見に基づいたガイダンスやコンサルテーションだ。

それはたしかに、私が学生時代にやりたかったことではない。でも、今の私にはその仕事の重要性が理解できる。それどころかこの仕事にはこの仕事の楽しさがあることを知っている。そしてそれは精神分析にはないものだ。

＊

小学校を退職した後、私は、重要なのは個人療法という実践の型ではなく、心理的な理解であると思うに至った。その理解は型の違いを超えてどこでも使えるものであった。これにより私の心理職アイデンティティは安定した。

ゆえに、再度ＳＣとして入職した際の課題は、私が築いた心理職アイデンティティを保ちながら、いかに学校文化という異文化と交わるかというものであった。

これはアイデンティティを刷新せねばならないという話とは似て非なるものである。ここで学校文化に染まり、人類学でいうところの〝going native〟となり心理職アイデンティティを失ってしまっては、私たちがＳＣとして学校のなかにいる意味はなくなってしまう。

求められるのはあくまで更新であり、「決まった信条なりイデオロギーなりをただ守り続けるのではなく、かといって原理原則なしに新規参加者を受け入れるのでもなく、変化する状況に柔軟に対応し、『守るべきもの』をたえず『訂正』しながらも、それでも『同じもの』として再定義し続けるという逆説的な態度」（東、二〇二一）なのである。

二校目の学校で私が体験したことは、いわゆる「チーム学校」なのかもしれない。だがそれは、はなから目指されていたから実現したわけではなく、都度必要と判断したことをこなしていった結果として訪れたものである。やはりここでも、先にアイデンティティが存在しており、それを獲得したという順番ではないのだ。日々臨床に取り組むなかで、異文化と交わり、結果的にアイデンティティを更新し、再構築していく。それが私がSCとして働くなかで起こっていたことだ。

異文化交渉の場としてのスクールカウンセリング

こうした事態は私に特有の現象というわけではない。下山（二〇一二）が「今、臨床心理学に求められていること」という特集記事のなかで「現在の日本の臨床心理学の課題を人間の発達段階に喩えるならば、さまざまな理論を学習して、曲がりなりにも思春期まで育ってきたが、自己の内面の気持ちに心を奪われ、他者や社会の動きが見えないナルシステックな青年期を脱しきれずにいた若者に喩えることができる」と指摘しているように、それは「平成のありふれた心理療法」（以下、ＨＡＰ）（東畑、二〇二〇）を基礎として発展を遂げた臨床心理士、より広く言えば心理職全体が抱える問題であると捉えることが可能である。

ＳＣは当初「黒船」と呼ばれていた。ここには、ＳＣを受け入れる学校側の、異文化を持ち込まれることへの拒否感が見て取れる。当時ＳＣは大学教員という「権威」がいわば出向する形も多かった。その結果、ＳＣは学校側が心理職文化を尊重しなければならない形で誕生した。だからこそ、黎明期のＳＣは「助言をしない」ＨＡＰオンリーでも許されたのである。「マレビト」として存在し、学校のなかにカウンセリングルームという異空間を創出する。それがＳＣの仕事だとされてきた。当時は費用対効果の検証という概念もなく、仕事を評価され、「結果」を出していないのであれば予算を削減するといった話になることもなかった。「課題解決に向けて保護者らに助言をするよう」要請されることもなかった。

そうして学校やクライアントにもたらされたのは、決してよいものばかりではなかったと言わざるをえない。にもかかわらず、現実としてSCは枠を拡大することとなった。そしてそれは、臨床心理士という存在が人口に膾炙することを大いに助けた。個人療法をその核とする臨床心理士は、自文化を保持したまま、SCの増枠という社会的成功を収めたのである。

だが、時代が下り、SCに求められることは変化した。今や、生徒個人の心の問題に取り組むことよりも、生徒が周囲に及ぼす迷惑や害を小さくするといった、公序良俗の管理的な仕事が求められる。ひらたく言えば、SCに個人療法はあまり求められていないことが明らかになってきたのだ。それにすんなり適応できる心理職もいれば、そうでない心理職もいるだろう。人によっては、社会の要求に敏感になることは、理不尽な社会にクライアントを適応させる悪の手先になるかのような感覚をもたらすかもしれない。それは特に、HAPをオリエンテーションとする、「心」を大切にする心理職に強いものかもしれない。

だが、ここで立ち止まって考えるべきは、クライアントは本当に「自己実現」を望んでいるのだろうか、ということだ。「適応」はそんなに悪いことなのだろうか。そう思っているのは、「自己の内面の気持ちに心を奪われ、他者や社会の動きが見えないナルシステックな青年期を脱しきれずにいた若者」たる私たちであって、クライアントではないのではないだろうか。社会に求められることに敏感になるのを、即、心理職としての堕落と感じてしまうのは、私たちが「社会は悪である」と決めつけているからかもしれない。だが当然のことながら、社会にはよい面もあれば悪い面もある。社会＝悪と切って捨てられるほど単純なものではないのだ。それと同様、クライアントもまた単純ではない。クライアントの考える「治癒」「幸福」は複数あり、それはクライアントの住まう社会との函数であって、普遍的なものではない（山崎、二〇二一）。

スクールカウンセリングにおいては異文化交渉の側面を見出しやすい。だが、実はそれは、従来中心業務とされてきた個人療法のなかでも、クライアントのもつ文化と治療者のもつ文化との異文化交渉という形で、ミクロには起こっていたことである。私たちは、自文化がもつこうあるべきという像、すなわち治癒像は、あくまで自文化内のローカルなものであることを肝に銘じておく必要がある。そうやって自文化を相対化した上で、他文化と交渉すること――それこそが普遍的に私たちに求められている。

おわりに

心理職の専門性、アイデンティティは非常に脆弱なものである。心理職が社会的に弱者である場合が多いこともその脆弱さに寄与している。だからこそ私たちは自文化に拘りがちになる。だが私たちは、社会のなかにおいてはじめて意味をもてる存在である。社会には社会の文化がある。そこで有用な存在となるためには、他文化との交渉が欠かせない。だが同時に、自文化を失ってもならない。

公認心理師が誕生して数年経つが、いまだに心理職はアイデンティティを確立しているとは言い難い。HAPの時代、心理職が社会から乖離していたことは事実であり、改める必要性があることは間違いない。とはいえ、HAPを全否定すればいいわけでもない。HAPに自己批判が不足していたことは事実だが、それは「自己と向き合っていない」がゆえに生じることではない。社会に開かれること、そして異文化と交渉すること。それこそが、私たちに自己批判の視点をもたらしてくれるだろう。

解説

本稿は、『臨床心理学』増刊第一四号「心の治療を再考する――臨床知と人文知の接続」に寄稿したものである。

編者の一人である東畑開人は臨床心理学の「社会論的転回」を提唱している。それはつまり、臨床臨心理学の「内」からではない「外」からの評価を考えよう、という運動である。この増刊号も、その流れの一環として位置づけられるだろう。そのなかで私は、「臨床心理学について内部《インサイド》から応答する」というセクションで執筆している。

素材はスクールカウンセリングだ。折しも執筆時、「スクールカウンセラーは使えない」というニュースがネットに流れてきた。ここで「その通りだ」となるか、「そんなことはない」となるかで道は分かれる。特にSNSでは、後者の意見が多かったように記憶している。いわく「不登校生徒数の増加を以てSCが使えないというのは間違っている」「助言をしないカウンセラーなんて今時いるわけがない」——

そうなのかもしれない。もっと別の要因があるのかもしれない。だが、「使えない」というユーザーからの声があることは事実なのだ。「そうした意見のデータとして不登校の増加を用いるのは不適切だ」と言ったところで、その理屈自体は正しいのかもしれないが、おそらくユーザーの「使えない」という印象に変わりはないだろう。ゆえに、そうした声がある、という現実を出発点として、(私たちはよい仕事をしているはずなのに)なぜそう見えているのか、を私は考えた。そうしてできあがったのが本稿だ。

「内」の論理で「外」を間違っていると断罪するのではなく、「なぜ『外』からそう見えるのか」という問いを立てること。おそらく、この視点の転換こそが、「社会論的転回」なのである。

＊

ここで私は、自身が「精神分析的心理療法家」から「心理職」へと変化していった様を描いた。大学院では心理療法家を範型として教育された心理士が、現場の他文化と出会い、交渉し、そしてアイデンティティを訂正していくこと。それはひらたく言えば、職業人として「大人」になる、ということなのかもしれない。

だがこの「大人」になることが、不思議と忌避されるのもこの業界の特徴だと私は感じている。「大人」になること、社会に適応することを、屈服だとか負けだとか感じやすい心性が、特に力動系の心理士のなかにはあるのかもしれない。社会＝悪と考え打倒することを目指すのではなく、社会といかにやっていくかを考えるのも「心理職」の大事な仕事ではないかと思う。

†文献

東浩紀（二〇二一）「訂正可能性の哲学、あるいは新しい公共性について」、東浩紀＝編『ゲンロン12』、ゲンロン［三一－一〇五頁］

産経新聞（二〇二一）「スクールカウンセラー配置３万件も不登校減少つながらず」（https://www.sankei.com/article/20211104-HV6WFMXVHZMQLF7I6OIIYU2SGM/［二〇二二年五月一〇日閲覧］）

産経新聞（二〇二二）『スクールカウンセラーは助言を』文科省が全国教委に要請」（https://www.sankei.com/article/20220429-5ELXL64IJZOANOMHYVFSMVCYQ4/［二〇二二年五月一〇日閲覧］）

下山晴彦（二〇一一）「特集にあたって」、『臨床心理学』一一－一［三－八頁］

東畑開人（二〇二〇）「平成のありふれた心理療法――社会論的転回序説」、森岡正芳＝編『治療は文化である――治癒と臨床の民族誌』（『臨床心理学』増刊第一二号）、金剛出版［八－二六頁］

山崎孝明（二〇二一）『精神分析の歩き方』、金剛出版

第V部

更新の技法としての執筆

ここでは、執筆について論じた三編の論文を収めている。

第I部で述べたように、「書く」ことは訂正の有力な技法である。だが、実際にはなかなか書ける人は多くない。そこにはいろいろな理由があるだろう。

たとえば、「書いても意味がない」「もっと手軽に発信できるプラットフォームはいくらでもある」という人がいるだろう。そういう方は、これだけ発信が容易な時代に、そもそも論文を書くことにどんな意味があるのかを論じたエッセイである第13章「SNS時代の論文執筆」をお読みいただきたい。

ほかにも「書きたいとは思っているのだけれど、書けない」という人もいるだろう。ここには、テクニカルな問題と、気持ちの問題とがある。

多くの心理職は、卒業論文や修士論文を書いたことがあると思う。だが、その後、論文の書き方を学ぶ機会はそうないのが現状ではないだろうか。私自身、誰かに体系立てて教えてもらったことはない。だが、心理臨床の論文にはある程度の型があり、それを身につければ書ける人がいることも、論文指導をするなかでわかってきた。ゆえに、第14章「論文発表までの道のり」、第15章「論文掲載のプロセス」の二編においては、私がいかにして書いているかの技術論を具体的に述べた。

気持ちの問題のほうがやっかいかもしれない。ひとつは、本書を貫くテーマでもあるが、自身の臨床実践自体に自信をもてないことだ。これについては、第Ⅰ部を読めば、一人ひとりの臨床家の実践に意味があることはおわかりいただけたかと思う。

もうひとつは、自身の「書く」能力について自信をもてないことだ。「あなたは特別だから」と言われることがある。だが、私も軽々と飄々と書いているわけではない。書いては消し、書いては消し、時に抜本的な改訂や全面改訂を行いながら書いている。本書の書き下ろしも、やはり「こんなもの誰が読むのか」という気持ちと戦いながらなんとか絞り出したものだ。

論文執筆、論文掲載は、簡単なものではないが、しかし特殊な才能のある一部の人にしかできないことではない。地道な努力によって、多くの人が成し遂げられるものである（その努力が才能なんだ、と言われてしまうと反論できないが）。私の周りには、五年かけて一本の論文を書き上げたような人もいる。

みなさんにも、ぜひとも日々の臨床のために、そして心理臨床学という学問のために、自身の臨床を論文にしていただきたいと願っている。第Ⅴ部はその助けとなることだろう。

第13章 SNS時代の論文執筆

執筆していると、たいてい具合が悪くなる。

一番ひどかったのは前著を書いていたときで、「こんなことはすでに言われているのではないか」「こんなことを書いて誰が読むのか」、そういった声が終始脳内に響いていた。白髪も如実に増えた（脱稿とともに徐々に戻った）。「なんのためにこんな思いをしてまで書いているんだ」と思うこともしばしばだった。

私の書くものは非実証的なものばかりである。いわば、偏った書き手だ。アカデミアに属していないし目指してもおらず、臨床家にアイデンティティを置いていることは、私の執筆態度に大きな影響を及ぼしている。本まで出しておいて自分を「ありふれた心理士」の代表であると言う気はないが、執筆を措いておけば、私のような「一臨床家」というポジションは「ありふれた心理士」の平均的な姿であると思うし、本書の読者の多くもそうなのではないだろうか。

アカデミアと無関係に生きているのだから、別に書かなくても仕事がなくなるわけではない。誰も私に執筆を強要していない。でもなぜか、私は書かざるをえなかった。

なぜなのだろうか。何かに追われるようにして書いていたときに自覚していた動機は、「自分がした失敗を同業者にしてほしくない」というものだった。私の失敗を公にして学んでもらえば、クライアントへ害をなすことも、それによる治療者の傷つきもふせぐことができ、みなハッピーになるはずだ、と。

だが、そのような利他的な動機だけでは、自分がこんなにも書くことにこだわっている理由の説明として十分でない気がする。そこで改めて考えてみると、私は、「専門家としての臨床家」というアイデンティティ構築について悩んでいて、それを確実なものにするために書くことを必要としていたのだと思い至った。

私は、「野の医者」と「専門家としての臨床家」を標榜する心理職との間に、確固たる境界線があるとは考えていない。「専門家としての臨床家」というアイデンティティは、「専門家としての研究者」というアイデンティティとは比べものにならないほど脆弱である。

近年「当事者研究」という語が人口に膾炙したように、ユーザーも相当に考えている。知識も持っている。それでもどうにもならないときに、「専門家」が求められる。そうした状況で私たちが「専門家」を名乗るなら、ユーザー以上に考えていなければならない。私は、考えるために書かねばならなかったのだ。

*

とはいえ、なぜ論文なのか。自分の考えていることを発信して反応が欲しいだけなら、誰もが、しかも匿名でも手軽に発信できるSNSのほうがコストが低い。この参入障壁の低さは一見よいことのように思えるかもしれないが、新たな問題を生じさせる。SNSでは誰もが発信できるし誰もが受信できるがゆえに、ゾーニングがされない。前提と文脈が共有されないわけだから、結果、そこにはイイネかdisの反射的な反応か、嚙み合わない「議論」しか存在しないことになる。

だが論文の場合、書くのにも時間がかかるが、読むのにも学会に入ったり、雑誌を買ったり、図書館に行ったりしなければならない。時間も手間もかかる。近年は論文もオープンアクセスの流れになっているのでわかりづらくなっているが、依然として論文とSNSの違いはここにある。論文や本は種々のコストを要請する。それにより読者が限定される。その結果、多くの読者は背景の文脈を共有する。こうして議論の場が用意される。専門的な内容を理解するには専門的な知識や経験が必要となる。誰にでもわかるわけではない。昨今こうしたことはなかなか発言しづらいが、それは事実である。私の書くもの（もちろん、専門家集団に向けて書いたもののことをいっている）は、前提と文脈を共有している専門家集団しか正当に評価することはできない。だからこそ、私はSNSではなく、論文や本といったオールドメディアで書かねばならなかったのである。

専門家集団には、反射的な反応ではなく、時間をかけた議論がある。先行研究というデータベースを踏まえた重厚な議論もある。だからその議論は好悪に基づき星やハートをつけるような営為とは本質的に異なる。批判を受けることもあるし、苦しいこともある。だが、そうした体験を経なければ、私たちは専門家としてのアイデンティティを築けないのだ。

繰り返すが、「専門家としての臨床家」というアイデンティティはとても脆弱なものである。私たちが思っている以上に反倫理的なふるまいまでの距離が近いことは歴史が証明しているだろう。私の考えでは、そうした危険をふせぐためには専門家集団とのつながりをもっておく必要がある。むろんそれ以外にも方法はあまたあるが、論文執筆は専門家集団への最良の入場券となるだろう。

＊

一臨床家である私が、SNS時代になぜ論文を書くのか。

それは、私が「専門家としての臨床家」というアイデンティティを確立し、倫理的なふるまいをインストールするために、臨床のために、必要だからだ。本書の読者の多くを占めるであろう、臨床家をアイデンティティとする「ありふれた心理士」のみなさんにこそ、ぜひとも論文を書いてもらいたいと思う。

解説

本稿は、『臨床心理学』第二二巻第三号「はじめてみよう臨床心理学研究」に寄稿したエッセイである。他の執筆者はほとんど大学人であった。

一方、SNS（私はほぼTwitter（現X）専門だが）を見てみると、無数の匿名心理アカウントが存在し、喧々囂々の「議論」が繰り返されている。大学人もいないことはないが、実名アカウントで積極的に活動している人はあまり見かけないように思う。

私はこの状況を、ずっと苦々しく思っていた。

Twitterで呟いていたって、世界は変わらない。ハッシュタグデモをやったって（もはやこの言葉も死語になりつつあるように思う）、世界は変わらない。特にRTとイイネの機能を備えたTwitterはフィルターバブルとエコーチェンバーの温床だ（Twitterヘビーユーザーでこの言葉を知らないようなら、ググることを強くお勧めする）。これだけ呟いているんだから、「言いたいこと」はあるはずだろう。なのになんでこんな、ストックにならない、フローでしかないTwitterでくだを巻いているんだ。本当に世界を変えたいと思っていないのか。そんなふうに思っていたからだ（実際問題、別に世界を変えたいわけではなくて、単に「排泄」したいから呟いているのだ、と言われるかもしれない。そうであれば、余計なお世話なので、すみません）。

匿名でしか言えないことがあるのは私もわかる。だが、Twitterで呟かれていることの多くはそうではない。なのになぜそうしないのか。それは単に、自分は批判されたくないが言いたいことは言いたいからではないだろうか。SNSでは、匿名では、もともと想定されている身内にしか届かない。畢竟それは、内輪ネタでしかない。

本当に必要だと思うなら、胸を張って、堂々と主張すればいい。そうした場合、むろん批判も受ける。傷つくこともあるだろう。でも、届く人には届く。それが私が論文を書いていて思うことだ。

アクセスの難易度の違いから、論文は閉じられていて、ＳＮＳは開かれていると思われるかもしれない。だが、以上の理由から、私はむしろ、論文こそが公共性を備えていると思っている。そして公共的な承認こそ、専門家である私たちに必要なものだろう。

私は第３章で、臨床家に向けて「あなたたちにしか書けないことがある」と強調した。ＳＮＳで自説を開陳している臨床家にも同じように「あなたたちにしか書けないことがある」と伝えたい。私は心からそう思っている。その熱量をもって、そのエネルギーと時間を論文にかけてみてほしい。ツイートするほど「言いたいこと」はあるのだから、あなたはもう論文執筆のとば口にいる。あなたの知は、論文になることで、多くの心理職とユーザーに益をもたらすはずだ。

第14章

論文発表までの道のり

前史

私がはじめて書いた「論文」は卒業論文であった。当時、私は「心理学」という学問にまじめに取り組んでいなかったため、心理学をきちんと学んでいる助手にこっぴどく叱られることとなった。というのは主観的な体験で、きちんと指導してもらった(「質問紙が悪いんじゃない。あなたの調査計画が杜撰だからこうなっただけです」)。

次に書いたのは修士論文であった。修論も卒論と同じ助手に指導していただいた。よくあることだが、テーマは自分にも関係のあることだった。タイトルは「ボディビルダーの心性に関する一考察——ロールシャッハ・テストを用いて」。今にして思うとなかなかの内容とタイトルである。「ロールシャッハ・テストを用いて」とか、フランス料理か何かかな、という感じだ。

今でもネタにされるのだが、私はここでボディビルという競技を説明するのにたいへん苦労した。はじめは「あなたにとって当然かもしれないけど、読者はそんなこと知らないんだからちゃんと説明して」と言われた。なるほどそうか、と思った私は、『月刊ボディビル』を参考文献としてボディビルを説明することにした。すると今度は、「こんな詳しいのいらない」と言われることとなり、この人は単に私のことが嫌いなだけなんじゃないか、と思ったりもした。

むろん今ならこうした指導の意味がわかる。「論文とは、読者がいてはじめて成立するものである」。助手は、それを伝えつづけてくれていたのだと思う。

私は今はボディビルから離れており、対象から距離を取れているので、それを説明することは当時ほど困難ではない。しかし当時は、対象を対象化できていなかった。ミクロに言えば、トレーニー（ビルダーは自らをこう呼ぶ）同士であればふつうに通用する「ストリエーション」とか「パンプアップ」とかいった言葉も、「外」に向けて話すのであればその都度説明したり別の言葉に置き換えたりしなければならないということが、マクロに言えばそのユニークさがわかっていなかったのである。

「なんでこんなことまで説明しなきゃならないんだ」「このわからずやが」などと思って被害的になったりすることもあったが、しかし論文を書くとはそういうことなのである。自分にとっては当然のことでも、それを人に伝わる形にするというのはこんなに面倒なことなのか、と痛感した。しかし最終的にはある程度世間に通用するような、社会で意味の通じる文章を書くことができ、「論文を書く楽しさって、自分の考えを人に伝える楽しさって、こういうことだったのか！」という体験をすることとなった。これが私の論文執筆の原体験である。

結果、私は謝辞にこう書くこととなった。「何度も何度も本論文を見て下さった鈴木さん[★1]にも本当に感謝しております。対象との距離が取れずにナルシシスティックな論文を書いていた私が、読者という他者と触れることを可能にしていただきました。こうして本論文を書き終えた今、心理学の論文とは何か、ということに関する鈴木さんのコメントの一言一言の意味がより心に染み入ります」。

私はもともと博士課程に進む気はなかったのだが、この執筆体験を経て、博士課程に進むことに決めた。その後、特段論文執筆指導をされてきてはいないのだが、私はけっこう「書く人」になっていった。

博士課程に進学したのに指導されていないとはどういうことなのだ、と思う方もいるかもしれない。だが、事実としてそうなのである。私は卒論と修論以来、論文指導というものを受けていない。文章の書き方については、大学受験の際に小論文にだいぶ取り組んだのでその下地があるものの、しかしそれは問題が示されていて、それに対して自分の考えを書くというものであり、問題自体を設定しないといけない論文執筆とは似て非なるものである。なのになぜ、私は曲がりなりにも書けているのか。

私は上智大学で藤山直樹ゼミに在籍していたのだが、他のゼミだったら、他の大学院だったらもっと指導してもらっていたのかなと思わなくはない。ただ私は、私の卒論と修論を指導してくれた鈴木さんの後を継ぐ形で、ゼミの助手となった。となると、私がしてもらったように私も卒論や修論を指導しなければならなくなった。

藤山先生は内容についてあまり細かい指導をされる方ではなかった。むしろ「このページは黒っぽすぎる（漢字が多すぎる）」とか、「もっとちゃんと改行しないと読む気が失せるよ」とか、「長い段落と短い段落と、リズムをつけるように」とか、形式のことばかり指摘されていた。正直なところ、はじめ私はそれを「手抜きだな……」と思っていたのだが、だんだんと藤山先生は本当にそれが大事だと思って言っているのだということに気づいていった。それは藤山先生が演劇をされていたことや、今でも素人落語をされていること、つまりパフォーマーであることと関係があると踏んでいるのだが、要するに、「論文は読まれてはじめて価値があるものだ」という思想のようなのである。私はそうした思想を取り入れていくこととなったのだが、これこそが私が「書ける人」になっていった理由なのではないかと今では思っている。

この書き方の対極には、読者がどんな風に読もうと関係ない、私は私の真実を追求するのだ、というタイプのものがあるだろう。私はそういったスタイルでは書けないので、そのように書ける人を心から尊敬する。ただ、この書き方はナルシシスティックな、もしくは自閉的なものになる危険性がある。むろん読者を意識する書き方にも陥穽はあり、自分が書きたいことを書いているのか、それともこう書いたら読者に受けるだろうということを書いているのかが、だんだんわからなくなる可能性がある。

だから、両者はどちらが正しいとかいうことではない。単に私の好みと、得手不得手で「読まれてなんぼ」というほうに私が親和性を感じているというだけの話である。ただ、そのほうが論文は掲載されやすくなるということは言えるだろう。以下は、そういう思想をもった人間の語ることだと思って読んでいただければと思う。

＊

前置きが長くなったが、ここからようやく「論文発表までの道のり」に入っていきたいと思う。ただし、「論文」と一口に言っても、大別して査読論文と依頼論文の二種類がある。私にとって、両者の執筆はだいぶ違うものである。前者は自分に「言いたいこと」があるから書くものだが、後者は文字通り依頼され、そこからお題に応えつつ「言いたいこと」を考えて書くことになる。以下、それぞれ見ていこう。

査読論文

「言いたいこと」を書く

査読論文は、私は今まで四本通っている（本章執筆時点）。どれも、「言いたいこと」があるから書いたものである。

人によっては、「書かないと臨床で生き残れないから書く」という方もいる。そういう人の書く論文はケースが凄絶で、その言葉にも納得する。ただ、私の場合はまったくモチベーションが異なる。読者に伝えたいことがあるから書くのである。つまり、「言いたいこと」が先にある。それは科学的な論文としてどうなのだろう、という批判はあるかもしれない。だが私の書き方がそうであることは事実なので、ここではそれを素朴に開陳することとする。

むろん、臨床のなかで「言いたいこと」が先にあるわけではない。もし「言いたいこと」が先にあり、その検証のために臨床をするということになっているのだとしたら、本末転倒である（私も含め、それはまったくないとは言えないのが残念である）。臨床をやっているうちに、「こういうことだったのか！」という発見があり、その発見にある程度普遍的なものが見出せる、つまり書けば他の人の役にも立つのではないかとか、同じような失敗をふせげるのではないだろうかと思うと、私はそれを書こうと思う。だから本質的に、私は読者に向けて書いている。

読者を想定する

この書き方をする場合、投稿先が非常に重要になる。

たとえば私は「週一回」ということをテーマに何本か論文を書いている。具体的には「週1回の精神分析的心理療法における転移の醸成――変容性解釈の第一段階再考」「日本精神分析学会における週1回の精神分析的心理療法にまつわる歴史」「週1回の精神分析的心理療法におけるカウチ使用に関する一考察」といったものになる。

これらの投稿先はもちろん『精神分析研究』になる。というのも、私の問題意識は、「週四、五回と比較しての週一回」というところにあるわけだが、この週四、五回というのは、精神分析以外ではほとんど採用されていない頻度だからだ。

ゆえにこれらを『心理臨床学研究』に投稿しても私の問題意識はあまり共有されないだろうし、『心理学研究』などはもってのほかだろう。最近はそうでもないかもしれないが、一昔前はよく「分析研究でダメだったから心臨に投稿先を変えたら通った」という話を聞いたように思う。もちろん、どちらでも通用するような問題設定をしている論文なのであればそれでよいと思うが、私の論文を『心理臨床学研究』に投稿しても、まず査読ができる人が査読者として配されるか不明だし、通ったとして興味のある人に届くかどうかも怪しいものである。私は自分の書いたものは読んでほしいと思っているし、読んでくれた人に影響を与えたいと思っているので、それでは目標が達成されないことになってしまう。

そういった理由で『精神分析研究』にばかり投稿していた私だが、最近はじめて『心理臨床学研究』に「治療構造の一選択肢としてのオンライン面接」という論文を投稿した（本書第11章として再録）。オンライン面接という主題は『精神分析研究』コミュニティを超えて、より広い層の関心であると思ったがゆえのことである。この論文は「オンライン面接のほうが『適接』な患者もいる」という趣旨のものなのだが、ケースは隔週であり、そもそも『精神分析研究』ではそれを理由にはじかれていたかもしれない。言ってしまえば、この論文の価値は『精神分析研究』では理解されないかもしれない、と思ったのである。

このように私は投稿先を使い分けている。それはどちらが上とか下とかいうことではなく、適切な投稿先、すなわち宛先があると思っているからだ。

自分の書いていることの価値を理解してくれるコミュニティと、理解してほしいコミュニティは重なることもあるし、そうでないこともある。前者の場合はその幸運に感謝して書き進めればよい。後者の場合はなかなか難しいが、その際には自分が何のために書いているかを私は強く意識することにしている。

実際の執筆順序

ということで、順番としては、「言いたいこと」があることを意識する→その「言いたいこと」はこのコミュニティにとってどのように意味・意義があるかについて問題設定をする→その問題設定・結論に対応する事例を探す（着想したケースよりも、もっと適切なケースがある可能性がある）、というものになる。

ただ実は、「言いたいこと」を発見するためには、今現在（もしくはこれまで）そのコミュニティで何が問題になっているのかを知っておく必要がある。そこですでに常識となっていること、「すでに言われていること」を再度主張しても仕方ないし、逆にあまりに突飛なことを言っても今度は査読を通らないだろう。査読は本質的に保守的であると方々で指摘されているように、査読論文ではそのときのコミュニティの外延を少し広げるくらいのことしか言えないものなのである。

ルーティンを整理すると、⓪今コミュニティで何が問題になっているのかを知っておく、①臨床する、②気づきを得る、③現在コミュニティで問題になっていることとその気づきを接続して問題設定をする、というところだろうか。

具体例の呈示

次にこれまでの話を具体例を通じて見ていきたいと思う。

「言いたいこと」があるので結論は決まっているわけだが、それをどのように論文という形にしていくかの過程を開示することになる。ここでは、『精神分析研究』に投稿したなかでもっとも新しい「週1回の精神分析的心理療法におけるカウチ使用に関する一考察」（山崎、二〇二二）を例に挙げて説明することとする（髙野・山崎、二〇二四)。

本稿での「言いたいこと」は「週一カウチという設定をうまく使える患者の数はそう多くない。むしろかなり少ないだろう。しかし、まったくいないというわけでもない。ゆえに、『精神分析的心理療法にカウチは不適切である』と十把一絡げにして論じるのでは不十分である」ということであった。換言すれば「週一カウチは有効なこともある」ということになる。しかしこれを主張するだけでは問題提起で終わってしまうので、何かしら「結論」を主張せねばならない。それを考えるために、私は自身の週一カウチのケースを振り返ることとした。

うまくいったケースもあれば、うまくいかなかった(対面に戻したとか、面接が停滞したとか、中断したとか)ケースもあった。そこで、違いはなんだろう、と考える。すると、どうもナルシシストの人とはうまくいかなかったな、という考えに至る。逆にうまくいった人はどんな人だったかと考えると、ヒステリーの人だったなという風に思う。しかし、ヒステリーの人のなかでも、カウチにした瞬間にめちゃくちゃ退行して、これはいけない、と思ったケースがあったことも思い出される。

これらをどういう概念で整理できるだろうか……。そう考えていると、どうもこれは「距離」がポイントなのではないか、と思うようになった。論文中でも引用したが、コフートの「至適な欲求不満」という概念が頭のどこかに残っていたようで、それにインスパイアされ、「至適な距離」というワードが思い浮かんだ。それが患者によって違うのだ、という結論にしたら問題提起では終わらないのではないか、と考えてみる。よさそうな気がする。こうして結論の目途が立ったと判断し、次にこの結論を活かす問題設定を考えることとした。

週一カウチが有効なこともあるのだ、というのが私の主張だが、それがすでに界隈のコンセンサスであるなら、わざわざ論文にして主張する価値はない。ゆえにまず大前提として、「週一カウチに対して否定的な意見がある」というところから始めなければならない。実際そういう文献は多いので、集めることはそれほど苦労しなかった。逆に、少ないながら週一カウチに肯定的な意見もある。ちなみに、「問題」は、現状では不十分な点があるからこそ出現するものなので、肯定的な先行研究があまりに多いとそもそも「週一カウチ」は「問題」ですらないことになる。仮にそうであったとしたら、ここでそういった意見をなかったことにして「問題」を捏造してはならないのは言うまでもない。

ただどこかで文献渉猟を打ち切らねばならないのも事実である。どこで打ち切るかには絶対的な基準はない。必要なものを過不足なくというのが理想だが、その「必要」の定義は人によって異なり、難しいところである。現実的には、査読論文の場合は、不備は査読者が指摘してくれるだろうくらいの気持ちでいてもよいと思う（特に超自我的な制止がかかってしまって書けない人の場合は）。

さてこれで、「週一カウチにはおおむね否定的な意見が多いが、肯定的な意見もある」という状況を描写できた。「なのでそれについて検討します」と入っていっても悪いことはないかもしれないが、ちょっと弱いかなという印象をもつ。ゆえに私は、そもそもなぜ精神分析にとってそれほどにカウチが重要なのか、という問題を付け加えることを考えた。

そうなると、「週一回」ということを外して考える必要がある。ＰＥＰ（Psychoanalytical Electronic Publishing／各種精神分析ジャーナルが閲覧できるサイト）でタイトルに〝couch〟と入っている論文を調べるともちろんたくさんヒットするわけだが、まずはレビュー論文を探すのが最優先になる。それを見つけることができればそのトピックについての大まかな流れや重要論文、多く引用されている論文がわかるので、それに従って読み進めていく。すると傾向が見えてくる。つまり、どうも自己心理学・関係論系の人はそもそも精神分析にとってカウチを必須だと思っていないらしい。一方、クライン派などはカウチを重視しているらしい。そこまでは既存の論文を読めばわかるのだが、それがなぜか？　ということについて検討している論文は見当たらなかったので、そこは自分で考えることになる。その結果、これはどうもおのおのの学派の考える治療論に依存しているらしい、と結論づけた。

そのうえで、再度「週一回」という文脈と接続することを試みる。すると「『週一回』『カウチ』という設定は、二重に患者を放置するものであるといえ、そこでは剝奪と供給のバランスが剝奪に傾くことが容易に想像される。そうした脆弱な設定でさらに『ひとり』を感じさせるカウチ設定を導入することは、一見ねじれ現象のようだとも言える」ということになる。ならば週一カウチは撲滅すればいいという話にもなりかねない。そこでこの引用をもってくることとした。

「髙野〔注―髙野晶〕は、経験的には週1回でもカウチをうまく使える患者もいるものの、この問題についての標準的テキストは存在しておらず、それゆえひとりひとりの治療者が自覚的にこの問題を探究しその経験知を集積することが求められると指摘している」。こうして、「週一カウチ」は日本精神分析学会において考えるに足る問題なのだ、という文脈を生成することに成功した、と判断した。

このように、読者（や査読者）に「この問題はたしかに考えるに足るものだ」と納得させることが、論文執筆においてもっとも重要な作業となる。*International Journal of Psycho-Analysis* などはそういうスタイルではないので普遍性があるわけではないが、少なくとも『精神分析研究』や『心理臨床学研究』に投稿する場合、そのことを意識したほうがよいだろう。私の経験則にすぎないが、これができていれば一発リジェクトということはない。さてこうして「問題」と「結論」ができたので、あとは間をつなぐだけである。具体的には事例提示と考察になる。

事例については、原著論文スタイルで書く場合には、あくまで「論点を検証する素材」と割り切るようにしている。検証のために重要な点を残し、そうでないところは切っていく。臨床素材をそのまま提示するのではなく、取捨選択をするのである。ケースのハイライトと、検証素材として大切な箇所は、幸運にして重なることもあるが、重ならないこともある。論文を書くという目的を達成するために、ここで欲張らないようといつも自戒している。

もちろんその取捨選択が恣意的になる可能性はある。しかしそれを怖れていたら何も書けない。もし何かまずかったら査読で指摘されるだろうという考え方もあるし、査読を通過しても読者が何かおかしいと感じるだろうという考えもある。もしかしたら誰もおかしいと言わないかもしれないが、その場合、それで何かまずいのか？という考えもある。事実ではない小説が人の心を動かすのはよくあることである（これは架空事例と実際の事例との違いという話でもあるが、今回はそれはメイントピックではないので詳しく論じるのは別の機会に譲る）。とにかく「事例は素材」という姿勢が肝要であるというのがここで言いたいことだ。

ちなみに、ケースのハイライトから論点を形成するという逆の順番にすればこうした問題は回避できるわけだが、この順番で原著を書くのはなかなか難しいことだろう。この形式を採用したい場合、症例研究を書くほうがよいのではないかと思う。

最後に「考察」について述べよう。最後に、と言っても、実は考察は問題と相互乗り入れしているところがあるので、ここに至るまでにすでにいろいろと考えられているはずである。ただ、繰り返しになるが、問題は問題として扱うに十分なものでなければならない。問題設定部分で立てた問いがもう解決しているのであれば、それは問題としては成立していない。執筆時にはもう「言いたいこと」＝臨床からの学びがあるわけだから、その時点で著者は問題への回答をもっている。しかしそれを先に書いてしまっては論文として成立しない。臨床のなかでは問題の発見も、考察も、主張も、実際には同時に発生しているわけだが、論文にする際にはそれを時系列に（論理的に）振り分けなくてはならないのである。それを、一次過程が産出した夢を、二次過程的に加工する作業に比することができるかもしれない。そもそも夢を見ることができなければ素材がないわけだが、夢を見られたとしてもそれを成形する能力がなければ人に伝えられる形にはできないわけである。

ただ、ここについては、引用文献をどうするかとか、そういうテクニカルなことはあるものの、主張と問題がきっちり組めてさえいれば、それほど苦労しないと思う。

こうして無事に投稿できると査読結果が返ってくる。その対応については第15章「論文掲載のプロセス」で詳細に述べているので、ご興味のある方はそちらも参照されたい。

依頼論文

さて、長々査読論文について述べてきたが、もう一方の依頼論文はだいぶ別の話である。このテーマなら「言いたいこと」がある、という依頼なら諸手をあげて歓迎するわけだが、「なんでこれが私のところに？」という依頼が来ることもある。そこで断るかどうかは考え方次第だが、私は今のところ断っていない（これが売れっ子作家のようにもっと大量の依頼が来るようになったら話は別だが、おそらく生きている間にそのような事態になることはないと思うので、杞憂というものだろう）。

私の場合、依頼が来るのはだいたい『臨床心理学』誌なのだが、私が執筆のなかで大事にしている「読者」を常に探りながらの執筆になる。少なくとも『精神分析研究』はもちろんのこと、『心理臨床学研究』よりもさらに広い層が読者である、と想定して書くこととなる。

依頼論文の場合、必ずしもはじめから「言いたいこと」があるわけではないので、書きながら自分の「言いたいこと」を探していく。しかしそれが独り善がりのものであっては読まれないので、想定される宛先で何が問題になっているかも同時に考える。また、発注主が何を求めているのかも常に意識する。

ゴールが見えない状態で書きはじめ、とりあえず自分が与えられたお題についてどんなことを考えているかを明確にする。そうして仮の結論を決め、それに対応した問題設定を考える。ここまでいけばあとは査読論文と同じで、間をつないでいく。だが、それほど明確に全体像が見えて書いているわけではないので、やはりこの問題設定ではないなとか、実は自分の言いたいことはこれではなかったみたいだな、といったことを思うこともしばしばである。

私は、せっかく何かを書くなら新しいことを書きたいと思っている。また、自分以外の人でも書けるようなことは書きたくないとも思っている。自分で勝手にハードルを上げているのだが、そうすることで今まで考えていなかったようなことを考えたり、必要に迫られて学ぶようになったりして、新たな化学反応が起きることもある。

むろん、そううまくいかないこともある。依頼原稿は他の執筆者の原稿と同時に掲載されるわけなので、とにかく締め切りは守らないといけない。何とか書き上げたことにしたけれども、これは駄作だなと思うこともないとは言えない。査読がないのでそう思われないことが多いのだが、私は依頼論文のほうが査読論文よりも難易度は高いと思っている。

そういった難しさはあるにせよ、外から新たな刺激を入れてもらえるというのはありがたいことである。自分の書きたいことだけ書いていると、どうしても得意な思考パタンで考えられることの範囲から出られず、反復に陥ることは避けられない。それはどれだけすぐれた書き手でもそうなのである。

そうした自家中毒を逃れるためには、閉じこもらずに外へと開かれていることが求められる。そのための方法はいろいろあるが、私の場合は論文なり登壇なりの依頼をいただくのが持続的な思考にたいへん役立っている。

＊

私はここまで述べてきたような感じで論文を執筆している。

最後に、よく聞かれる「いつ書いてるんですか？」「どうやったら書けるんですか？」という問いについて、私なりの回答をしてみたいと思う。

いつ書くか

私はある程度まとまった時間がないと書けないタイプなので、だいたい深夜に書いている。考えるのも書きながらでないとなかなかできないので、PC必須で、これも自宅でやることになる。この時間をいかに有効に使うかが重要で、そのためにはもろもろの準備が必要になる。

まず、私はすべての蔵書をPDF化している。『精神分析研究』などの雑誌も主要著者の論文は論文ごとにファイルにしている。こうすると検索がたいへん容易になる。もちろん基本は脳内インデックスだが、関連文献を探す効率が非常によくなる。OCR化しておけば引用も楽にできる。

私はけっこう通勤時間が長いので、その間にそうして作成された文献ファイルをiPadで読んでインプットをする。たまにメモしたりはするが、読むときは読む、という感じである。

文献の必要そうなところは、あとでWork Flowyというアプリを使って管理している。このアプリは、箇条書きをいくつも連ねていくことができる単純なものなのだが、順番を入れ替えることや階層化が簡単にできるのがミソである。これもまた検索に対応してくれることも重要である。

何が言いたいかというと、使える文明の利器は積極的に使おう、ということである。若い人はスマホでも論文を書けると耳にするので、私がPCでしか書けないと言っているのも慣れの問題なのかもしれない。このあたりの具体的なことは、『ライティングの哲学――書けない悩みのための執筆論』（千葉ほか、二〇二一）が参考になる。千葉雅也ら四名の著者が、いかに書けないか、いかにいろいろなツールの力を借りてなんとか書いているか、を目にすることができる。

ただ私は、しばらく書いたら印刷し、全体像を見直すというアナログな作業も必要としている。そうしないと、お題と関係ないことを書いて迷路に迷い込んでしまうこともしばしばである。やはりPC画面の大きさだけではどうも全体像を摑めないようである。

私の知人は、毎日朝の五時から七時に書いているという。要するに、睡眠時間を削っている、という話である。臨床をしながら論文を書くためには、体力は何よりも大事な素質な気がする。

どうしたら書けるのか

次に、どうしたら書けるのか、について述べよう。

読者を想定する

私が思うに、書ける人と書けない人の一番の違いは、読者が想定できるか否かである。そういう意味では、投稿先のコミュニティのことを知っておく必要がある。ふだんから雑誌の目次くらいは目を通しておいて、今そこでどんなことが問題になっているかを摑んでおく必要があるということである。

だがより大事なのは、草稿を読んでくれる同業者がいることだと思う。誰かが読んでくれると思えなければ、私はものを書けないと思う（前著を執筆しているときは、誰がこんなものを読むのだろうか、と思って鬱々としていた）。その意味で、書きはじめの頃には具象的に読者がいると助けられるだろう。私が投稿論文を書きはじめたのは二〇一五年頃からだが、当初から日常的に議論し、何かを書いたら読んでくれる仲間がいた。書いては送って感想をもらい、考えて、直したり、時には反論したりしながら書きつづけた。そういうことを続けていると、だんだんと自分のなかに抽象的な「読者」というものが生まれてくる。そうすると、その仮想読者に向けて書くことができるようになる（とはいえ、私は今でも、そしてこの原稿も完成前に何人かに送ってコメントをもらっている）。

ここから逆算して導き出されることなのだが、私は知人の論文を見かけた際にはなるべく読んで感想を送るようにしている。読んでくれている人がいると思えないと、人はなかなか書きつづけられないからだ（といってもこれは私の投影であって、別にそんなものはなくとも書きつづけられるのかもしれないが。とにかく私は感想はうれしい）。

一論文で言えるのは一テーマ

ほかによく見かける挫折パタンは、一本の論文にあれもこれもと入れこもうとするあまりに破綻する、というものである。規定の字数が決まっている以上、言えることには限りがある。「あなたの言いたいことを全部言うには、三本くらいの論文か本が必要になるよ」と助言することがままある。

「私なんかが論文を……」と思っていても、実際に書いてみると実は言いたいことがたくさんあった、ということはよくある。そういうときは、無理に一本にねじこもうとするのではなく、論文を何本か書くことに決めよう。冒頭でも述べたが、自分にとって当たり前のことを説明するのには、膨大な文字数を必要とするのである。

批判は必ず受けるものと知る

批判に慣れるのも大事なことである。一発ＯＫの論文というものを私は聞いたことがない。つまり、必ずや何かしらの注文をつけられるのである。すべての人からの同意を得るとか、称賛されるとか、批判されないとか、そういったことは不可能である。諦めよう。

書くことは敵を作る行為である。批判される可能性に身を晒す行為である。かといって批判を先回りして封じようとすると防衛的になって読みづらくなるし、批判されないことを目的に書いたら中身はなくなる。新しいことを言うのだから、必ず旧来の考えの人からは批判されることは避けられない。でもそれが学問というものだ。

というのも、一見意義を見出せない慣習でも、長く続いているものにはそれなりに意味があることが多いからだ。完全に、一〇〇パーセント無意味なのであれば、その対象を批判すれば賞賛しか集めないかもしれない。しかし世の中はそうシンプルにはできていない。あなたには単なる間違いに見えている事象にも、たいていの場合、何割かは正当性があるのである。だから、批判対象のよい部分を保守しようとする人からは、新奇な意見は必ず再批判される。これに対処するには、批判対象の「よさ」を、歴史を理解した上で、それでも残存する問題点を指摘し、それを超えていくというスタンスを取る必要がある。上を行く必要がある、ということだ。

正直、純粋に学問的な内容以外に源泉がありそうな批判を受けることもある。だがそれも書いて発表する以上、仕方のないことである。それは誰もが通る道だと知っておくのは悪くないだろう。とはいえ不愉快は不愉快なので、この点でもそういうグチを聞いてくれる人がいると支えになる。

「言いたいこと」があると信じる

しかし何よりも大事なのは、「言いたいこと」があることである。「そんなたいそうなことは思ってないんですが……」と謙遜する人は多いのだが、そうやって自己卑下していても論文を書く上で何もいいことはない。あなたの書いたものの価値は、コミュニティが決める。自分でとてもすばらしいと思っていても査読ではねられたり、誰にも読まれなかったりするかもしれないし、逆もまた然りなのである。

何年かまじめに臨床に取り組んでいれば、言いたいことのひとつやふたつは必ずあるはずだ。自分とクライアントとの経験はこれまでの文献には書かれていないと思ったら、それが「言いたいこと」の萌芽である。育てて、ぜひ日の目を見せてあげてほしい。

解説

本稿は、富樫公一が会長を務める、ＮＡＰＩ（The National Association for Psychoanalytic Intersubjectivity）という「ライターズクラブ」の年次会にて発表した原稿である。研究会はあまたあるが、「書く」ことに特化したグループはなかなかない。会員は随時募集しているので、興味のある方は検索してみてほしい。

査読論文と依頼論文という区別で言えば、依頼を受けて登壇するのは後者に近い。このテーマについて私は「言いたいこと」があったので、すらすら書けた。なぜ「言いたいこと」があったかと言えば、そもそも論文というものについてけっこう考えてきたからだ。実証論文と臨床論文の違い、データの恣意性、論文の価値がいかにしてはかられるべきなのか、などなど。結果、依頼を受けてから三日くらいで書いたと思う。たまにはこういうことがあってもバチは当たらないだろう。

本稿を書きやすかった要因のもうひとつとして、宛先がはっきりしていたということも挙げられる。ＮＡＰＩはライターズクラブなので、「論文を書きたいと思っているけれど、なかなか書けない人」に私は焦点を定めた。

そういう人のなかにも二種類の人がいる。「言いたいことがあるけど書けない人」と「書きたいけど言いたいことがない人」だ。前者には本稿が役に立つだろう。だが後者には別の処方箋が必要かもしれない。

「言いたいこと」を探すには、人と話すのがよい。しかも自分の仕事をあまり知らない人だとなおよい。そういう人と話していると、自分にとって当然のことが、その人にとっては意外なことらしいと感じることがある。そうすると、それは「これまでの文献には書かれていない」「自分とクライアントとの経験」だと気づくことができる。潜在していた新奇性が発見されるのだ。心理職の働く場は拡大の一途である。当然のことながら、その速度に知の産出速度は追いついていない。となれば、「正統」から外れているように感じられる実践は、論文化の種の宝庫であることになる。ぜひとも、その種を育て、花を咲かせてほしい。

†註

1――駒澤大学の鈴木菜実子氏。

†文献

千葉雅也・山内朋樹・読書猿・瀬下翔太（二〇二一）『ライティングの哲学――書けない悩みのための執筆論』、星海社［星海社新書］

髙野晶・山崎孝明＝編（二〇二四）『週1回精神分析的サイコセラピー』、遠見書房［近刊］

山崎孝明（二〇二二）「週1回の精神分析的心理療法におけるカウチ使用に関する一考察」、『精神分析研究』六六－二［一一七－一二九頁］

第15章

論文掲載のプロセス

『精神分析研究』の未来を憂う

平均一・四本。

いきなりなんの数字かと思われると思うが、これは『精神分析研究』第六〇巻第四号から第六五巻第三号まで五年間の、総説、原著（シンポジウム原著を除く）、症例／事例研究、調査研究、論考、いわゆる「査読論文」の一冊当たりの掲載数である。第六一巻第二号、第六四巻第三号には、査読論文はひとつも掲載されていない。それらはシンポジウム原稿、研修症例、書評、などのみから構成されている。この状況を、私の知人は「大学の年報みたい。組織がちゃんと一年活動していることの記録と、ちょっと業績の欲しい人が寄稿する媒体」と評していた。

会員数の違いはあるが、たとえば『心理臨床学研究』は年に六回発行されているにもかかわらず、毎号掲載される査読論文が五本を下ることはない。そう考えると、『精神分析研究』に掲載される査読論文は、きわめて少ない。この事実を共有するところから始めたいと思う。

なぜこのようなことになっているのか。

考えられるひとつめの可能性は、『精神分析研究』は投稿数がそもそも少ないというものである。たしかに、素晴らしい臨床をされているのに、書くということに興味がなかったり、余力がなかったりする方は何人も思い浮かぶし、これはありうるかもしれない。しかし、もしそうだとして、その事情は同誌に特有のことではないはずだ。ならば『心理臨床学研究』でも同じようなことが起こってよいはずだが、実際にはそうではない。

となると、別の可能性を、何か『精神分析研究』固有の問題があるのではないかということを考えなければならない。そこで候補に挙がるのが、査読である。

私の印象では、他誌と比較して『精神分析研究』の査読は厳しい。「分析研究で通らなかったから他誌に投稿し、無事掲載された」という話を聞くのも珍しくないことは、その印象の妥当性を裏づけてくれるだろう。

むろん、厳しいことは悪いことではない。しかし、二〇二一年の『大会抄録集[★1]』でも取り上げられているように、それは投稿者の気持ちを「くじく」こともまたたしかである。

先に述べておくと、私の受けてきた査読は比較的「やさしい」ものであったように感じている。私の体験を一般化することはできないが、こういう査読もあるのだと知ってもらうことで、執筆意欲が向上することを願っている。

査読の実態

これまで私は、二〇一七年の論考「日本精神分析学会における『見て見ぬふり』」(山崎、二〇一七)、二〇一八年の原著「週1回の精神分析的心理療法における転移の醸成」(山崎、二〇一八)、二〇一九年の総説「日本精神分析学会における週1回の精神分析的心理療法にまつわる歴史」(山崎、二〇一九)という三本の査読論文が『精神分析研究』に掲載されている。便宜上、以後は「論考」「原著」「総説」と各論文を表記する。

正直、それぞれの論文で査読意見の難易度はまちまちであった。事実を提示すると、論考は四回目、原著は三回目、総説は四回目の投稿で査読を通過したが、別に回数が多ければ苦しく、少なければ楽だというわけではない。

以下、具体的に三本の論文の被査読体験について述べていきたい。

「論考」

投稿したのが初めてだということもあったかもしれないが、掲載された三本の論文のなかでもっとも査読が苦しかったのは、しかし同時に査読によって考えが深まり、よりよい論文になったと感じているのは、論考である。

この論文は、「本学会で中心的に行われてきたのは精神分析的心理療法であって精神分析ではないのに、私たちはその差異を見て見ぬふりしてきている。これを改めねばならない」という内容のものであった。

初稿を投稿した際、私は三〇歳だった。若く、怖いもの知らずであった。しかし同時に、期待や希望もあった。論考の内容は、先行世代にとって非常に挑発的なものであるという自覚があった。だから一発リジェクトということもありうると思っていたし、同時に、いや自分が愛する分析コミュニティにはこういった意見を受け入れられるだけの度量があってほしいという思いも抱いていた。

果たして、投稿から三カ月ほどで査読意見が返ってきた。封筒はそれなりの厚みがあり、一発リジェクトではないことにまず安堵した。★2 封を開けると、何枚かの用紙が入っていた。さすがに一発ＯＫはないと思っていたので、「編集長からのメッセージである一枚目の「論文は、先生のご改稿を待って採否について再検討することになりました」という文言には驚かなかったが、その後の二名の査読者による査読意見を読む際には動悸がして仕方がなかった。査読意見には、納得のいくものもいかないものもあったが、私にとってもっとも印象的だったのは、査読者Bが、A4用紙一枚半の査読意見のなかで「粗雑」という語を三度も使っていたことだった。

> 著者が我が国の精神分析、本学会の健全な発展を願っていることは随処に読み取れ、著者の思いを汲み取るには査読者はまったくやぶさかではない。しかしながら、学術的論考としての本論文の根本にかかわることとして挙げねばならないことは、本論文の概念の使用や論法が、本学会誌に採用するには粗雑であることである。

とりあえず私の学会への思いは伝わっているようでそれはよかったのだが、しかし「粗雑」というワードには、その安堵を台無しにするだけの破壊力があった。査読意見はその後、「以下に概念使用の粗雑さの例を挙げる」「次に、論法の粗雑さを指摘する」と続き、最後は「論文全体の著者による精密な再検討を期待する」と締められていた。読み終えた私は、「いやこれ、『まったくやぶさかではない』とか言っているけど、やぶさかであるようにしか見えないのだが……」と思わざるをえなかった。

ここからはパーソナリティにもよると思うが、私は何度も査読意見を読み返した（再度読むのにかなりの時間を要するという人も多いらしい）。はじめは「これで粗雑と言われたら、新しいことは何も言えないじゃないか。たしかに引用は不十分かもしれないけれど、言っていることはふつうに考えたらわかるでしょう」などと思って納得できなかった。しかし、そのうちに「粗雑」というワードにも慣れが生じて査読意見をフラットに読むことが可能になり、たしかに初稿は「粗い」部分があった、と思うようになった。こうした心的作業を経て修正を加え、再投稿した。

今度は一カ月ほどで査読意見②が返ってきた。そこでは、二人の査読者から同じことを指摘された。それは、

「見て見ぬふり」の主体が明確に示されていない、という点であった。査読者Aには、前回の査読意見①でもそれについて指摘されており、意見に対応して修正したつもりであったので、不満を抱かないわけにはいかなかった。「なぜわかってくれないのか」という気持ちにもなった。ゆえにこの査読意見②を消化するのには、①のときよりも時間がかかった。しかしその結果、私は査読者両名への手紙にこのように記すこととなった。

今回の査読は、私の理解不足によって先生方のお手を煩わせてしまったところが大きいと反省しております。しかし、それにもかかわらず先生方はより丁寧なご説明をしてくださいました。それにより無意識であった執筆姿勢などが意識化されるようになりました。それは恥ずかしさを伴う体験でしたが、その結果整合性の取れた文章を書くこと、私が本当に言いたかったことを表現することが可能になったように感じております。

また、査読者Aにはこのように回答している。

たしかに初稿と改稿では、「精神分析家」vs「精神分析的心理療法家」という図式を念頭に置いて執筆しておりました。そしてそれは「事実」であるし、そう書くことの何がまずいのだろうか、というような思いでいました。しかし、本当の事実は、「他の組織で認定された『精神分析家』も本学会の認定取得者であり、著者の云う『精神分析的精神療法家』の集団の中に含まれる」というものでした。この誤解があったため、「日本における精神分析的心理療法について論じながら、実際には日本精神分析学会のことを論じているように読み取れる」「本学会員の中で他の組織で資格を取得している一部の精神分析家との対話として論じられているように読み取れる」というねじれ構造を孕んだ論文となってしまいました。冷静に読み直してみると、精神分析家が「真実」を知っており、精神分析的心理療法家が無知であるというような上下関係のニュアンス

さえ含んでいるようにも思えました。そうして「現実」も、私の真意も反映していないものになってしまっていました。こうした気づきを経まして、やはり私の論じているのは精神分析的心理療法家個人の問題ではなく、精神分析学会全体の問題であり、一集団内での力動と捉えるべきと考え直しました。ですので、今回の改稿でも「私たち」という言葉を使っていますが、その指すところが「私たち精神分析的心理療法家」ではなく、「私たち精神分析学会員」となるようにいたしました。また、タイトルも「精神分析学会における『見て見ぬふり』」に変更いたしました。これにて、『精神分析研究』の「論考」にふさわしいものになったのではないかと考えております。

先ほど「それは恥ずかしさを伴う体験でしたが」と記したと述べた。それは、査読意見を考えるにあたり、実際には日本精神分析学会の認定ももっていないし、日本精神分析協会にも入っていないにもかかわらず、無意識のうちに自分をキャンディデート（訓練生）か何かと勘違いしていなければ、初稿や第二稿をあのように書くことはできなかったはずだ、と理解したからである。これはある種の去勢体験であり、当初は被害的に受け取っていたが、向き合うなかで私にいわば洞察をもたらしてくれることとなった。

第三稿への査読意見は二カ月ほどで返ってきて、「必要な修正を求めた上で掲載可」となった。このときの喜びは忘れられない。★3

これが私のはじめての被査読体験である。「粗雑」というワードに傷つき、自分のナルシシズムの横暴さに恥じ入ることや、「なんてわからずやなんだ」などと思うことはあったものの、理不尽だと感じることはなかったし、最終的には初稿をはるかに超える内容の論文となり、私自身の考えも深化した。その意味で、この被査読体験は非常に恵まれていたものであったと思う。

「原著」

原著は、論考が通っていない段階で投稿したので、査読意見①が返ってきたのは、論考の査読も継続されている最中であった。こちらは論考と異なり、投稿から査読意見の到着まで、約半年ほどかかった。

この論文は、「週1回の精神分析的心理療法における転移の醸成――変容性解釈の第一段階再考」というタイトルの通り、「精神分析を基盤に作られたJ・ストレイチーの変容性解釈の理論は、週一回の精神分析的心理療法に平行移動できるのか」を考えたものである。論考ともつながるテーマであり、問いの立て方は悪くないと思っていたので、論考とは違い、一発リジェクトはないだろうと考えていた。

そのためか、論考の査読と違い、査読意見には破壊力のあるワードも潜んでおらず、すんなり納得できる指摘が多かった。特に査読意見Bは「簡潔に解説できないだろうか」「解説していただければと思う」「解説していただくと、さらに理解が進むものであろう」といった、査読というよりも助言、意見なのか？　という印象を抱くもので、こんな「査読」もあるのかと意外に思った。ゆえに、改稿に取り組むのはそれほど難しいことではなかった。

ただ一点、査読者Aの「週一回五〇分の対面法という設定における精神分析的心理療法に自由連想法を導入することは、著者が『問題』で述べた内容とは違う意味で、技法上、重大な問題があるのではないだろうか」という指摘には参った。はじめは何を言われているのかわからないくらい、その問題は頭になく、何度も読み返してようやくその意味するところを理解したほどだった。たしかにその点について議論があることは知っているし、おそらくこの査読者は週一回対面での精神分析的心理療法において自由連想法を導入することには否定的な立場なのだろうと予測されたが、しかしそれは本論の中核的なテーマではないし、そのような本質的な問題を限られた字数内で取り上げるのは非常に難しいことは明らかだった。しかしそれでも、これは査読意見であって、私が論文を通したいと思っている以上、無視できるものではない。なんらかの形で対応しなければならなかった。

具体的には、この問題には註に記すことで対応した。ただし、査読者を納得させねばならないので、査読者への手紙は丁寧に、複数の文献を引用して回答した。その一部を引用する。

私自身、この問題についてあまり意識的にはなっておりませんでした。ですので、自身の知識を振り返ったり、改めてこの問題について調べ直しました。主に参照したのは、編集委員会のシリーズ企画「精神分析的臨床を構成するもの」にて連載されている論文です。「週一回五〇分の対面法という設定における精神分析的心理療法に自由連想法を導入すること」については、是非が明確になっていないようです。ですが、こうして見ると、明確に禁忌とされてもいないと言えるようです。私自身は、藤山（二〇一七）の態度に従って、精神分析的心理療法における自由連想法と自由連想を考えております。ですので、精神分析的心理療法においても自由連想法を導入することが必要だと考えておりますが、こちらでいただいたご指摘への返答になっていますでしょうか。

結果、査読意見②では「必要な修正を求めた上で掲載可」となった。「原著」というのはなんとなくステータスが高い気がしていたので、やはりこのときの喜びも忘れられない。

「総説」

最後に総説である。総説では、「考察」に悩まされた。

投稿規定には、総説は「ある主題についての学問的動向を見渡し、著者独自の視点からそれを論考した論文。一万二〇〇〇字以上二万八〇〇〇字以内」としか書かれていない。その下には論考が「精神分析的な概念、歴史などについての著者独自の見解を提起する論考。一万二〇〇〇字以内」と説明されている。両者に字数の差があることはわかるのだが、内実がどう違うのかはよくわからなかった。

その実態が不明である以上、自分で調べるしかない（編集委員会に問い合わせてもよかったのかもしれないが）。私は参考にすべく、近年の総説、すなわち西見奈子（二〇一六）、北村婦美（二〇一八）、北村隆人（二〇一八）の形式を検討した。それらは綿密な文献渉猟が主であり、考察がないものもあったり、あっても著者の主張というよりは、事実の解釈が述べられているように思われた。ゆえに私は、同じく歴史を検討素材としている西の論文の形式を踏襲することとした。

五カ月ほどして、査読意見が返ってきた。査読意見Bは「掲載可」であり、ひとつ引用を追加するようにという指摘があるだけだった。こんなこともあるのかと思ったし、本当に査読者によって被査読体験はまったく違ったものになりうると感じた。

問題は査読意見Aで、そこでは「本論文の問題は考察である。『①歴史のまとめ』は、歴史提示のほぼ繰り返しであり、『②私たちの課題』では、『一六頁最後の段落の七行の結論は平坦すぎる印象しかなく、考察は貧弱と言わざるをえない』」と指摘されていた（「粗雑」ほどではないが、「貧弱」もちょっと傷ついた）。そして「本誌で『総説』に期待されているのは、『著者独自の視点からそれを論考した論文』である。再検討いただきたい」と述べられていた。

いやいやちょっと待ってくださいよ――。私はそう思った。だってこれまでの総説がそうなっていたからそうしたのに、と。しかし同時に、私には私の考えがあるので、書いていい、いや書けと言われるのであれば何の問題もなく書ける、とも思った。ゆえに私は以下のように返答した。

近年「総説」の掲載数が多くないこともあり、主に西（二〇一六）の総説を参考にしていたのですが、そこでは著者独自の見解が示されているというよりも、着眼点自体が著者独自であるという印象を受けました。ですので、西同様に歴史を主題とする本論文も、同様の体裁を取ることが望ましいのではないだろうか、と考えて初稿を投稿いたしました。ですが、先生のご指摘をいただき、ある種「もっと自分の考えを書いてよい」と言っていただいたような気持ちになり、大幅に自身の考えを追加させていただきました。

実際、第二稿は初稿よりも七〇〇〇字ほど増えたものになった。これにより、査読者Bが加筆した考察部分について「掲載可」の査読意見を撤回し、「掲載不可」の査読意見を述べることも想定されたが、実際には査読意見②でも査読者Bは「掲載可」の査読意見であった。一方、査読意見Aは、「週一治療を分析的技法の枠内で考えることが可能か否か」という問い立てと、著者の論考の着目点がずれているのではないか、というものであった。これについては、「前稿と結論は変わっていませんが、論が通るものとなったのではないかと考えております」というA4で一枚半ほどの回答を改稿とともに送り、査読意見③で「必要な修正を求めた上で掲載可」となった。

＊

以上が私が体験した、『精神分析研究』での被査読体験である。率直に言って、論考以外ではそれほど「くじける」体験はなかった。むしろ、特に論考の査読では、私のそれこそ「見て見ぬふり」に気づかせていただく、たいへんよい体験であった。

先に私は「『精神分析研究』の査読は厳しい」と述べているのだから、このようなことを言うと、「あいつは楽な査読者に当たっただけじゃないか」と思われそうで嫌なのだが、事実を捻じ曲げるわけにはいかない。本稿を読んだ方が、そのような査読であれば投稿してみようかなと思ってくださったら、私は任を果たしたことになるだろう。

新米編集委員として

次に、新米編集委員として『精神分析研究』への批判も述べておこう。

他人の論文の査読意見のことなので具体的内容に言及することはできないが、『精神分析研究』の査読は質を保とうとするあまりに、「通さないための査読」になっているように見えることも多い。

私は二〇二一年から編集委員になったが、一委員の意見としては、『精神分析研究』の査読論文が枯渇している現状に鑑みても、「通すための査読」をすべきだと考えている。査読は「よい論文」を通すものではない。「及第点の論文」を通し、その論文の価値はコミュニティが決めればよい。そう考えるからだ。会員の投稿動機を高める編集企画も重要だが、同時に、編集委員会が査読システムについて検討することもまた重要である、と自戒を込めて述べておく。

査読システムの問題は方々で指摘されている。それでもほとんどのジャーナルで採用されつづけていることからもわかるように、私たちはこれ以上にましなシステムを知らない。だから、査読をなくせばいいという話ではなく、よりよい査読を考えつづける必要がある。

たとえば、私の例で言えば「粗雑」である。このワードチョイスは、仮想査読者[★4]の先生方はどのように考えられるだろうか。「不十分」といった言葉ではまずかっただろうか。そのようなことが討論できれば、より投稿動機を「くじく」ことのない査読が可能になるのではないかと考える。

蛇足として――査読を通過するために

以上が当日述べたことである。紙幅に余裕があるので、ここでは投稿者および査読者の体験から得た論文執筆のコツについて述べ、読者の執筆動機と査読通過率を高めることに努めたい。

論文は読まれるためにある

論文は読まれるためにある。まずはこれを意識することが査読通過のための第一歩だ。何を当たり前のことを、と思われるかもしれない。でもその当たり前のことを、あえて言わねばならないのが現実なのだ。それというのも、「人に読ませる気があるのか?」と思うような投稿論文を目にすることが多いからである。

論文執筆の動機には、功名心、コミュニティや社会への公共心、臨床家としての技能を高めたいという向上心、など多様なものがあることだろう。それがどんなものでも構わないのだが、論文は人に読ませるためのものであることを忘れないようにしていただきたい。

その意識が希薄であるがゆえに悪文を投稿することになる人もいるだろうが、一方には、そんなことは重々承知なのだが、それでもいざ書くとなるとなかなか人様に通じる文章が書けないのだという人もいるだろう。その場合、どうしたらよいのか。よく言われることだが、やはり投稿前に原稿を他人に読んでもらって感想をもらったり、修正してもらうのがよいだろう。コメントをする側も、内容に言及することは容易ではないかもしれないが、ふつうに読める文章になっているか否かについてコメントすることはさほど難しくないはずだ。

むろん、内容について意見をくれる同僚がいるならばそれに越したことはない。実際、私は本稿で取り上げた三本の論文の執筆過程において、数名の同僚に密な助言をもらっており、それが相当な支えになっていた。それなしに掲載に漕ぎつけることができたか、去勢的な要素を含んだ査読意見を糧にできたかは自信がない。この点は強調しておきたい。

論文は一人で書くものであって助言を乞うなどありえないという立場の者もいることは私も知っている。そうした考えも一理あるとは思う。だが一方で、最終的には書くのは自分であって他者の手は借りられないのだから、積極的に助言をもらうことは悪いことではないとも思うし、むしろ強く勧めたいと思う。

身近にそういう存在がいなければ、スーパービジョンなどと同様、論文指導を請け負ってくれる人もいるので、執筆コンサルテーションを受けるのもひとつの手である。これらの点については拙著（山崎、二〇二二）でも取り上げているので参考にしていただきたい。

投稿したいジャンルを考える

先ほど私は「『原著』というのはなんとなくステータスが高い気がしていた」と述べた。しかし今は考えが変わっていて、原著と症例研究は比較するようなものではなく、おのおのに別の良さがあると考えている。両者の違いについて十分に理解されていないがゆえに査読を通過できないケースも見てきたので、ここではそれについて取り上げたい。

「原著」の定義はかなりあいまいである。原著について、『精神分析研究』の投稿規定では「著者のオリジナルな主張が提起されている論文。一万二〇〇〇字以内」としか説明されていない。これを読むとかなり広い範囲を示しているように思えるが、実際には原著は狭き門である。だが、それは明示されていない。

ただ、歴代の編集委員長の原著についての見解は『精神分析研究』で散見される。よい機会なので、ここでそれらを振り返ってまとめておこう。

藤山（二〇〇四）は、在任中の二〇〇四年、学会設立五〇周年記念号にて、編集委員長として原著性について論じている。そこでは、原著は「ひとつの事実を出発点として、既存の知と対話しつつ、新しい理解が仮説的に提示されなければならない」「一般的で公共的な知の性格を備えた仮説を提起しなければならない」とされている。その上で彼は、「既存の知を十分に参照しておらず、既存の議論の文脈を無視して一見新しい理解を提起する態度と、逆に既存の知を単に事例の理解に援用している過程のみを記述する態度という、ふたつの対照的な態度」は、「そのどちらもが、真のオリジナリティと遠いものである」と指摘している。

藤山（二〇一八）はさらに、編集委員会シリーズ企画「書くことの精神分析」の第一回でも、原著性について論じている。

原著論文original articlesという名に値する学術論文とは、ある探求したい学術的疑問（リサーチクエスチョンresearch question）に対して、何らかの事実を根拠に合理的論理的な考察をすることで、独自性originalityと新しさnoveltyをもった形で応える、という営みを公表したものだと私は考える。ここで重要なことは、そこで扱われる学術的疑問は単なる個人的な恣意的疑問ではなく、それまでその領域で先人や同時代人たちが積み重ねたアイデアの上で生成される、公共性を帯びた疑問でなければならないということである。すなわち、その疑問に取り組んだ結果を示すことが、同時代に同じ学問の世界に生きている同僚たちにとって何らかの価値を帯びている必要がある。

同じシリーズの第二回では、福本（二〇一九）が、「原著論文には症例研究がもたらしうる〈観点〉を超えた、一定の〈論点〉を提示することが求められるのではないだろうか。〈論点〉とは、個別の症例の研究に留まらな

い、普遍性のある臨床主題についての討論である」とした上で、「原著論文とは、精神分析的な或る主題について、先行研究を踏まえて新たな〈論点〉を提示し、その主張を根拠づけるために臨床素材について考察したものである」と簡潔に定義している。

藤山と福本の言をまとめると、原著とは、「個人的疑問ではない公共性のある問題について、先行研究を踏まえた上で、臨床素材を用いて、独自性 originality と新しさ novelty を持った主張を行うこと」となるだろう。

ではもう一方の症例研究とは何なのか。これについては、藤山への応答のなかで、岡田（二〇一八）が「前者（原著）では学問的なオリジナリティが求められるのに対して、後者（症例研究）では、症例／事例自体のオリジナリティが求められているように思われる」と述べているのが参考になろう。何かを問うための素材として症例があるのではなく、症例の検討自体がテーマとされるのが症例研究だということである。

これらの議論のなかで、私が重要だと考えるのは、岡田が「私は『研究①』[★5]というカテゴリには『原著』にはない価値があると考えている」と主張していることである。これには私も強く同意するところで、原著には原著の、症例研究には症例研究の価値がある。そもそも両者は目的を違えている。

藤山（二〇〇四）は原著について「オリジナルな主張を提起することは、そう簡単なことではない」と述べている。たしかに精神分析が一〇〇年以上の歴史を重ねている以上、新たな〈論点〉を提起することはかなり難しい。しかし、症例は毎回オリジナルである。症例には、提起するまでもなく、そもそもオリジナリティが宿っているのであり、執筆者に求められるのはそれを表現することである。症例研究は、公共性を重視した原著のように多くの人の関心にフィットすることはないかもしれないが、成功裡に行けば、今まさに類似のケースに苦闘している人にピンポイントで大きな助けとなる可能性を秘めることとなる。

翻って、症例が毎回オリジナルであることこそが、原著論文を書く困難さの一端をかたちづくっていることも認識されて然るべきであろう。臨床素材を「素材」とするには、「自分にとってユニークなあの患者との体験を、他者と共有可能な公共的なリサーチクエスチョンに奉仕させるということにともなう大量で痛切な喪の仕事が必要なのである」(藤山、二〇一八)。

このように、症例のオリジナリティを主張しつつ原著性も備えるというのは二律背反であり、ほぼ不可能な仕事である。それを前提として認識し、自分が何を主張したいのか、それに合った投稿ジャンルは何かを考え、マッチさせることが、論文掲載には重要になってくることを意識したい。

査読への対応

投稿までにこれだけの問題があるわけだが、なんとか投稿できたとして、次に待ち構えているのが査読への対応である。

『精神分析研究』の査読は厳しい、と述べた。だが、理不尽なものはあまり目にしてはいないことも付言しておく。私も含め、多くの投稿者は査読意見を被害的に受け取る。私が上で述べたように、査読意見に対して「言っていることはふつうに考えたらわかるでしょう」とか「なぜわかってくれないのか」などといった感想をもちがちである。そうなのかもしれない。査読者も完璧な存在ではないので、理解力が不足しているときもあるだろう。でも私たちはなかなかそう思えない。査読者を強大な権威だと認識しがちだからだ。そうなると、査読意見は無理解ではなく、悪意の表れに見えてしまう。

査読者は匿名で、査読意見は印刷された文字である。この設定は非人間的なものを喚起しやすいが、しかし実際にはそれを書いているのは編集委員に名前を連ねる誰か、つまり人間である。東畑(二〇一七)[★6]は、査読者を「正気にして、善意の人だと捉えて、対話をすることが大切」だと指摘しているが、私はこれにまったく同意する。私なりに付け加えるならば、「ふつうの、ミスもするが、話せばわかってくれることもある人だと思って査読意見への返答を書くことが大切」ということになる。

もちろん、査読者は意地悪をしようと思って査読意見を書いているわけではない。わざわざ無償で編集委員を務める人は、コミュニティになんらかの恩義を感じているはずだ。そういうふうに査読者を奥行きをもった人として見ることができれば、対話しようという気になれるのではないだろうか。ただこれは、査読者も人間なのだから、あまりにもひどい原稿が来ると査読意見を書こうにもなかなか腰が上がらないとか、再投稿までに年単位で時間がかかれば前回の査読を忘れてしまうかもしれず、そうすると前回は気にならなかった箇所が目についてしまうかもしれないとかいった事態が発生することとセットでもある。礼を失しないようにしたいものである。

こういった当たり前の人間的コミュニケーションができるようになると、査読は通りやすくなるだろう。

解説

本章は、二〇二一年の日本精神分析学会大会、編集委員会企画「論文掲載へのプロセス」の話題提供者としての原稿をもとに論文化したものである。本文でも取り上げているように、この企画の背景には、掲載論文の枯渇があったと思う。

この頃、私は『精神分析研究』に論考、原著、総説、と三本の論文を通し、編集委員となっていた。すると必然的に、『精神分析研究』という雑誌全体のことを考えるようになる。すぐにわかる問題点は、査読論文の掲載数がきわめて少ないことである。それがなぜなのかはっきりとはわからないが、私なりに原因を推測し、対策まで記したのが本章である。

日本精神分析学会大会において応募演題数はけっこうなものがある（直近の二〇二三年大会では一〇九の応募があった）。毎年ゴールデンウィーク明けが締切で、ゴールデンウィークに抄録作成に取り組むのは分析学会員あるあるだが、そうして作成された抄録は、プログラム準備委員らがひとつひとつきちんと査読をする。ゆえに、発表が認められないこともままある（二〇二三年は不採択数三〇）。とはいえ、少なく見積もっても毎年五〇件以上の発表があるわけで、これは決して少ない数ではないだろう。

論文執筆ということを考える際、大会で発表した後で論文化を考える、というのがひとつのスタンダードな筋だろう。実際、他の学会ではそうしたケースを多く目にする。だが日本精神分析学会においては、大会での発表数と掲載論文数にあまりにも差がある。それがなぜなのか、ひとつの解を査読に見出そうとしたのが本章だ。

私は、書くことは政治的なことだと思っている。書くことで世界が変わると思っている。前著の正史と外史についての議論も参照してほしいが、自らの実践を歴史的文脈のなかに位置づけるためには、書く必要がある。

私は常に、よい臨床を行っている臨床家はたくさんいるにもかかわらず、書く臨床家は一握りであることが、私たちの日々の臨床に悪影響を与えていると考えている。だからこそ、私は多くの臨床家に、書いてほしいと思っている。原稿化する際に「蛇足」を付け足したのは、そうした思いからだ。

『精神分析研究』に限らず、『心理臨床学研究』でもなんでも構わないので、多くの臨床家が論文を書いてくれると心理臨床学が正常化されるだろう。ぜひ書いていただければと思う。

†註

1――「数回の査読と投稿者とのやりとりの中で、論文は精緻化されていき、掲載へと至る。原石が輝くものになるプロセスは、有意義な議論がなされていくものの、投稿者にとってはくじけるような思いを伴うことも多い」(『日本精神分析学会第六七回大会抄録集』[一一頁])。

2――リジェクトの場合、査読意見が同封されないためうすっぺらい封筒が届く。

3――第4章に記されている「その通知を見ながら、私は心のなかでそれを彼女に報告し、感謝を伝えた」瞬間である。

4――当日、通常のシンポジウムであれば「指定討論者」となる位置に「仮想査読者」が配置されていた。

5――現在このカテゴリは「症例/事例研究」という名称に変更されている。

6――未読の方には、ぜひこの文献を一読されることをお勧めする。語り口はフリッパントだが、内容は非常にプラクティカルである。

†文献

藤山直樹(二〇〇四)「編集委員会――『精神分析研究』の現状と未来」、『精神分析研究』四八(増刊)[一六五―一六八頁]

藤山直樹(二〇一八)「臨床素材を書くこと――精神分析的な学術論文において」、『精神分析研究』六二―一[五三―六一頁]

福本修(二〇一九)「論文の書き方」、『精神分析研究』六三―一[四五―五四頁]

北村婦美(二〇一八)「分析目標――議論の変遷とその論点」、『精神分析研究』六二―一[八三―一〇六頁]

北村隆人(二〇一八)「フロイトのユダヤ人アイデンティティ――その形成過程と精神分析への影響」、『精神分析研究』六二―二[二〇五―二三〇頁]

西見奈子(二〇一六)「戦前の日本の精神分析についての歴史的研究――矢部八重吉によるIPA日本支部を巡って」、『精神分析研究』六〇―四[四八二―五〇二頁]

岡田暁宜(二〇一八)「『臨床素材を書くこと――精神分析的な学術論文において』に対する討論」、『精神分析研究』六二―一[六二―六七頁]

東畑開人（二〇一七）「ありふれた事例研究執筆マニュアル」、『日本のありふれた心理療法——ローカルな日常臨床のための心理学と医療人類学』、誠信書房［二八〇－二九五頁］
山崎孝明（二〇一七）「日本精神分析学会における『見て見ぬふり』」、『精神分析研究』六一－四［五〇三－五一三頁］
山崎孝明（二〇一八）「週1回の精神分析的心理療法における転移の醸成——変容性解釈の第一段階再考」、『精神分析研究』六二－四［六二六－六三七頁］
山崎孝明（二〇一九）「日本精神分析学会における週1回の精神分析的心理療法にまつわる歴史」、『精神分析研究』六三－三［三六三－三八四頁］
山崎孝明（二〇二一）『精神分析の歩き方』、金剛出版

長いあとがき
心理臨床学を再起動する——分断の歴史を超えるために

人生とはわからないものだ、と思う。

数年前まで、私は自分がこんなにも心理臨床学について考えることになるとは夢にも思っていなかった。「まえがき」でも書いたように、当時は日本精神分析学会に軸足を置いていたし、そのまま年を重ねていくことになるのだろうと思っていた。

そもそも私がなぜ精神分析に傾倒していたか（今もしていないわけではないが）と言えば、それは藤山直樹との出会いがあったからである。私の目に映る藤山は、精神分析を愛していた。私はその姿にほれこみ、後を追った。その私に変化をもたらしたのは、東畑開人との出会いである。私の目に映る東畑は、心理臨床学を愛していた。それまで私の周りにそんな人はいなかった。年も近い彼にはほれこむという言葉を使う気にはならないが、現在進行形で大きな影響を受けている。彼と出会っていなければ、今も変わらず精神分析のことだけを考えていたかもしれない。

精神分析の世界は一二〇年の歴史があるだけあって、かなりの土地は整地されている。神経症の治療法として始まった精神分析は、精神病、パーソナリティ障害、自閉スペクトラム症、とその対象を拡大し、それはもう行きつくところまで行っているように思われる。むろん、個々の実践においては発見や進展が存在するが、学問全体としてはかなりの程度完成しているというのが私の印象だ。精神分析的心理療法を主題に何本か論文を書いてはいるものの、精神分析の世界で学問的に私が貢献できる余地はほとんどないように思えた。それにやはり、精神分析を更新するのは精神分析家だろう、という思いもあることは否めない（これは純金コンプレックスとは似て非なる感情であると思う）。

一方、東畑によって目を開かされた心理臨床の世界は、よくも悪くもかなりの未整地であった。つまり、私が貢献できる余地がたくさんありそうだという意味ではよいことだが、それは同時に心理臨床の実践が社会から求められる水準に達していないということでもあり、その意味ではまったくよくないことでもあった。

こんなことをわざわざ口にするのも野暮だが、私は世の中をよくしたいと思っている。そしてそのために、心理臨床学が洗練されていくことがぜひとも必要だと思っている。私がそれに貢献することができそうなのであれば、私の限りある能力やエネルギーをそこに賭けてみよう。私はそう思うようになったのだ。

ただこれは、私が精神分析と決別したという話ではない。私は今も精神分析的心理療法家の訓練過程のなかにいる。それはつまり、訓練セラピーを受けているということでもあるのだが、私はそのなかでこそある重要な気づきに到達した――「今までずっと、精神分析や精神分析的心理療法は、患者の役に立つことが目的ではなく、結果として役に立つのだ、というロジックを好んできましたけど、今わかりました。僕は、ストレートに、患者の役に立ちたいんです」。

この言葉だけを切り取るととても陳腐だし、何をいまさら、むしろ今までなんだと思っていたんだと感じられるだろうとも思う。ただ、私はそれを言葉にするのに、精神分析的心理療法を受けることが必要だった。その意味で、私は自分事として精神分析に意義を感じているし、自分が治療者として精神分析的心理療法を実践していても、その意義を日々実感している。

だから、これからも精神分析的心理療法の実践も訓練も続けていくつもりだ。今そのつもりはないが、何年後かには精神分析家を目指しているかもしれない。私がこれほど心理臨床学にコミットしている姿を数年前にはまったく想像していなかったように、人生万事塞翁が馬だ。

＊

わかり合うことではなく見知ることを目指すことで、コモングラウンドを築く。それにより「正統」が相対化され、拡大されることをもくろむ。私は第Ⅰ部でそう述べたが、その目的は達せられただろうか。

そもそもなぜ私がそうしたことを目指していたかといえば、分裂と対立を延々と続けている心理臨床界の現状を苦々しく思っているからだ。クライアントのことを第一に考えれば、種々の心理支援に通暁し、各療法の強みと弱みを把握し、適切なものを提供できるようになることが最優先であることは明々白々に思える。にもかかわらず、「○○療法はエビデンスがない。宗教と変わらない」とか「エビデンス教は人の心がわかっていない」などと言って、「敵」陣営を批判するのに腐心しているのは、クライアントの、ユーザーのほうを向いていない内ゲバとしか思えない。

もちろん、そうした批判はクライアントの益を考えてのことだという反論もあるだろう。そういった側面があることは私も否定しない。しかし、自分が精神分析を嫌っていようと、認知行動療法を嫌っていようと、それにアクセスする権利をクライアントから奪う権利が私たちにあるはずがない。「啓蒙」という語がいかに傲慢であるか、そのなかにいかに植民地化の欲望が潜んでいるかは、文化人類学が示している通りである。

だが、現実にはそのようなことが起こりつづけている。それをどう考えればいいのだろうか。

心理臨床の歴史は、あまたの対立に彩られている。「心」というものが多様なものである以上、おのおのの治療者の想定する治癒像がひとつになることはないし、どれだけ時代が下っても、どれだけ人類が「進歩」してもその乱立状態が解消することはないだろう。

私は前著で、「闘争の時代から寛容の時代へ」と述べた。その思いは今も変わらない。それがユーザーの益になると信じるからだ。

私たちは、臨床において「寛容」を実践しているのではないだろうか。[★1] つまり、自分とは意見や立場が違っていても、クライアントのそれを尊重していないだろうか。たとえばあなたはリベラルな政治思想をもっていたとする。そこにネトウヨのクライアントがやってきたとする。そのときあなたは、その思想を訂正したり、矯正したりしようとはしないだろう。その人がどのような経緯でそういった思想をもつにいたったかを理解しようとするはずだ。それはむろん、その思想を肯定することではない。理解した上で、肯定しない（否定しない、ではない）ことは可能である。そこに無理があるのだろうか。臨床で無理をして善人ぶっているから、職場の外では反動的に自分の思想の正当性を声高に訴え、啓蒙し、布教したくなるのだろうか。そうなのかもしれない。そうではないのかもしれない。

私は、普遍的に「善い」治療というのは存在しないと考える立場である。それは、究極的には「健康」「幸福」が複数であるからだ。あるタイプの「健康」「幸福」に導くためにはこの方法がいい、ということは言えるが、どのタイプの「健康」「幸福」なのかわからないうちにこの方法がよいとは言えない。時によっては精神分析がよいだろうし、時によっては認知行動療法がよいだろうし、時によってはむしろ私たちが関わらないほうがよいだろう。その判断をできる者が、「専門家」と呼ばれるにふさわしい、と思う。「このやり方ですべてカバーできる」などというのは、人間の複雑さを軽んじた（もしくは理解できない）傲慢としか言いようがない。

私自身は精神分析を「善い」ものだと思っている。[★2] しかし同時に、それはあくまで「私にとって」の「善い」ものにすぎないとも思っている。心理職として働く上で、この私人としての価値観と、公人としての価値観を分けようと意識することこそが重要である。

本書でも私の思う「善さ」を押しつけないように気をつけてきたつもりだが、しかしそれでも「善さ」が伝わっていたらうれしいという思いはもちろんもっている。ただそれは、私と同じように精神分析を「善い」と思ってほしいということではなく、私は精神分析を「善い」と思っていることを尊重してほしい、ということにすぎない。

価値観を違える人たちがいかにすれば共存できるかを考えると、基本は相互不干渉による相互尊重という選択になるだろう。しかし、そのキワのところ、接触面で少しだけ、かつ時間をかけて踏み込むことを（前著の言葉で言えば内政干渉を）するのが心理臨床という営みであり、かつ心理臨床学という学問に期待されることなのかもしれない。

本書を編纂するにあたり、この五年ほど自分の書いてきたものを改めてまとめて振り返ることになったわけだが、そのなかで自分でも意識していなかった一本の経糸が見えてくることとなった。前著は「パターナリズム」や「カルト」、「独り善がり」や「敬遠」、といったところがキーワードだったわけだが、私はどうも、心理臨床の加害性と生産性について考えつづけているらしい。

前著で私は、「害をなさないことを最優先に考えるならば、クライアントと関わらなければいいということになるが、もちろん臨床とはそういうものではない」と述べた。安全性は何よりも最優先されるものである。だが、その錦の御旗の下での不関与や、多職種協働という名のたらい回しは、不可視化された害である。かといって権力勾配を意識せずに「無意識論法」を繰り出すことによって心理職がクライアントをわかりやすく害してきた歴史があることも事実である。

そうした問いはもちろんケースのなか（クライアントと治療者の間）で問われることでもあるが、それだけでなく心理臨床コミュニティ（当事者と専門家の間、教員と臨床家の間）においても存在する。おそらく、こういったふたつ以上の主体が交叉する接触面において、何が生産的になり何が加害になるのか、何が安全性の担保になり何が敬遠という名の放置になるのかは、ケースバイケースでしかない。だから一般規則を導出することは難しい。でも私自身はその領域について考えつづけているし、みなさんにも考えてほしいと思っている。それがゆえに、きっかけになればと思って書きつづけているのだろう。本書が読者の思考する欲望を刺激していることを願っている。

*

話は第1章で言及した「ありふれた臨床」研究会でのことに戻る。私自身は、そこで「ありふれた心理士」として連帯の可能性を感じたと述べた。だが自認とは別に、その場では私を「純金」とみなしている人がいるであろうこともわかっていた。蜜月の時期は長くは続かないもので、実際、その後私が講義をした際にはそのような批判的なレスポンスをもらうこともあった。何が純金で、何が合金かは、相対的なものなのだ。

純金に代入されるものが「精神分析」である場合、「精神分析的心理療法家」の私は合金である。だが、代入されるのが「構造化された個人療法」である場合、週の半分は個人臨床を行っている私は純金かもしれない。だから、その場がどこかによって、私が純金なのか合金なのかは変わってくる。日本精神分析協会においては私は合金とみなされるのだろうし、日本心理臨床学会においては私は純金とみなされるだろう。

どっちつかずの存在は忌み嫌われる運命にある。それは逃れようがない。どちらかに針を振り切ってしまえば気持ち的には楽になるのかもしれない。だが私はそうはしたくない。前著の出版で多くの批判も受け、痛い目も見たが、やはりそれでも連帯の夢を追い求めたいのだ。

とはいえ私はそこでヒロイックにその役割を引き受けようとしているのではない。「私のことは嫌いになっても、精神分析のことは嫌いにならないでください」という気持ちでいるわけではない。単に、「いつかわかってくれる人のほうが多くなる日が来るはずだ」と思ってやっているにすぎない。それは青年期的な、甘い、青い考えなのだろうと思う。だがこれは正誤の問題ではない。私がやりたいがゆえにやっているのだから、仕方がない。コモングラウンドを築くため、「正統」を拡大し、ユーザーに資するためには、そういう越境する存在が必要だと信じているのだ。

現行の心理臨床コミュニティがなぜこうした理論先行のものになっているのかについて考える際、「上がよくない」という話になりがちであるように感じている。だが、「上」とは誰なのだろうか。大学教員だろうか。学会の運営委員、理事だろうか。いずれにせよ、「正統」を定義する力を、権力をもつ人間が「上」だと感じられるのだろうと思う。しかし、ここで考えてほしいのは、あなたも一人の専門家であり、政治とは違い投票以外にもコミュニティに影響を与える方法をもっているということだ。それはすなわち「書くこと」である。どの学術コミュニティも、論文投稿の権利を制限してはいないだろう。私たちは、「書く」ことによって「正統」を更新するチャンスと権利をもっている。

本書を通じて幾度も述べてきたように、臨床家の体験はどれも貴重なものである。ただ、それは座して待っていればいつか誰かが見つけてくれるものではない。自ら発信することによってはじめて誰かの目にとまるものである、と私は思う。だから、みなさんにもぜひ書いてほしい。あなたが専門家なのであれば、論文で勝負だ。

基本的に、論文にはなんらかのノイエスがあることが求められる。だから構造的に、論文には既存の権威を批判する側面がある。私の論文も、当時の権威を批判する要素がある。だが私の論文も、論文である以上、それ自体が権威となっていく。何本か書いていけば、私自身が権威として扱われることになっていく。こうしてここでも自認問題が発生する。私自身は「若手」で「挑戦者」のつもりであったのに、いつの間にか「壇上」の「権威」とみなされるのである。

私自身の見解を述べれば、それは仕方のないことだと思う。ここで、社会的評価を自認に合わせようと「あくまで私は一会員だ」などと述べるのは責任回避でしかない（でも、押しつけられた責任は堕落形態なので、そう言っても仕方ないのだが……）。私自身は自分をそんなにたいそうなものだと思っていないのに、そうした立場に置かれるのは決して居心地のいいものではないが、学問全体から見れば、そうやって権威が変遷していくのは望ましいことだと思う。本書についても、そうだと思うこともあれば、違うと思うこともあるだろう。それを、書いてほしい。公にしてほしい。★3 私の書いたものが決定版であるはずがない。それへの反論があって、また別の反論があって……という往復運動で、心理臨床学という学問は成長していく。

心理臨床学は、ひとりの臨床家が、ひとつのオリエンテーションが、ひとつの現場が築くものではない。心理職の職域は広い。それをひとりですべてカバーすることはできない。みなで体験を持ち寄ることが必要なのだ。あなたも心理臨床学の重要なプレイヤーとして、ともに、心理臨床学を再起動してほしい。それが不毛な分断を超え、ユーザーへ益をもたらすきっかけとなるはずだ。

＊

東畑開人氏にはたいへん感謝している。彼の一般への啓蒙活動による心理職全体への恩恵ははかりしれない。河合隼雄を知らない私は、年長世代の心理職が「河合先生、河合先生」と言うのを不思議に思っていたが、こういうような感覚なのかもしれない、と思うことがある。ただ、東畑のカリスマに頼っているばかりでは、心理臨床学の未来はない。私も心理臨床学の一プレイヤーとして、彼の進む速度に振り落とされないように食いついていきたいと思う。

「ありふれた臨床」研究会の発表者・参加者のみなさんにも感謝したい。みなさんに全国津々浦々で心理職が日々臨床に勤しんでいることを具体的に教えてもらうことがなければ、私は本書を書くことはできなかった。

もちろん、私と日々の「ありふれた臨床」を営んでくれたクライアント諸氏にも謝意を伝えたい。その時間は、クライアントにとっても、私にとっても、特別なものだ。

金剛出版の藤井裕二さんには感謝してもしきれない。特に『臨床心理学』に寄稿した論文については、すべて藤井さんに幾度もコメントをいただいた結果できあがったものである。臨床心理学に限らず、人文諸科学に精通しておられる藤井さんの力添えがなければ、私の原稿はもっと閉じた、誤配可能性に乏しいものになっていただろう。

最後に、執筆する活力を与えてくれる妻と娘に、心からの感謝を捧げたいと思う。

二〇二四年四月

山崎孝明

† 註

1――もしかすると、実は臨床のなかでも「寛容」ではない臨床家もいるのかもしれない。そうであれば、ぜひともそれは考え直してほしい。私の考える心理臨床は、特定の思想を植えつけることではない。

2――ちなみに、精神分析と認知行動療法をよく対置しているので、山崎は認知行動療法が嫌いなのだろうと思われているかもしれないが、まったくそんなことはない。むしろ、認知行動療法の客観性や効率を重視する価値観は、個人的には「自然」なものである。これまで受けてきた教育のたまものなのだろうが、いわゆるコストパフォーマンスを計算する姿勢は、骨の髄まで沁みこんでいる。放っておけば、私は超コスパ人間になっていたと思う。それはよくないし、嫌だと思ったからこそ精神分析的心理療法の訓練を、というか治療を受けている。おかげでいいバランスを保てているように思う。

だから、私のなかには「認知行動療法的自己」と「精神分析的自己」がいるのだと思う。それはどちらが真でどちらが偽ということではなく、両者ともが私である。ふだんは前者で機能しているが、治療者として機能しているときや、それ以外でも何か重要なときには後者で機能しているように思う。精神分析的に言えば前者は「偽りの自己」なのかもしれない（そうだとして、精神分析内部でも偽りの自己は不要だとされているわけではない）。しかし認知行動療法的に言えばそれは「よいコーピング」なのかもしれない。
実は、こういう複数の価値観を自身のなかに内包しているほうが、少なくともジェネラリストの臨床家としてはよいのではないかと考えている。私がもともと精神分析的な人間で、精神分析的な自己だけで私が構成されていたら、認知行動療法的な発言を理解することができなかったのではないかと思う。そこから「教化」まではすぐである。

3——本書ではチャンネルとして論文を強調してきたが、それはハードルが高いということであれば、心理職数人で集まって心理職の当事者研究をしてみるのもいいかもしれない。いや、はっきり言えば、そんな小難しいことを言わず、集って話せばいい、と私は思っている。そのなかで、「言いたいこと」は自然に形をなしてくるものだと思う。それが発信の第一歩だ。テクニカルなことはあとからどうにでもなる。

初出一覧

序　論「心理臨床学を再考する」（書き下ろし）
第1章「心理臨床学を構想する」（書き下ろし）
補　論「心理臨床学のあるべき姿はいかなるものか？」（書き下ろし）
第2章「心理臨床学を解剖する――その歴史と現在地」（書き下ろし）
第3章「心理臨床学を展望する」（書き下ろし）
第4章「凡庸さにとどまること――私の考える心理療法のエッセンス」（『こころの科学』二三〇［二〇二三］）
第5章「当事者から学ばされる」（『精神療法』四九－五［二〇二三］）
第6章「学派たちの政治」（『こころの科学』増刊号「心理臨床と政治」［二〇二四］）
第7章「精神分析の活用法」（『臨床心理学』二二－五［二〇二二］）
第8章「治療構造論を更新する――認識論から主体化へ」（『臨床心理学』二一－三［二〇二一］）
第9章「子どもを巡るケアの声――スクールカウンセリングにおけるふたつの視点」（『臨床心理学』二二－六［二〇二二］）
第10章「『ちょうどいい距離感』をいっしょに探る――自立という名の孤立、ストーキング、そしてパートナーシップ」（『臨床心理学』二三－三［二〇二三］）
第11章「治療構造の一選択肢としてのオンライン面接」（『心理臨床学研究』四〇－六［二〇二三］／改題）
第12章「異文化交渉の場としてのスクールカウンセリング」（『臨床心理学』増刊第一四号「心の治療を再考する――臨床知と人文知の接続」［二〇二二］／改題）
第13章「SNS時代の論文執筆」（『臨床心理学』二二－三［二〇二二］）
第14章「論文発表までの道のり」（NAPI（The National Association for Psychoanalytic Intersubjectivity）第六回定例会発表原稿［二〇二二］／未公刊）
第15章「論文掲載のプロセス」（『精神分析研究』六六－四［二〇二二］／改題）

※いずれの論文も掲載にあたり本文への加筆修正ならびに解説を追加している。

著者略歴
山崎孝明
（やまざき・たかあき）
1985年生まれ
2008年　上智大学文学部心理学科卒業
2019年　上智大学博士後期課程総合人間科学研究科心理学専攻修了
2020年　日本精神分析学会奨励賞 山村賞受賞
現在　こども・思春期メンタルクリニック
博士（心理学）、臨床心理士・公認心理師

著訳書　『精神分析の歩き方』（金剛出版［2021］）、『子どもの精神分析的セラピストになること』（金剛出版・分担執筆［2021］）、『精神分析的サポーティブセラピー（POST）入門』（金剛出版・分担執筆［2023］）、『フロイト技法論集』（岩崎学術出版社・共訳［2014］）、『フロイト症例論集2――ラットマンとウルフマン』（岩崎学術出版社・共訳［2017］）ほか。

当事者《とうじしゃ》と専門家《せんもんか》
心理臨床学《しんりりんしょうがく》を更新《こうしん》する

2024年 9 月10日　印刷
2024年 9 月20日　発行

著者――山崎孝明
発行者――立石正信
発行所――株式会社 金剛出版
〒112-0005 東京都文京区水道1-5-16　電話 03-3815-6661　振替 00120-6-34848

装丁◉永松大剛　　組版◉石倉康次　　印刷・製本◉シナノ印刷

ISBN978-4-7724-2062-4 C3011